Nositschka · Die Hoffnung zog mit

2. Auflage

Gudrun Nositschka

Die Hoffnung zog mit

Von Ostpreußen ins Ruhrgebiet – Eine Familiengeschichte

1992

BOUVIER VERLAG · BONN BERLIN

Die Deutsche Bibliothek – CIP-Einheitsaufnahme

Nositschka, Gudrun:
Die Hoffnung zog mit: von Ostpreußen ins Ruhrgebiet
– eine Familiengeschichte/Gudrun Nositschka.
– Bonn; Berlin: Bouvier, 2. Aufl. 1992
ISBN 3-416-02387-0

 Gesamtherstellung: Hoffmann, Hagen.
Umschlagentwurf: Michael Fischer, Köln

Für meine Familie

Die Erinn'rung ist eine mysteriöse Macht und bildet die Menschen um.
Wer das, was schön war, vergißt, wird böse.
Wer das, was schlimm war, vergißt, wird dumm.

Erich Kästner
(1899 – 1974)

Ich danke Bärbel Fachinger-Kusche, Brühl, für die Manuskriptkorrektur und Jochen Alder, Leipzig, für das Abschreiben alter Urkunden der Kirchspiele Georgenburg und Berschkallen von archivierten Mikrofilmen in Leipzig.

Inhalt

Teil I Im Schatten der Herrenhäuser

Henriettes Traum

Nach einem erbittert geführten Streit verließ an einem schönen Maimorgen des Jahres 1887 Henriette die Kate ihrer Mutter, Anna Seidenberg, in Kl. Reckeitschen in Ostpreußen, und machte sich zusammen mit ihrem siebenjährigen Sohn Gustav auf den Weg nach Roßthal – in ihr Unglück, dachte düster ihre Mutter und wandte sich ab.

Auf dem Höhepunkt der tagelangen Wortwechsel hatte Anna Seidenberg ihrer Tochter auftrumpfend die Worte entgegengeschleudert: »Dabei liebst du diesen Kerl, den August Paraknings, noch nicht einmal. Außerdem ist er kein Handwerker!«

»Die Liebe wird sich schon einstellen, Frau Mutter«, hatte Henriette zuversichtlich geantwortet. »Für mich zählt nur, daß August ein anständiger und zuverlässiger Mann sein soll, der jetzt meine Hilfe braucht.«

Doch Anna Seidenberg grollte weiter. Nie hätte sie zu dem Zeitpunkt zu offenbaren gewagt, wie sehr sie an ihrer Tochter und dem kleinen Gustav hing, wie sehr sie sich fürchtete, im Alter allein leben zu müssen. Ihr Stolz ließ das nicht zu; außerdem merkte sie, daß Henriettes Entschluß feststand.

Schweigend hatte sie zugesehen, als Henriette ein riesiges Bündel für sich und ihren Sohn schnürte, in dem sie viele selbstgewebte Tuche einpackte, dann Gustav an die Hand nahm und fortging. Dem Abschiedsgruß ihrer Tochter wich sie aus, nur ihrem Enkel strich sie übers Haar.

Selbstbewußt und ruhigen Schrittes ließ Henriette den Ort Kl. Reckeitschen hinter sich, in dem sie die letzten sieben Jahre ohne größere Sorgen gelebt hatte.

Kl. Reckeitschen war ein noch junges Dorf des Kirchspiels Georgenburg, eins von vierzehn Kirchspielen des Kreises Insterburg. Es wurde erst 1830 von Kriegsteilnehmern der Freiheitskriege gegen Napoleon 1813/15 mit staatlicher Erlaubnis auf Padrojer Forstland angelegt und besaß 52 Wohngebäude mit knapp 500 Einwohnern. Der Name des Dorfes (Reckeitschen = Schreihals) leitete sich wie fast alle Ortsnamen der Gegend aus dem Litauischen ab, obwohl der Kreis Insterburg schon gut 400 Jahre fest in preußischer Hand war, ein Zeichen dafür, daß besonders der Raum nordöstlich von Insterburg auch Siedlungsgebiet der Litauer war.

Henriette verließ bald die nicht befestigte Landstraße, die weiter in Richtung über Georgenburg nach Insterburg führte, und schlug den kürzeren Weg durch die Felder, Weiden und den Neuteicher Forst Richtung Roßthal ein. Auf den Feldern wurde erst jetzt, nach einem langen, schneereichen Winter, intensiv gearbeitet; auf den Weiden grasten die schwarzweißen Tieflandrinder, die im ganzen Kreis Insterburg zu finden waren. Auf anderen Wiesen tummelten sich Pferde. Diese Gegend war berühmt für die Züchtung von Pferden, zu denen auch die Trakehner gehörten.

Henriette ging leicht gebückt daher. Sie war von mittelgroßer, untersetzter, kräftiger Statur, eine Frau, der man ansah, daß sie zupacken konnte und mit beiden Beinen auf der Erde stand. Und dennoch hatte sie als junges Mädchen ihre Träume vom Leben gehabt.

Sie war vor 34 Jahren, am 10. Mai 1853 in dem unweit von Klein-Reckeitschen gelegenen Dörfchen Neuteich zur Welt gekommen. Sie war die dritte Tochter des frühverstorbenen Schmieds Gottlieb Seidenberg und seiner Ehefrau Anna, geborene Lengwoehnus. Bevor der Vater mit 33 Jahren an einer Lungenentzündung starb – wenige Stunden später traf aus Insterburg seine Ernennung zum Innungsmeister ein – lebte die Familie ein bescheidenes, aber sorgenfreies Leben. Sein Tod änderte alles. Henriettes Kindheit, die so hoffnungsvoll begonnen hatte, wurde hart. Eine Verwandtschaft, die vielleicht hätte helfen können, gab es nicht.

Die kirchliche Hilfe, 1848/49 von Johann Wichern mit der Inneren Mission ins Leben gerufen, steckte noch in den Kinderschuhen und beschränkte sich hauptsächlich auf die großen Städte. Die kleinen Gemeinden konnten nur den kostenlosen Mittagstisch anbieten, das hätte bedeutet, sich jeden Tag bei einem anderen Bauern mit an den Tisch zu setzen.

Das empfand Anna Seidenberg, die mit vier kleinen Kindern dastand – ihr jüngster Sohn war kurz nach dem Vater an Ruhr gestorben – als zu demütigend. Deshalb vermietete sie ihre Kinder auf die Güter für kleinere

Arbeiten, und sie selber bot sich als Aussteuerstickerin an, da sie sehr fein und akkurat nähen und sticken konnte.

Henriette erinnerte sich immer wieder voller Dankbarkeit einer alten Jungfer, die ihr das Küheweiden vor der Schule abnahm, und sie stattdessen in ihr warmes Bett steckte. Auch die alte Frau, bei der die Familie wohnen durfte, blieb in lebhafter Erinnerung. Wenn den Kindern der Hunger zu sehr zusetzte, kochte sie Kartoffelnschalen ab, zerstampfte sie, gab ein wenig Mehl und eine Prise Salz hinzu und buk den Kindern auf der Ofenplatte Kartoffelnschalenpuffer.

Ihre Mutter aber hielt die Erinnerung an Gottlieb Seidenberg in den Kindern wach. »Handwerk hat goldenen Boden«, betonte sie immer wieder. Diese Worte gruben sich der heranwachsenden Henriette tief ein.

Nach der Schulzeit lernte sie in einer Gutsküche; es war keine leichte Arbeit. Wahrscheinlich betrug der Arbeitstag zwölf Stunden, die riesigen Töpfe auf den Herden mußten geschoben und gehoben werden. Doch dafür lernte sie die ostpreußische Küche kennen, eine sparsame Haushaltsführung und Brotbacken. Mit achtzehn Jahren fand sie eine Stelle als Beiköchin auf dem Gut Roßthal, ungefähr eine Stunde zu Fuß von Klein-Reckeitschen entfernt.

Beim ersten Kirchgang traf sie auf den fast gleichaltrigen Gutsschäfer August Paraknings, einem blonden, feingliedrigem, fröhlichen Burschen, mit grauen Augen. Ihr fiel auf, wie sorgfältig und schmuck er gekleidet war, er bemerkte sofort ihre auffallenden, himmelblauen Augen. Obwohl sie sich von seinem lustigen Wesen angezogen fühlte, ging sie seinem Werben aus dem Weg, da ihr Traum ein Handwerker blieb. Kaum volljährig heiratete August Paraknings. Ohne Reue schmückte Henriette seine Hochzeitskutsche und ging ihrer Wege.

Als sie endlich im Alter von 26 Jahren einen netten Handwerker kennenlernte, war er die Erfüllung ihrer Träume. Vor der besprochenen Heirat hörte sie eines Tages, daß nicht nur sie ein Kind von ihm erwartete, sondern noch ein Mädchen aus einem Nachbardorf. Stolz und gekränkt wies sie ihn ab: »Ich will keinen Filou zum Mann haben. Geh' und heirate die andere. Ich schaffe es auch ohne dich.«

Gustavs Vater aber wollte nur sie und wanderte schließlich ins Ruhrgebiet aus. Wenige Jahre später hörte Henriette, daß er im Bergbau tödlich verunglückt sei, ohne geheiratet zu haben. Ihren Sohn Gustav brachte sie 1880 bei ihrer Mutter in Klein-Reckeitschen zur Welt, wo sie mit ihm auch wohnen blieb. Während sich Anna Seidenberg um den Enkel und das Gartenland kümmerte, arbeitete Henriette als Aussteuerweberin auf den umliegenden Gütern. Gemeinsam ging es den Frauen gut. Henriette wollte nach Gustavs Geburt nichts mehr von Männern wissen und ging Werbungen aus dem Weg, bis zum Winter 1886/87. Da hörte sie, daß August Paraknings plötzlich Witwer geworden sei und mit vier kleinen Töchtern alleine dastehe. Wahrscheinlich hatte sie das von einem seiner Freunde erfahren, der als Bittsteller für August vorgesprochen hatte. Henriette dachte an ihre Zeit auf dem Roßthaler Gut zurück, an den fröhlichen August, der nicht nur sie zum Lachen bringen konnte. Vielleicht dachte sie auch an ihre nicht einfache soziale Stellung als ledige Frau mit einem Kind und beschloß nach langem Abwägen, nach Roßthal zu August Paraknings zu ziehen.

Anna Seidenberg konnte die Gedanken ihrer Tochter nicht verstehen. Ihre kleine, festgefügte Welt drohte zu zerbrechen. Sie war überzeugt, daß ihre Tochter ins Unglück rennen würde.

Nun war Henriette auf dem Weg nach Roßthal. Es sollte ein volles Jahr dauern, bis Anna Seidenberg sich mit ihrer Tochter aussöhnte.

Kindheit zwischen Schnittern und Garbenbinderinnen

An seine Kindheit erinnerte sich August Paraknings nur ungern. Lediglich Henriette erzählte er eines Tages davon.

Catharina Paraknings, seine Mutter, war mit ihm jeden Sommer von Gut zu Gut gezogen. Sie arbeitete in der Erntezeit als Garbenbinderin, jeweils mit einem Schnitter zusammen. Schnitter und Binderin wurden nur gemeinsam auf dem Gesindemarkt angemietet. Meistens arbeiteten sie nur einen Sommer zusammen und schliefen gemeinsam in Heuschobern mit anderen Schnitterpaaren, die alle nicht miteinander verheiratet waren. Nach der Getreideernte kehrten sie in der Regel einzeln in ihre Heimatdörfer zurück. Viele kamen sogar aus Litauen herüber, da diese Arbeit relativ gut entlohnt wurde; es gab Bargeld auf die Hand. Auch August lernte Litauisch und sang litauische Lieder.

Aus Kirchenbüchern, die seit dem letzten Krieg in Leipzig verwahrt werden, weiß man, daß bereits seine Großmutter Juliane Paraknings im Kreis Insterburg als Dienstmagd gearbeitet hatte. 1811 hatte sie auf dem Gut Neuteich und 1818 auf dem Gut Budweten uneheliche Söhne zur Welt gebracht, und auch Augusts Mutter Catharina war 1823 als uneheliches Kind geboren worden; eine Eintragung darüber liegt nicht vor.

Der Name Paraknings ist seit 1800 öfter in den Kirchenbüchern von Berschkallen, dem späteren Birken, verzeichnet. Die Berufe der männlichen Träger dieses Namens wurden als Gärtner, das heißt kleiner Pachtbauer auf einem Gut, Knecht, Hirte, Schneider, Kutscher und Losmänner, das waren Tagelöhner, aufgeführt. Einige dieser Männer hatten die Mütter ihrer unehelichen Kinder erst spät geheiratet, ohne daß dann die Kinder den Namen der Väter erhalten konnten. Erst im Jahr 1900 wurde im Bürgerlichen Gesetzbuch geregelt, daß vorehelich gezeugte Kinder nach der Eheschließung mit dem Erzeuger den Namen des Vaters erhielten. August Paraknings, der, seiner Heiratsurkunde nach zu schließen, am 17. Oktober 1852 in Groß-Lasdehnen, Kirchspiel Berschkallen, Kreis Insterburg, zur Welt kam, stand freilich nicht im dortigen Kirchenbuch verzeichnet. Dafür fand man aber einen Samuel, geb. am 16. November 1852 von der unverheirateten Catharina Paraknings in Groß-Lasdehnen. Da dieser Ort nur knapp 100 Einwohner hatte, ist es unwahrscheinlich, daß es noch eine Frau gleichen Namens gab, die ebenfalls zur etwa gleichen Zeit ein uneheliches Kind zur Welt gebracht haben soll.

August litt als Kind sehr darunter, daß er das Treiben der Schnitter und Binderinnen jeden Sommer miterleben mußte. Besonders störten ihn die rauhen Umgangssitten. Die schwere Arbeit machte ihm weniger aus. Er und seine jüngere Halbschwester wußten auch nicht, wer ihre Väter waren. Niemand weiß, warum seine Mutter sich jeden Sommer diese Arbeit suchte. Erst Jahre später gab seine Mutter diese unstete Arbeit auf.

Sie ließ August schon früh auf ein Gut gehen, wo er lediglich für Kost und Logis im Stall arbeitete. Er liebte Tiere und lernte schnell, mit Schafen und Pferden umzugehen. Er begann, großen Wert auf seine Sauberkeit und die Kleidung zu legen. Seine Schlafecke hielt er geradezu auffallend ordentlich. Er wuchs zu einem lustigen jungen Mann heran. August war geschickt in handwerklichen Dingen, er konnte sehr schön schnitzen, bastelte sogar Musikinstrumente, wie eine Teufelsgeige und eine kleine Harfe, auf denen er spielte und dazu sang. Seine Mutter, die schließlich geheiratet hatte, ohne weitere Kinder zu haben, sah er nicht gern und äußerst selten.

Er sehnte sich nach einer richtigen Familie, nach Geborgenheit. Er heiratete sehr früh – wahrscheinlich mußte er nicht dienen – und versprach sich von seiner Heirat all das, was er als Kind so sehr vermißt hatte. Leider verlief seine Ehe nicht glücklich. Seine Frau, die rasch nacheinander vier Mädchen geboren hatte, begann zu trinken, und zwar Rum, den sie mit Zucker süßte. Dennoch war er über ihren Tod verzweifelt. In seiner

Not dachte er an Henriette. Ob sie wohl käme, vor allen Dingen aber, ob sie wohl bleiben würde?

Ein Zipfelchen Glück

Als Henriette an jenem schönen Maimorgen des Jahres 1887 die Landarbeiterkate des Gutes Roßthal, die August Paraknings bewohnte, betrat, konnte sie nur mühsam ihr Erschrecken verbergen. Sie glaubte sich in die Armut ihrer Kindheit zurückversetzt. Es bedrückte sie zu sehen, wie verwahrlost alles aussah.

Doch vor ihr standen Augusts vier Töchter. Sie hießen Auguste, Liese, Lene und Bertha und waren zehn, acht, sechs und drei Jahre alt. Ängstlich und bewundernd starrten sie Henriette an – wie sorgfältig geschlungen diese fremde Frau ihre langen Zöpfe trug, wie hübsch und gepflegt ihr Kleid aussah und wie ernst und durchdringend ihre himmelblauen Augen leuchteten. Verschämt und schüchtern blickten die Mädchen den Jungen an und entdeckten bei ihm dasselbe blaue Augenpaar.

Henriette musterte die Kinder ebenfalls; sie sahen dem August so ähnlich. Alle vier hatten seine spitze, nach unten gezogene Nase geerbt, doch wohl nicht seine Fröhlichkeit. Ihre Kleider waren so zerflickt, so armselig, daß Henriette sofort zur Tat schritt. Von ihren mitgebrachten Röcken, den Stoff dazu hatte sie selber gewebt, schnitt sie für die Mädchen vier einfache Kleider zurecht. August konnte aufatmen – Henriette wollte bleiben.

Wenige Tage später meldete sie sich beim Gutsherrn zur Feldarbeit als Scharwerkerin an; die Arbeit im Haus wurde auf die älteren Kinder aufgeteilt. Bald darauf jedoch wurde ihr klar, warum es in Augusts Kate gar zu ärmlich zugegangen war. Immer wieder trafen Geldforderungen für Rum und Zucker ein; es waren alte Rechnungen, die nun beglichen werden mußten. Henriette war entsetzt, da die Höhe der Forderungen ihre geringen Einnahmen überschritt. Als wieder eine Rechnung kam, verließ sie der Mut. Dem erstarrenden August und seinen Töchtern erklärte sie, daß sie ihre Kräfte überschätzt habe und nach Klein-Reckeitschen zurückgehen wolle. Augusts Augen füllten sich mit Tränen, und die Mädchen hängten sich verzweifelt schluchzend an Henriette und jammerten: »Bitte, bitte, gehen Sie nicht fort, lassen Sie uns nicht allein!« Es war der siebenjährige Gustav, der das erlösende Wort sagte: »Mutterke, dittmal bliew ju noch, aber wenn noch watt kommt, dann go wie!«

Sie blieben. Und bereits am 7. August 1887 heirateten August Paraknings, der Schäfer, und Henriette, die Scharwerkerin, in Georgenburg. Er war sicher, ein Zipfelchen Glück erhascht zu haben. Ein Jahr später gebar Henriette einen Sohn, der nach seinem Vater auf den Namen August getauft wurde. Henriette war nun 35 Jahre alt. Drei Tage nach der Niederkunft durfte sie zu Hause bleiben, dann mußte sie wieder hinaus zur Feldarbeit. Bei gutem Wetter nahm sie die erst vierjährige Bertha und auch den Säugling mit aufs Feld, damit sie ihn dort stillen konnte. Alle Scharwerkerinnen nahmen ihre Säuglinge und Kleinkinder mit. Hatten sie niemanden zum Aufpassen, wurden den Säuglingen die Arme so fest am Körper festgewickelt, daß sie wie Mumien dalagen. Waren sie unruhig und quäkten außerhalb der Stillzeit, wurde ihnen sogar Mohnsaft eingeflößt.

Ab Mittag blieben alle Kinder im Haus, streng ermahnt, nicht mit offenem Licht und spitzen Gegenständen zu hantieren. Die Tage von Auguste, Liese, Lene und Gustav waren mit allerlei Pflichten in der Kate, auf dem Stück Garten, dem Kartoffelstreifen und mit Botengängen ausgefüllt. Da blieb selten Zeit zum Spielen.

Allmählich, alle in Roßthal nahmen es mit Staunen war, ging es der Familie Paraknings besser. Henriette hatte auf ihren Anteil an einem Mutterschaf, das mehreren Landarbeiterfamilien gemeinsam gehörte, verzichtet, und durfte dafür im folgenden Frühjahr einmal die Lämmer behalten. Sie hatte obendrein noch Glück, denn alle Lämmer waren kräftig und kamen durch. Außerdem fütterte sie ein Schwein und begann, Hühner zu halten. Eines Tages war es soweit, August erzählte es in ganz Roßthal herum: »Meine Frau wird auf dem nächsten Viehmarkt in Insterburg eine Kuh kaufen. Soviel Geld hat sie gespart.«

Die Männer lachten ungläubig und frozzelten: »Nun, August, zeig' uns doch mal das schöne Geld.« Aufgebracht nahm er die Männer mit in die Kate, suchte überall, doch das Geld konnte er nicht vorweisen. Henriette hatte es wohlweislich versteckt. Am nächsten Markttag feierte sie mit August ihren großen Triumph. Zwar hätte das Geld nur für eine bescheidene Milchkuh gereicht, dennoch kehrte sie mit einer besonders guten Kuh zurück. Wiederum hatte sie Glück gehabt. Auf dem Markt traf sie eine Schulfreundin wieder, die mit einem wohlhabenden Bauern verheiratet war und eine Kuh verkaufen wollte. Als Henriette ihr von dem Leben in Roßthal erzählte, verkaufte ihr die Freundin das Tier zu einem Preis weit unter dem Marktwert, so daß Henriette noch ein paar Ferkel erstehen konnte, die sie mit der Milch der Kuh großziehen wollte.

Die Kuh kam auf eine Gutsweide, auf die auch die Gutsarbeiter ihr Vieh treiben durften. Doch jeden Morgen, noch vor Arbeitsbeginn, sammelte Henriette an Feldrainen und in Gräben frische Kräuter und Gras, um damit ihre Kuh zu füttern. Das Tier gab so reichlich Milch, daß bald die Frauen im Dorf tuschelten, Henriette sei wohl eine Hexe. Als diese auf das Gerede stieß, spottete sie: »Statt euch frühmorgens noch im Bett zu wälzen, solltet ihr lieber eure Ärsche hochheben und Futter suchen gehen. Das ist die ganze Hexerei.« Von Stund an endete das Gerede.

In einer Landarbeiterkate geboren

Am 28. April 1891 wurde den Eheleuten Paraknings die Tochter Emma geboren. Zwölf Tage später wurde Henriette 38 Jahre alt. Der Säugling lag in der Wiege, sehr klein und sehr zart, bestaunt von der Halbschwester Luise, die wenige Tage später die Kate verließ, um in Stellung zu gehen. Das bedeutete viele Stunden Arbeit auf einem bäuerlichen Betrieb. Nur an Sonn- und Feiertagen würde sie nach Hause kommen, wie ihre ältere Schwester Auguste, die schon seit zwei Jahren fort war.

Die Familie wohnte jetzt auf dem Gut Rosental, nordöstlich von Roßthal gelegen, wechselte aber in den nächsten sechs Jahren mehrfach den Gutsbetrieb, immer durch Versprechungen verlockt, hier sei das Holz für den Winter trockener, dort die Kartoffeln haltbarer. Holz, Kartoffeln und Mehl gehörten zum Deputat der Familien, die sich für mindestens ein Jahr fest auf einem Gutsbetrieb verpflichtet hatten. Zusätzlich zu den Naturalien erhielten sie ein Stück Gartenland hinter der Kate und einen Streifen Ackerland, auf dem die Familien hauptsächlich Kartoffeln, Rote Bete und Steckrüben pflanzten oder säten. Außerdem hatten sie das Recht, eine Kuh mit auf die Gutsweide zu treiben und besaßen einen Anteil an einem Mutterschaf, das vom Gutsschäfer mit gehütet wurde.

Als auf einem dieser Güter das Holz zu naß zum Heizen war und die Stube verqualmte, griff Henriette schweren Herzens zur Selbsthilfe. Weit vor Tagesanbruch, im dichten Schneetreiben, stapfte sie allein durch den hohen Schnee zu der Stelle im Wald, wo geschützt trockenes Holz lagerte. Mit einem dicken Seil band sie mehrere geklafterte Stücke zusammen und zog sie nach Hause. Der Schnee fiel so dicht, daß die Schleifspur, die ihre Fußtritte verwischte, in wenigen Minuten zugeweht war.

Gleichgültig, auf welches Gut die Familie zog, die Enge der zugewiesenen Wohnung war überall gleich. Das Gebäude für die Scharwerker oder

Henriette Paraknings »besorgt« trockenes Holz im Winter 1895

(Kohlezeichnung von Peter Strücker)

Landarbeiter war eine Aneinanderreihung von acht Katen, mit einem zusätzlichen Raum für alle, in dem der Backofen stand, ein Rauchfang und die Feuerstelle für die Wäsche waren.

Jede dieser Katen bestand aus einem großen Raum, der gleichzeitig als Wohn- und Schlafstube diente, und einer schmalen Kammer, in der auch das Geräucherte hing. Der große Raum war ausgefüllt mit dem großen Ehebett, das Henriette mit einem selbstgewebten, farbigen Vorhang geschmückt hatte. Außerdem stand in der Stube ein weiteres Bett sowie ein großer Holztisch mit einer Schlafsitzbank. Die Paraknings waren stolz, einen Kleiderschrank, eine Waschkommode und eine Truhe für die Wäsche zu besitzen. Über der Truhe hingen Küchenborde für Geschirr und Töpfe.

Jede Kate hatte einen separaten Eingang. Unmittelbar am Eingang war eine Grube für den Wintervorrat eingelassen, in der Kartoffeln, Wurzeln (Möhren), Rote Bete, Runkeln und Steckrüben lagerten. Der größte Teil der Kartoffeln, das Hauptnahrungsmittel der Familie, lagerte außerhalb der Kate in einer Miete. Unterhalb des Daches am Eingang war ein kleiner Boden für Stroh.

In der schmalen Kammer stand ein kleines Bett, in dem zuerst Gustav und später Emma schlief, um nicht die älteren Mädchen und Jungen in einem Raum schlafen zu lassen. An der anderen Kammerwand standen die Tonne mit Salzheringen, das Sauerkrautfaß, ein Pflaumenmustopf sowie mehrere Säcke mit Mehl.

Henriette schmückte den Fenstersims der Kate mit selbstgezogenen Blumen; die weißen Dielen wurden von ihr oder den größeren Mädchen regelmäßig geschrubbt, so daß die Kate einen freundlichen Eindruck machte.

Im Winter allerdings, der in diesem Teil Ostpreußens bis zu sechs Monaten dauern konnte, wenn der strenge Frost Menschen und Tieren zusetzte, wurde es in der Kate eng. Draußen war wenig Arbeit, die Dunkelheit brach früh herein, und oft genug mußten auch die Ferkel, Hühner und auch der Hütehund in den Wohnraum geholt werden. Die Hühner sperrte August unters Ehebett mit einem Drahtgitter davor; der Platz für die Ferkel wurde ebenfalls abgegrenzt.

In der Dunkelheit saß die Familie beim Schein des geöffneten Steinofens beisammen. Die große Petroleumlampe mit dem blanken Schirm hing an einem Balken über dem Tisch und wurde nur beim Essen, Nähen oder Flicken angezündet. Nur an den Wintertagen hatten die Eheleute Zeit für ihre Kinder. Es wurde viel gesungen, neue und alte Erlebnisse vom Gut erzählt, und hin und wieder spielte August auf seiner Teufelsgeige oder der Harfe.

Am meisten freuten sich die Kinder, wenn ihre Eltern Geschichten von früher erzählten, Gedichte und Balladen vortrugen oder August litauische Reime zum Besten gab. Einer ging so:

»Hört, was die litauische Lerche sagt:
Gribi, gribi grat. De kaschelle krat.
Kaschelle szau ell, kribillis is bill.
Jurguttus tzes rinkt. Jauck, jauck!«

Natürlich wußten die Kinder bald auswendig, was der Reim auf deutsch hieß: Pilze suchen, in die Tasche legen. Die Tasche ist kaputt; die Pilze fallen heraus. Schnell wieder aufsammeln. Lauft, lauft!

Diese gemütlichen Winterabende hätte wohl keiner in der Familie missen wollen, ganz im Gegensatz zu dem Waschtag, besonders während der Winterzeit. Der Waschtag war besonders arbeitsreich, sommers wie winters. Die Wäsche war schon Tage zuvor entweder in Regenwasser oder in Wasser, das durch Holzaschenlauge weich gemacht worden war, eingeweicht worden. In der gemeinsamen Küche der Scharwerkerhaushalte wurde die Wäsche gekocht und anschließend mit Bürste und Schmierseife, die Henriette selbst hergestellt hatte, bearbeitet. Im Sommer wurden die Leinenstücke für ein paar Tage auf die Bleiche gelegt, und die kleinen Kinder hatten aufzupassen, daß keine Enten und Hühner darüber liefen. Für die Mühe durften sie die Wäsche auch ab und zu sprengen, was ihnen Vergnügen bereitete. Im Winter wurde die Wäsche auf dem kleinen Dachboden aufgehängt; die Kälte ließ die steife Wäsche noch steifer werden, sie gefror im Handumdrehen. Henriette war immer darauf bedacht, alle vier Wochen zu waschen, damit die Bett- und Unterwäsche nicht zu schmutzig wurde.

Viel an Unterwäsche hatte die Familie nicht, Unterhosen kannten sie gar nicht, waren wohl auch sehr teuer. Um sich bei Kälte warm zu halten, zogen die Frauen und Mädchen einen Rock über den anderen an; an dem Leibchen wurden die warmen, langen Schafwollstrümpfe festgemacht, die scheußlich kratzten. Wenn Emma auf dem Eis lief und auch mal hinfiel, setzte sie sich auf den blanken Hintern. Blitzschnell sprang sie dann wieder hoch, um nicht festzufrieren.

Das Wasser zum Waschen und zum Kochen mußten sie von der Pumpe holen, die ein paar Schritte vor den Katen stand. Im Herbst wurde die Pumpe so fest mit Stroh umkleidet, daß das Wasser nicht einfrieren konnte. Wasser zu pumpen gehörte zu den Pflichten der größeren Kinder; im Winter war es ihnen dabei oft sehr ungemütlich. Mindestens so ungemütlich waren die Wege zum Abort, wenn es draußen Stein und Bein fror. Doch sie kannten es nicht anders, und in der warmen Stube vergaßen sie rasch die Kälte.

Emmas erste Fahrt nach Insterburg

Einmal im Monat ging Henriette nach Insterburg zum Markt, der in der Regel jeden Samstag abgehalten wurde. Wenn sie Glück hatte, nahm sie ein Bauer unterwegs auf einem Leiterwagen mit. Da Henriette vorzüglich wirtschaftete, konnte sie an dem Tag den größten Teil der Eier und die gewonnene Butter an eine Bäckerei in Insterburg verkaufen. Da sie nur volle Pfunde verkaufte, hofften ihre Kinder jedesmal inständig, daß nach dem Abwiegen etwas Butter für sie übrigbleiben würde; sonst gab es nämlich nur Schmalz aufs Brot.

Henriette verkaufte nicht nur ihre landwirtschaftlichen Produkte, sondern kaufte auch ein. So besorgte sie Salz, braunen Zucker und Bruchbonbons, Rohkaffee, Zigarren und manchmal Schnaps, sowie eine große Portion Gehacktes. Damit hatte es eine besondere Bewandtnis. Nach dem Markttag backte sie nämlich zuerst Brot – es war ein wohlschmeckendes Brot mit Sauerteig – das jeweils drei bis vier Wochen reichen mußte. Henriette war stolz auf ihr Brot, das ihr immer gelang und um das sie von vielen Frauen beneidet wurde. Auch für die Kinder war es ein Tag der Freude; frisches Brot, womöglich mit ein wenig Butter, gab es eben nicht alle Tage. Danach formte Henriette noch ein Brot, diesesmal aus Hackfleisch. Die Wärme des Ofens vom Brotbacken reichte, um den gewaltigen Hackbraten so langsam vor sich hinbacken zu lassen. Über seine Kruste schwärmten die Kinder noch als Erwachsene.

Die noch kleine Emma wollte ihrer Mutter nicht nachstehen. Eines Tages entdeckte sie, daß ihre Enten, die auf dem Teich der kleinen Katensiedlung lebten, größere Fische nicht auf dem Wasser, sondern an Land verschluckten. Diese Fische entriß Emma ihnen, und manchmal reichte es abends für eine komplette Mahlzeit.

Pro Jahr zog die Familie zwei Schweine für den Eigenbedarf auf. Nach dem Schlachten gab es Blut-, Grütz- und Leberwurst. Das Fleisch wurde durch Räuchern haltbar gemacht. Die Läuferschweine dagegen wurden im Sommer an Schweinehändler verkauft. Henriette bat August nur einmal, Schweine zum Verkauf nach Insterburg zu bringen. Gutmütig wie er war, ließ er sich die Tiere schon auf dem Weg nach Insterburg von Händlern abschwatzen, die den Landbewohnern entgegenkamen, damit diese auf dem Markt keine Preisvergleiche anstellen konnten. Von nun an verkaufte Henriette die Schweine selber. Sie verstand es, durch ihre Kinder die geschätzten Preise zu erfahren. Wenn sich die Händler während des Wartens auf die heimkehrenden Landarbeiter über die Qualität der Schweine unterhielten, hörten ihre Kinder zu und berichteten ihrer Mutter, welchen Preis sie fordern könnte.

Die Schafe wurden nur zum Verkauf großgezogen. Die Wolle der Schafe spann Henriette selber. Aus dem Garn strickte sie, gemeinsam mit den größeren Mädchen, unzählige Paare Strümpfe. Anschließend wurden die Strümpfe gewalkt, damit sie fest und windundurchlässig wurden. Auch das Kälbchen der Kuh kam zum Verkauf, wie die Enten zu Martini. Gänse hielt Henriette nicht, da sie mehr Aufsicht und Gras als Enten erforderten. Nur selbständige Bauern und nicht gutsabhängige Familien hielten Gänse.

Henriette handelte auch mit Pflaumenmus und Heringen, die sie sich im Winter kommen ließ. Sie verkaufte beides portion- oder stückweise an die Nachbarinnen, so daß ihr für den eigenen Bedarf kaum Kosten entstanden.

Als Emma größer wurde, aber noch nicht zur Schule ging, bettelte sie ihre Mutter immer inständiger, sie möge sie doch einmal mit nach Insterburg nehmen. Henriette lehnte lange Zeit ihr Ansinnen ab und erzählte ihrer Tochter die allbekannte Geschichte, daß an dem Pregeltor, dort wo die Brücke von Georgenburg nach Insterburg über die Angerapp vor mehr als vierhundert Jahren geschlagen worden war, ein Mann mit nacktem Arsch stünde. Alle Kinder, die in die Stadt hineinwollten, müßten diesen Arsch küssen. Wie die Geschichte entstanden war und seit wann sie zur Abschreckung erzählt wurde, weiß man nicht. Vielleicht hatte es damit zu tun, daß sogenannte Accisebeamte von den in die Stadt fahrenden Landleuten bestimmte Abgaben erhoben hatten und daß diese diesen Zoll genauso schlimm empfunden hatten, wie einen erzwungenen Kuß auf einen nackten Arsch. Allerdings wurde 1896 kein Zoll mehr abverlangt.

Emma schauderte bei Henriettes Erzählung, doch ihre Neugierde auf Insterburg war nicht zu bremsen, zumal es in dieser Stadt Bruchbonbons gab. »Auch wenn ich dem Kerl seinen nackten Arsch küssen muß«, verkündete sie ihrer Mutter wortwörtlich, »ich gehe mit!«

So wanderte Henriette mit ihrer beharrlichen Tochter zum Bahnhof nach Blumenthal, da 9,8 km Fußmarsch bis Insterburg die kleine Emma überfordert hätte, und löste eine Fahrkarte. Der Bahnhof Blumenthal lag an der Strecke Eydtkuhnen (Grenze zu Russisch-Litauen) – Insterburg-Königsberg, die 1860 erbaut worden war. Emmas Herz klopfte heftig. Je näher der Zug der Stadt kam, desto ängstlicher wurde ihr Gesicht. Doch so sehr sie sich auch anstrengte, den Nacktarsch konnte sie nirgends entdecken. Dafür sah sie zum erstenmal den langgestreckten Marktplatz, der den Mittelpunkt der Stadt bildete. An dessen Ostseite stand die Lutherkirche, an seiner Südseite das Rathaus mit einem reichgeschnitzten Portal und einem Turm.

Die Lutherkirche galt den Insterburgern seit ihrer Erbauung von 1610–1612 als Wahrzeichen der Stadt. Den wertvollen Innenschmuck stifteten reiche Bürger während des Dreißigjährigen Krieges, von dem die Stadt verschont worden war. Nicht verschont dagegen wurde sie in den folgenden Jahrzehnten und Jahrhunderten von den brandschatzenden Tataren, den plündernden Schweden, einer Brandkatastrophe im Jahre 1690, der großen Pest 1709, Heuschreckenschwärme und einer Viehseuche 1712, plündernden Russen nach der verlorenen Schlacht bei Groß

Blick auf die Lutherkirche in Insterburg vom Schloßberg aus (Foto: Gerhard Ulrich)

Jägersdorf während des Siebenjährigen Krieges 1757, den Durchzügen des französischen Heeres nach Rußland und zurück im Jahr 1812. Da weilte sogar Napoleon in Insterburg, dessen Vielvölkerheer in Ostpreußen für leere Vorratskammern sorgte, weil »das Land ein durchziehendes Heer ernähren muß«. Trotz dieser verheerenden Heimsuchungen hatte sich Insterburg bis zu Emmas erstem Besuch prächtig entwickelt, mit schönen Bürgerhäusern, vielen Toren ohne Stadtmauer, Brücken über die Angerapp, Pregel und Inster und zahlreichen Fabriken, in denen immer mehr Menschen Arbeit fanden. Die Insterburger Spinnerei und Weberei beschäftigte fast tausend Menschen. Hier wurde der Rohflachs, so wie er vom Felde kam, über Spinnerei, Bleiche, Weberei, Färberei und anderen Arbeitsgängen bis zur fertigen Leinwand und auch zu den feinsten halbleinenen Geweben wie Damast verarbeitet. Aus dem Marktflecken »Stetlein Inster« des Jahres 1541 mit circa 500 Einwohnern war eine blühende Stadt geworden, die bereits im Jubiläumsjahr 1883, als die Bürger die 300-Jahr-Feier zur Verleihung der Stadtrechte durch den Markgrafen Georg Friedrich von Anspach begingen, 21.000 Einwohner zählte. Mit

Stolz wird in einer Insterburger Chronik jeder Fortschritt festgehalten, so die Einführung der Gasbeleuchtung der Straßen im Jahre 1864 und die Einrichtung eines Städtischen Schlachthofes drei Jahre später.

Die kleine Emma konnte sich bei ihrem ersten Besuch nicht genug an dem Treiben auf dem Markt und in den Straßen sattsehen. Henriette erledigte mit ihr wie üblich ihre monatlichen Einkäufe, von denen Emma besonders die Bruchbonbons interessierten. Zurück in der kleinen Kate vermochte sie ihren Geschwistern nicht zu sagen, ob sie nun erleichtert oder enttäuscht war, den »Insterburger Nacktarsch« nicht getroffen zu haben.

Saure Arbeit, frohe Feste

August Paraknings verstand sich auf Schafe und Pferde. Obwohl er jahrelang als Schäfer gearbeitet hatte, griff er mit beiden Händen zu, als ihm auf dem Gut Stagutschen eine Stelle als Pferdeknecht angeboten wurde. Das Gut Stagutschen hatte bereits einen guten Namen in der

Guthaus Stagutschen im Landkreis Insterburg – der Besitzer war ein bekannter Pferdezüchter (Foto: Gerhard Ulrich)

Pferdezucht. Hier erlitt August einen folgenschweren Arbeitsunfall. Ein Pferd hatte ihn mit dem Schweif am linken Augapfel getroffen. Das Auge begann ohne Unterlaß zu tränen und entzündete sich schließlich. Die Entzündung wurde von Tag zu Tag schlimmer; August stöhnte und ächzte im Schlaf. Dennoch ging er weiter zur Arbeit, bis seine Schmerzen ihn so heftig quälten, daß er glaubte verrückt zu werden und nur noch schreien konnte.

Jetzt erst veranlaßte ihn der Gutsbesitzer, sich schleunigst auf den Weg nach Königsberg zu machen. Gepeinigt und jammernd fuhr August alleine nach Königsberg. Doch die Entzündung war schon so weit fortgeschritten, daß die Ärzte ihm das Auge herausnehmen mußten. Dann hieß es abwarten, ob die Entzündung zurückgehen würde oder ob sie eventuell schon das Gehirn angegriffen hatte. Henriette verfiel zusehends. Die Kinder beobachteten sie mit Sorge. Ihre Mutter magerte ab und sah verhärmt aus. Henriette arbeitete härter denn je, um Augusts fehlende Arbeitskraft auf dem Gut, so weit es möglich war, zu ersetzen. Die Kosten des Krankenhauses waren zwar durch die Pflichtkrankenversicherung, die Bismarck im Jahre 1883 reichsweit eingeführt hatte, gedeckt; aber es gab weder ein Krankengeld und für Gutsarbeiter auch noch kein Invalidengeld, wie es für die Industriearbeiter 1889, ebenfalls durch Bismarck, obligatorisch wurde.

Henriette dachte mit Grauen an die Möglichkeit, daß August nicht mehr arbeitsfähig sein könnte, daß er womöglich erblinden, sogar sterben könnte. Sie wußte nicht, was sich für die Familie schlimmer auswirken würde. War es ihrer Mutter Anna Seidenberg nicht arg ergangen, als sie plötzlich mit fünf kleinen Kindern ohne Ernährer dagestanden hatte? Henriette hatte mittlerweile für fünf kleine Kinder zu sorgen, da sie 1894 noch einen Jungen, den Franz, zur Welt gebracht hatte.

In der Zeit des Wartens verstummte Henriette; sie weinte nachts und schrie innerlich zu ihrem Herrgott. Als August nach drei langen Monaten geheilt, wenn auch nur mit einem Auge, zurückkehrte, war es, als ob alle in der Familie wieder aufblühten. Und was August nicht alles zu erzählen wußte! Er beschrieb die wunderschöne Stadt Königsberg, die noch viel herrlicher als Insterburg sei, und berichtete von seinen Gesprächen mit einem Herren Studenten, der ihn des öfteren zum Essen ausführte, um von ihm alles über das Landleben zu erfahren. Einmal muße August deswegen sogar eine seiner Lieblingsspeisen im Krankenhaus stehen lassen – Milchreis mit viel Zucker und Zimt. Die kleine Emma erhielt ein besonderes Geschenk: eine Puppe mit Klimperaugen, die Neuheit auf dem Puppenmarkt. Neun Monate nach Augusts Heimkehr wurde Ernst geboren, das letzte Kind der Eheleute Paraknings. Henriette war bereits 44 Jahre alt. Es war wohl ihre schwerste Geburt. Die anderen Kinder hatte sie nur mit Hilfe der Nachbarinnen geboren, doch diesesmal mußte extra eine alte Frau vom Gut geholt werden, die sich darauf verstand. Sie sah schnell, daß hier nur die Bezirkshebamme helfen könnte, die eilig mit einem Gutswagen herbeigeschafft wurde, um Mutter und Kind beizustehen. Während der Geburt hielten sich die anderen Kinder draußen oder bei den Nachbarn auf; kurz nach der Geburt rief man sie in ihre Kate.

Im Jahr 1898 siedelte die Familie endgültig auf das Gut Rosenthal um. Henriettes Sohn Gustav war zu einem Schmied in die Lehre gegangen. Er hatte sich vorgenommen, ein Schmiedemeister zu werden wie sein so jung verstorbener Großvater, Gottlieb Seidenberg. Dieser Wunsch ging viele Jahre später bei der Fa. Krupp in Essen in Erfüllung. Die Stief- und Halbgeschwister sahen ihn nur ungern gehen, da er dafür gesorgt hatte, daß kein Kind der großen Familie bevorzugt von Henriette behandelt wurde. Er schaffte es ohne Worte, nur mit dem Blick seiner durchdringend himmelblauen Augen.

Emma ging nun in die einklassige Volksschule nach Pleinlauken. Der Ort Pleinlauken wurde wahrscheinlich von litauischen Siedlern gegründet, die ihm den Namen nach der Lage des Dorfes gaben. Pleiné heißt eine weite, baumlose Ebene, lauks heißt das Feld. 1556 wird Pleinlauken an der Inster zum erstenmal in einer Urkunde erwähnt.

Im ersten Schuljahr wurde Emma noch von ihrer Halbschwester Bertha begleitet. Für den Schulweg brauchten sie im Sommer gut eine halbe Stunde, im Winter liefen sie rascher über die Eisfläche, die durch die Überflutung der Insterwiesen im Herbst und die starken Fröste entstanden war. Unter ihre Holzschuhe hatten sich die Kinder von August Gleitschienen nageln lassen. Damit konnten sie dann »schlindern«.

In der Schule wurde viel auswendig gelernt; Emma lernte mit Leichtigkeit und Begeisterung Gedichte, Balladen und Lieder. Sie freute sich aufs Singen und auf die Religionsstunden, die jeden Tag abgehalten wurden. Als braves Mädchen brauchte sie sich vor dem Lehrer Brinkmann nicht zu fürchten, die Prügel bezogen jeden Tag nur die Jungen. Emma besaß eine glockenhelle Stimme; sie sang gern, auch bei der Arbeit. Einmal, als sie die Familienkuh im Gutsstall molk, hörte sie der Gutsbesitzer singen. Wie erschrak Emma, als der »Herr« plötzlich lospolterte: »Wer hat di dat Singen gelehrt, singst ja reinweg wie 'ne Nachtigall. War dat der Birkmann, der verfluchte Kerl?«

Neben dem Kuhmelken übernahm sie weitere Haushaltspflichten. Und als auch noch ihre jüngste Halbschwester Bertha in Stellung ging, ruhte viel Verantwortung auf ihren schmalen Schultern. Sie mußte die beiden jüngeren Brüder beaufsichtigen und versorgen. Sie trug die Vesper aufs Feld, und zwar für den Bruder August, der nachmittags anstelle seines Vaters die Schafherde bewachte, für die Mutter und Halbschwester Lene, die beide als Scharwerkerinnen auf dem Gut arbeiteten, wie auch für ihren Vater, der Findlinge suchte und ausgrub, weil die Steine gut bezahlt wurden.

Emma war immer in Eile, da sie schnell nach Hause zurückmußte, aus Sorge, Franz und Ernst könnten irgendeinen Unfug angestellt haben. Zeit zum Spielen blieb ihr selten. Einmal vergaß sie ihre Pflichten beim Spielen mit anderen Kindern, als plötzlich ihr Vater vor ihr stand. Er machte ein so drohendes Gesicht, schimpfte heftig, wollte im Zorn sogar nach seinem Ledergürtel greifen – in dem Augenblick fiel Emma in Ohnmacht. August war außer sich über das, was er angerichtet hatte. Er weinte und versprach der wiedererwachenden Tochter hoch und heilig, sie nie mehr schlagen zu wollen. Das Versprechen hielt er ein. Emma allerdings wurde im Laufe ihres Lebens bei schwierigen Situationen zum Schrecken ihrer Umwelt noch einige Male ohnmächtig.

Zur Freude Emmas wurden die beschwerlichen Pflichten mehrmals im Jahr durch Feste der Kirche und des Staates belohnt. So ein Fest war der Geburtstag des Kaisers Wilhelm II. Die Kinder hörten immer wieder, wieviel Gutes dieser Kaiser und davor sein Großvater, Wilhelm I., gerade für Ostpreußen getan hatte. Waren nach der Gründung des Deutschen Kaiserreiches 1871 nicht besonders viele neue Schulen, Hofstellen und Bahnlinien entstanden? Der Kaiser wurde geliebt und geehrt, seine Taten wurden in den Schulen und von den Kanzeln gepriesen. Die besondere Zuneigung der Bevölkerung im nördlichen Ostpreußen zum Kaiser datierte von dem Jahr 1806, als die damalige preußische Königin Luise mit ihren Kindern nach der verlorenen Doppelschlacht von Jena und Auerstedt gegen Napoleon nach Ostpreußen floh. Sie ließ sich, um mildere Friedensbedingungen für Preußen zu erreichen, zu einer Unterredung mit Napoleon in Tilsit bewegen. Obwohl das Gespräch ergebnislos verlief, bewegte ihr Einsatz die Menschen in Ostpreußen. Ihre Zuneigung übertrugen sie auch auf die Kinder und Enkel der Königin Luise, besonders auf ihren Sohn, Wilhelm I., der 1871 Kaiser des Deutschen Reiches wurde. Auch Emma liebte den jetzigen Kaiser und verehrte ihn. Zum Fest wurde der Klassenraum mit Girlanden geschmückt, das Bild des Kaisers besonders schön. Die Kinder sangen und tanzten, und jedes von ihnen durfte für den Kaiser im fernen Berlin ein Gedicht aufsagen. Da Emma gut lernte, bekam sie dieses Gedicht zum Lernen und Vortragen:

Ich bin ein deutsches Mägdelein und lieb' mein deutsches Land;
will darum alleweg in Treue weih'n dem Kaiser Herz und Hand.

Dem Kaiser, der vom Meer zum Rhein so ritterlich hält Wacht;
der arm und reich und groß und klein nimmt väterlich in acht.

Loht auf des Kampfes wilder Brand, hab' ich denn auch kein Schwert;
ein treuer Dienst für's Vaterland ist auch dem Kaiser wert.

Flieh hin mein Lied wie Frühlingsbraus, rausch über Berg und Tal!
Zieh hin zu meines Kaisers Haus und grüß ihn tausendmal!

Des Volkes Lieb', des Volkes Treu bleibt seines Thrones Zier.
Mein Herz, es jubelt stets aufs Neu': Heil, Kaiser Wilhelm dir!

Ein anderes bedeutendes Fest war die Kirchvisitation. Die Kirche stand in Georgenburg. Der Fußmarsch vom Gut Rosenthal aus betrug auf der Chaussee gut anderthalb Stunden. Die damalige Kirche stand seit 1693 und besaß zwei Glocken sowie eine Orgel aus dem Jahre 1770. Die Paraknings mochten ihre Kirche, die innen so hell und freundlich wirkte und in der es an der Kanzel so viele Dinge zu betrachten gab: einen Engel, Putten, den gen Himmel fahrenden Heiland und über ihm Gott Vater als Krönung.

An dem Tag der Kirchvisitation wurden die älteren Kinder vor der und von der Gemeinde geprüft. Jeder konfirmierte Christ durfte den Kindern Fragen stellen. Vor der Kirche waren Buden mit allerlei Leckereien aufgebaut, an denen die Kinder für ihr Budengeld einkauften.

Henriette und ihre Familie gingen an allen kirchlichen Feiertagen, trotz des weiten Weges, zur Kirche, sonst mindestens einmal im Monat. Wollten mehrere Familien des Gutes zur Kirche, ging Henriette zum »Herrn« und forderte einen Leiterwagen an. Es war Brauch, daß der Gutsbesitzer diesen Wunsch nicht abschlagen durfte.

Bei den Kindern war das Osterfest sehr beliebt. Mit selbstgezogenen Birkenreisern zogen Grüppchen von Kindern von Bauernhof zu Bauernhof, sagten Sprüche und Gedichte auf und sangen Lieder. Ein beliebtes Sprüchlein war:

Oster, schmackostere,
paar Eier, Stück Speck,
dann go i wohl weg.

Einer Bäuerin, bei der Emmas Halbschwester Bertha in Stellung war, mußte Emma mit den Birkenreisern auf die Waden schlagen, da das gegen

Beinleiden helfen sollte. Überall erhielten die Kinder Eier, und Emma, die so schön aufsagen und singen konnte, erhielt manches Ei zusätzlich und trug alles im Triumph nach Hause. Für den Eigenbedarf zu Ostern hatte Henriette Eier gespart und mit Farben aus Insterburg gefärbt. Im Garten versteckt wurden allerdings keine Eier, da Ostpreußen um die Osterzeit häufig unter einer Schneedecke lag.

In den Monaten nach Ostern feierte man bei den Paraknings eine Reihe von Geburtstagen; kein Geburtstag blieb unbeachtet. Dann buk Henriette den heißbegehrten Räderkuchen mit Hirschhornsalz als Treibmittel oder Kropfen aus einem Hefeteig. Obwohl es sonst keine Geschenke zu Geburtstagen gab, freuten sich die Kinder auf diese Tage.

Zu Pfingsten erhielten die Kinder die neue Sommerkleidung, die vorerst nur an Sonntagen getragen wurde. Die Stube wurde mit frischem Birkengrün aus dem Wald ausgeschmückt; auch war das Essen reichlicher als sonst. Erst um die Pfingstzeit war es endgültig Frühling im Kirchspiel Georgenburg.

Nach der schweißtreibenden Arbeit des Sommers freute sich groß und klein auf das Erntedankfest, das der Gutsherr auszurichten hatte. Die Remise, der große Wagenstall, wurde ausgeräumt, um für die langen Tischreihen und Bänke Platz zu schaffen. Der restliche Raum war als Tanzfläche vorgesehen. Eine aus Ähren geflochtene Erntekrone wurde hochgezogen, und das Fest konnte beginnen. Von nachmittags bis spät abends wurde gegessen und getrunken. Es gab Fleisch, Braten und Kuchen, Bier und Schnaps. Alle Kinder feierten mit, natürlich ohne Alkohol. Für die Musik sorgte ein Alleinunterhalter, der mit Mund und Händen eine Musikmaschine bediente. Die Erwachsenen feierten bis spät in die Nacht.

Mit dem Nahen des Adventszeit war es auch wieder Winter geworden. An den Adventssonntagen sangen Henriette und August Adventslieder aus dem Gesangbuch, und die Kinder hörten still zu. Ein weltliches Adventslied, dessen Herkunft unbekannt blieb, sang Emma seit ihrer Kindheit und reichte es ihren Kindern weiter. Am Beginn klingt die Melodie wehmütig verhalten und mündet mit aufsteigenden Akkorden in einem Jubelruf.

Die Blümlein sind verblüht im Tal,
die Vöglein heimgezogen.
Der Himmel ist so trüb und fahl;
es brausen kalt die Wogen

Wenn auch manch Weh im Herzen brennt:
Es ist Advent, es ist Advent,
es ist Advent!

In der Adventszeit erzählte August den Kindern Märchen der Brüder Grimm, die erst in den Jahren 1812–22 herausgegeben worden waren, aber sich rasch in allen Schichten des Volkes verbreiteten. Neben den Märchen erzählte August Spuk- und Geistergeschichten, vor denen sich Emma, zum Gelächter ihrer Brüder, furchtbar graulte, da in ihnen soviel von Toten und ihren herumspukenden Seelen die Rede war. Im Gegensatz zu den Kirchenliedern, Gedichten, Balladen und Märchen hatte Emma diese Geschichten später nie mehr weitererzählt.

Auch die Geschichten über Zigeuner, die kleine blonde Kinder stehlen, und über Juden, die aus dem Blut kleiner, christlicher Kinder Mazze, das ungesäuerte Brot zum Pessahfest, backen würden, fanden bei Emma keinen Anklang. Sie kannte nur die jüdischen Händler, die mit Pungels auf dem Rücken über Land wanderten, um Bauern und Landarbeitern ihre Stoffe anzubieten. Die waren immer nett, wenn auch ein bißchen aufdringlich. Henriette kaufte sowieso meistens in Insterburg. Dort gab es eine große Auswahl, und sie konnte die Preise vergleichen.

Weihnachten hängte August stolz seine aus Holz geschnitzte Weihnachtskrone auf, die mit vielen Kerzen besteckt wurde. Nur zu Weihnachten war der Raum so hell erleuchtet, an den anderen Wintertagen nicht. In den ostpreußischen Bauernhäusern wurden vielerorts schon Weihnachtsbäume aufgestellt, doch in der Enge einer Kate war kein Platz für jenen neuen Brauch. Kurz vor dem Weihnachtsfest war das zweite Schwein geschlachtet worden. Außerdem buk Henriette immer zum Fest frisches Brot und ihren wundervollen Hackbraten. War die herrschaftliche Jagd erfolgreich verlaufen, erhielten alle Scharwerker des Gutes einen Rehbraten.

Weihnachtsplätzchen oder Lebkuchen gab es zwar nicht, doch dafür einen großen Streuselkuchen, den sie Fladen nannten. Vor der Feier zu Hause machte sich die ganze Familie zur Kirchvesper nach Georgenburg auf, gleichgültig, wie hoch der Schnee liegen mochte. Im Hellen gingen sie die Chaussee entlang, auf der sie den Bauernfamilien auf ihren Kutschwagen ausweichen mußten, zurück stapften sie im Dunkeln alleine durch den Schnee, dann waren ihnen die Schlitten schon vorausgefahren.

Zur Vesper am Heiligen Abend sang der Kirchenchor, der Pfarrer Neßlinger hielt eine würdige Predigt, nachdem er das Weihnachtsevangelium verlesen hatte.

Wenn die Paraknings verfroren zurückgekehrt waren, wurde nicht mehr gesungen, sondern so richtig ausführlich gegessen und getrunken. Als Geschenke erhielten die Kinder Winterkleidung, auch neue Holzschuhe, Strümpfe und dicke Mützen mit Ohrenklappen; alles wichtige Dinge, auf die sie sich freuten. Einmal bekam der kleine August einen großen Kasten mit Tierfiguren und Bäumen. Gespielt haben alle Kinder damit.

Am 1. Weihnachtsfeiertag kamen die Kinder nach Hause, die in Stellung oder in der Lehre waren. Gustav besuchte manchmal mit Henriette seine Oma Seidenberg in Klein-Reckeitschen, sofern es das Wetter zuließ. Bei schlechtem Wetter trieb nämlich der Hunger hin und wieder Wölfe aus dem Wald. Einmal fanden sie sogar Spuren an der Hundehütte. Gesehen wurden die Wölfe nicht. Bereits im Januar sehnte sich Emma wieder nach dem Frühling.

Familienbesuche

Einmal im Monat kam Anna Seidenberg für ein paar Tage zu Besuch. Sie hatte sich nach der Geburt ihres Enkels August mit Henriette ausgesöhnt. Sie lebte bescheiden von ihrer Handnäherei für die Aussteuer von Bauerntöchtern.

Für Emma war der Besuch ihrer Oma ein Grund mehrfacher Freude. Ungeduldig lief sie ihr bis zu einem Hügel entgegen. Wenn Anna auf der Kuppe zu sehen war, hüpfte ihre Enkelin voller Vorfreude. Obwohl die Oma wenig besaß, brachte sie immer hartgekochte Eier als Geschenk mit, die sie mit Zwiebelschalen gelbbraun gefärbt hatte. Dabei hatte sie nur ein einziges Huhn zu Hause. Kam sie im Herbst, sammelte sie auf dem Hinweg durch das Wäldchen Blumenthal einen Eimer Pilze, mit denen sie sich gut auskannte.

An den Besuchstagen übernahm Anna Seidenberg die Arbeit der Kinder, auch die Arbeit im Garten hinter der Kate. Emma half dann gern mit und freute sich über jedes Lob.

Anna erzählte besonders oft der kleinen Emma Geschichten von früher. Als kleines Mädchen kam Anna Seidenberg mit ihren Eltern aus Litauen in den Kreis Insterburg. Ihre Mutter konnte nur litauisch. Eventuell waren ihre Eltern anderen Verwandten gefolgt, die schon länger dort wohnten. In den Kirchenbüchern von Georgenburg und Berschkallen sind seit Anfang des Jahres 1800 Männer und Frauen mit Annas Geburtsnamen Leng-

Altar und Kanzel der ev. Kirche in Georgenburg, Kreis Insterburg
(Foto: Gerhard Ulrich)

woehnus bzw. Lengwenus verzeichnet. Bei den Männern werden als Berufe Wirth, Eigenkäthner, und ein Jurgis Lengwoehnus wird bei seiner Heirat 1813 als Bauernsohn aus Schuppinnen aus dem nördlichen Kirchspiel Aulowönen genannt.

In einer Geschichte Ostpreußens ist nachzulesen, daß bereits im 14. Jahrhundert im Pregeltal Litauer mit Erlaubnis des Deutschen Ritterordens siedeln durften. Nach der Reformation kamen viele wegen ihres evangelischen Glaubens nach Ostpreußen, da Litauen katholisch blieb. Auch die Familie Lengwoehnus war evangelisch.

Ihre Sprache durften die Litauer beibehalten, auch Gottesdienste wurden in ihrer Sprache abgehalten. Erst durch den verstärkten Bau von Volksschulen auf dem Land nach 1850 und nach der Reichsgründung 1871 wurde auch die litauische Sprache zurückgedrängt. Anna Seidenberg war noch zweisprachig aufgewachsen, doch ihre Kinder sprachen nur noch das ostpreußische Platt.

Alle Siedler und Landarbeiter, die immer wieder in Schüben, zum Beispiel nach der Pest 1709, den Kriegszügen der Russen, Schweden und Franzosen, aus Litauen, Deutschland, Schweiz und Salzburg in den Kreis Insterburg kamen, wurden ohne Umschweife als preußische, später als reichsdeutsche Untertanen angesehen. Leider sprach Anna Seidenberg nie über ihre Verwandtschaft zu den zahlreichen Seidenbergs, die in Kirchenbüchern als Wirth, Pächter, Eigenkäthner und Losmann aufgeführt wurden. Es wurde vermutet, daß seit Annas Eheschließung mit dem drei Jahre jüngeren Gottlieb Seidenberg im Jahre 1848 seine Eltern mit ihm und der zugewanderten Frau nichts mehr zu tun haben wollten. Emma liebte diese Oma sehr und weinte jedesmal beim Abschied. Zu der Oma Paraknings, die nicht weit entfernt in Kamszaden bei ihrer Tochter wohnte, hatte die Familie keine gute Beziehung. Bei ihren wenigen Besuchen war die Stimmung nie freundlich, da August seine ablehnende Haltung gegen seine Mutter nicht überwunden hatte. Emma fürchtete sich sogar vor dieser Oma, da sie eine so lange Nase und gebeugte Haltung wie eine Hexe aus dem Märchen hatte.

Dagegen hielt Henriette zu ihren beiden Schwestern engen Kontakt. Ihr zweiter Bruder war schon im Alter von zwölf Jahren ertrunken. Während die ganze Familie gemeinsam und zu Fuß die älteste der Schwestern, Karoline, besuchen konnte, war Schwester Amalie nur mit der Bahn zu erreichen. Dann nahm Henriette immer nur das jüngste Kind mit. Wenn Karoline mit ihren vier Kindern einen Gegenbesuch machte, genoß es Emma, mit ihren Vettern und Basen zu spielen. Besonders zur Kusine Lene behielt sie ihr Leben lang einen engen Kontakt.

Am 1. Ostertag des Jahres 1900 starb Anna Seidenberg in Klein Reckeitschen. Gustav, der inzwischen beim Militär in Tilsit diente, hatte seine Oma Karsamstag besucht und überraschte Henriette mit der schlechten Nachricht, daß ihre Mutter krank wäre und nach ihr verlangte. Am Ostermorgen suchte Henriette mit Gustav ihre Mutter auf. »Nimm mich mit, laß mich nicht allein«, bat die Kranke sie mit schwacher Stimme. »Ja, doch, Mutterke, ich besorge Ihnen schnell einen Wagen bei einem Bauern.«

Als Henriette mit dem Wagen zurückkehrte, strich sich ihre Mutter immer wieder über den Leib. »Ich muß mich vorbereiten«, flüsterte sie. Ihre Nachbarin rief beschwörend aus: »Anna Seidenberg, Sie wollen doch nicht etwa sterben?« »Wie Gott wird wollen«, waren die letzten Worte der Sterbenden.

Anna Seidenberg wurde in ihrer Stube aufgebahrt, wie es sich gehörte – sie lag in einem ausgeschlagenen, schwarzen Sarg, um ihren Kopf trug sie ein feines Spitzenhäubchen, ihre Hände waren auf der Brust gefaltet. Der Lehrer von Reckeitschen sprach die tröstenden Worte; der Pfarrer aus Georgenburg wurde für eine einfache Beerdigung nicht bemüht. Nach der Ansprache wurde Anna Seidenberg unter einer kleinen Birke, die sie selber gepflanzt hatte, beigesetzt. Viele Jahre später, als Gustav das Grab suchte und das Holzkreuz nicht mehr vorfand, war aus der kleinen Birke ein hochgewachsener Baum geworden.

Emma vermißte die monatlichen Besuche ihrer Oma am meisten, zumal ihre Aufgaben zu Hause immer umfangreicher wurden. Ihre Halbschwester Lene hatte ihren unehelichen Sohn Otto bei Paraknings zur Welt gebracht, und Henriette hatte keinen Augenblick gezögert, beide bei sich aufzunehmen.

Sobald der kleine Otto krabbeln konnte, schleppte ihn Emma beim Vespertragen mit aufs Feld, aus Sorge, ihm könnte in der Kate ein Unglück entstehen. So blieb es dem Kleinen erspart, fest umwickelt zu werden, eine Praxis, die immer noch bei Säuglingen und Kleinkindern üblich war. Emma gewöhnte sich an das stämmige Kerlchen und war schier untröstlich, als ihre Halbschwester Lene mit ihrem Sohn Otto nach Westfalen zog. Kurz zuvor hatte ihre jüngste Halbschwester Bertha den Burschen Leidigkeit, der in einer Zeche in Gladbeck arbeitete und aus ihrer Gegend stammte, kennengelernt und war ihm nach Gladbeck gefolgt, wo sie bald heirateten. Sie nahm ihren Neffen Otto in Pflege, und ihre Schwester suchte sich eine Stelle als Dienstmädchen.

Von nun an trafen regelmäßig Briefe aus Gladbeck in Rosenthal ein, die immer mit der Frage endeten: »Warum kommen Sie, liebe Eltern, nicht auch nach Westfalen?«

Auch Gustav verließ nach seinem zweijährigen Militärdienst Ostpreußen, um nach Essen zu gehen. Zum Geburtstag seiner Mutter, am 10. Mai, schickte er regelmäßig 30,– Reichsmark; für Henriette war das viel Geld, wenn man bedachte, daß sie für neun lebende Enten, die sie zu Martini einem Bauern verkaufte, nur 20,– Reichsmark erhielt. In den nächsten Jahren schickte Gustav auch Geld für seine jüngeren Geschwister zum Weihnachtsfest. Er schrieb dazu: »Von dem Geld, liebe Mutter, kaufen Sie bitte ein Geschenk für die Kleinen.«

Doch Henriette steckte das Geld lieber in den Sparstrumpf. Emma, die

Gustavs Briefe heimlich las, faßte sich eine Tages ein Herz und schrieb ihrem Bruder: »Lieber Gustav! Bitte schicke der Mutter kein Geld mehr für uns. Sie kauft uns überhaupt nichts dafür. Viele liebe Grüße, Deine Schwester Emma.«

Diesen Brief gab sie heimlich in Georgenburg auf. Postwendend schickte Gustav ein Paket, das für jedes Geschwister ein Geschenk enthielt. Henriette wunderte sich nicht wenig; Emma aber verband seit der Zeit Westfalen mit einem Stück Schlaraffenland.

Sorgenvolle Tage

Für mehrere Wochen mußte Henriette auf Emmas unentbehrliche Hilfe im Haushalt verzichten. Ihre Tochter kam wegen eines Augenfehlers in die Insterburger Augenklinik. Emma hatte tatsächlich ein Auge, mit dem sie nicht gut sah, doch ob eine Operation unumgänglich war ... Henriette hatte ihre Zweifel, zumal das Gerücht die Runde machte, daß die Kinder von wohlhabenden Bauern erst gar nicht untersucht worden waren, nachdem sie der Ärztekommission begehrte Produkte wie Würste und Schinken überbracht hatten. Henriette ging diesen Gerüchten nicht nach. Schweren Herzens brachte sie Emma nach Insterburg. Besuchszeiten in der Kinderabteilung gab es nicht, freie Tage vom Gutsherrn für ein krankes Kind ebenfalls nicht; nur zu Beerdigungen von nahen Verwandten mußte er einen freien Tag gewähren. Noch nicht einmal Urlaubstage hätte Henriette einfordern können, da es für Scharwerker keinen Urlaub gab. Drei Tage nach der Operation war es dunkel um Emma, keine Mutter, kein Vater war da zum Trösten und zum Erzählen. Wie gut, daß ihr abends eine Schwester Geschichten und Märchen vorlas. Henriette, die selten ihre Gefühle offen zeigte, strahlte über das ganze Gesicht, als sie ihre kleine Emma, ihre große Stütze, nach dem Gut Rosenthal zurückholen durfte.

Auch um Franz mußte sie sich Sorgen machen. Während der ältere Bruder August nachmittags für den Vater die Schafe hütete, stromerte der sechs Jahre jüngere Franz in der Gegend umher. Tollkühn kletterte er auf Bäume, turnte auf Zäunen herum, kurzum, er war ein rechter Lauselümmel, ein Lorbaß hieß es auf ostpreußisch.

Eines Tages versuchte er seine Geschicklichkeit an aufgestapelten Findlingen, die zum Abtransport gelagert waren. Dabei löste sich ein dicker Stein, der ihm auf die Beine fiel. Er schrie um Hilfe, doch weit und breit war kein Mensch, der ihn hörte. Voller Schmerzen, auf dem Bauche kriechend, schob und zog er sich vorwärts, nur mit der Kraft seiner Arme, bis er nach fast tausend Metern die Kate erreichte.

Seine Beine waren zwar nicht gebrochen, aber so zerquetscht, daß Franz monatelang in der Stube liegen mußte. Ein Arzt wurde nicht geholt. Ärzte gab es nur in der Stadt, nicht für Landarbeiter. Henriette machte ihrem Sohn regelmäßig Umschläge, vermutlich mit essigsaurer Tonerde. Für Emma wurde es ebenfalls eine schlimme Zeit, da Franz sie aufforderte, ständig bei ihm zu sitzen, und zornig wurde, wenn Emma ihn allein lassen mußte. Es war für die ganze Familie ein große Erleichterung, als er nach drei Monaten, zunächst mit einer Krücke, wieder laufen lernte. Wie gut es zwei Jahre später wieder ging, bezeugt die Geschichte, die in Insterburg passierte. Diesesmal hatte Henriette Franz zum monatlichen Einkauf mitgenommen. Er half ihr beim Tragen. Plötzlich stand er da wie elektrisiert, denn mit klingendem Spiel marschierten Infanteriesoldaten nach einer Übung durch die Stadt in ihre neugebauten Kasernen an der Straße nach Kamswyken zurück. Insterburg war seit jeher auch eine Soldatenstadt mit Ulanen am Alten Schloß sowie einer Infanterie- und Artilleriekaserne, die 1900 fertiggestellt wurde. In späteren Jahren kamen noch eine Jäger- und eine Maschinengewehr-Abteilung-Kaserne hinzu.

Franz hielt es nicht mehr neben seiner Mutter. Zuerst marschierte er neben und auf einmal zwischen den Soldaten, und bevor er recht wußte, wie ihm geschah, befand er sich auf dem Appellplatz der Garnison. Nachdem das Kommando »Abtreten« erfolgt war, scherzten die Soldaten mit Franz, der vor Stolz und Verlegenheit rot anlief. Henriette aber wartete geduldig am Markt, bis ihr Sohn zurückkam und ihr von seinem großen Erlebnis berichtete.

Kurz darauf hatte Henriette eine unangenehme Auseinandersetzung mit einem Metzger. Alle drei oder vier Jahre wurde die alte Kuh an einen Bauern oder Metzger verkauft, und Henriette kaufte eine junge Kuh. Die alte Kuh wurde jedesmal verkauft »wie auf der Weide besehen«. So auch diesesmal. Ein Metzger hatte die Kuh gekauft und in seinen Stall gestellt. Dort ließ die Milchleistung des Tieres rapide nach. Der Metzger forderte August schriftlich auf, das Geld teilweise zurückzuzahlen. Henriette fühlte sich herausgefordert. Sie stattete dem Metzger einen Besuch ab, der aber nicht mit ihr verhandeln wollte. Henriette ließ sich nicht abwimmeln und fragte: »Wer, Meister, hat Ihnen die Kuh auf der Weide vorgeführt, wer hat Ihnen die Auskunft über die Milchleistung gegeben, wer hat das Handgeld erhalten?« Widerwillig mußte der Metzger zugeben, daß sie das gewesen sei. »Also«, folgerte Henriette, »dann bin ich auch jetzt Ihr Verhandlungspartner und nicht mein Mann.« Sie fuhr fort: »Ich habe gehört, daß Sie gern zum Gericht gehen. Ich bin schon so alt geworden, ohne je dort gewesen zu sein. Doch wenn ich wegen der Kuh hinmüßte, würde ich sagen: Der Meister hat die Kuh ‚wie auf der Weide besehen' gekauft. Lassen Sie die Kuh zurück auf die Weide bringen, und sie wird wieder soviel Milch geben, wie ich gesagt habe.«

Darauf meinte der Metzger: »Sie kommen sich wohl sehr schlau vor?« Henriette entgegnete gelassen: »Sie mögen die bessere Ausbildung haben, aber ganz von di Doofen bin ich auch nicht!« Henriette mußte nicht zum Gericht, dafür aber eines Tages August. Beim Holzfahren gerieten Männer des Gutes Rosenthal mit Männern eines Nachbargutes aneinander. Durch die Hetzerei des Vorarbeiters Warschull vom Gut Rosenthal kam es zu einer Prügelei, bei der ein Mann des anderen Gutes verletzt wurde. Vor der Gerichtsverhandlung in Insterburg schärfte der Dorfschulze den beteiligten Männern von Rosenthal ein: »Also, keiner darf sagen, daß er diesen Verletzten auch nur einmal geschlagen hat.« Doch das Hohe Amtsgericht beeindruckte August sehr, so daß er schließlich zugab: »Jawoll, ich glaube, daß ich diesen Mann einmal geschlagen habe.« Diese Aussage brachte ihm zwei Monate Gefängnis ein, die er in der Strafanstalt in Insterburg absitzen mußte. Das Gebäude war 1835 nach Entwürfen des in Berlin berühmt gewordenen Architekten Schinkel fertiggestellt worden und lag auf einer Anhöhe, am rechten Ufer der Angerapp.

Der Vorarbeiter Warschull glaubte nun, Henriette Vorschriften machen zu dürfen, da sie ohne männlichen Beistand nicht auskäme. Henriette putzte ihn vor vielen Ohren herunter. Das forderte die Autorität des Gutsherrn heraus. »Nun, Frau Paraknings«, stellte er sie zur Rede, »warum hören Sie nicht auf den Warschull?« »Herr«, antwortete Henriette schlagfertig, »die auf den Warschull gehört haben, die sitzen da oben auf dem Berg«, und sie deutete in Richtung Insterburg.

Der Trakehner wilde Jagd

In der Wohnstube war es fast leer geworden. August, der erste Sohn aus der Ehe, verließ Rosenthal nach der Schulzeit, um auf einem anderen Gut Schweizer zu lernen, und Franz hütete von nun an alleine nachmittags die Schafe, was ihn sehr verdroß. Emma hatte immer ein wenig Angst vor ihm, wenn sie die Vesper austrug. Franz forderte sie nämlich jedesmal energisch auf, sie sollte in der Zeit der Vesper auf die Schafe achten und versuchte mehrmals, seine Schwester festzuhalten. Emma, die es immer eilig hatte, stellte deshalb die Vesper im gehörigen Abstand zum Bruder hin und lief schnell fort. Franz schrie und tobte dann, schleuderte auch Steine und Dreck nach ihr, hin und wieder traf er auch, und weinte anschließend auf seine Mahlzeit.

In der Kate lebten nur noch drei Kinder, Emma, Franz und Ernst, die es genossen, jeder für sich eine eigene Schlafstelle zu haben. Es folgten drei unbeschwerte Jahre, da Franz sich allmählich an das Alleinsein beim Schafehüten gewöhnte. Jedes Kind hatte seine Aufgaben, doch die Forderungen hielten sich in Grenzen.

Im Winter hatte Emma sogar Zeit, unbekümmert am späten Nachmittag auf dem Eis zu schlindern. Einmal wäre ihr das Vergnügen beinahe zum Verhängnis geworden. Die Dunkelheit war schon weit fortgeschritten, und Emma sah die Löcher nicht mehr, die der Müller Czernus aus Kamszarden ins Eis geschlagen hatte, da er Wasser aus dem Teich zum Getreidemahlen brauchte. Hauptsächlich mahlte er natürlich in seiner Mühle, die Emma gut kannte, doch die großen Gutshöfe besaßen eigene Mühlen und holten einen Müller, sobald das Mehl für den Gutsbetrieb und für die Deputate ausging.

In so ein Eisloch rutschte Emma hinein. Sie war allein auf dem Eis. Mühsam kroch sie heraus und lief mit erstarrenden Kleidern nach Hause. Henriette schaltete schnell. Emma trug noch nicht einmal einen Schnupfen davon.

Im Frühsommer ging Emma mit vielen anderen Kindern in das Blumenthaler Wäldchen. Die Kinder genossen das Schauspiel, das sich ihnen jedes Jahr dort einmal in der Pfingstzeit bot. In dem Wäldchen gab es eine überdachte und umrankte Tanzfläche, die nach allen Seiten einen offenen Einblick gewährte. Dort fand der Sommerball der Offiziere der Kreisstadt Insterburg statt. Die Kinder kamen aus dem Staunen nicht heraus, wenn die Kutschen vorfuhren und ihnen zauberhaft gekleidete Damen und ordensgeschmückte Offiziere entstiegen. Eine Militärkapelle spielte zum Tanz auf. Emma schaute sehnsüchtig auf die schönen Kleider mit Rüschen und Spitzen und wünschte sich inständig, auch irgendwann einmal in ihrem Leben in einem Ballkleid zu tanzen. Außerdem hoffte sie, daß sie später einen Mann bekäme, der einen so herrlich gezwirbelten Kaiser-Wilhelm-Schnurrbart besitzen würde wie die Herren Offiziere.

Seit dem Herbst des Jahres 1904 ging Emma einmal wöchentlich nach Georgenburg zum Konfirmandenunterricht. Der Unterricht dauerte den ganzen Tag; für den Hin- und Rückweg benötigte sie drei Stunden. An dem Tag hatte sie schulfrei. Auf der Chaussee traf sie auf andere Kinder, die ebenfalls zum Unterricht gingen. Im Sommer verknoteten sie ihre Schuhe und hängten sie sich über die Schultern. Sie waren das Barfußlaufen gewohnt und wollten die Schuhe schonen. Erst kurz vor Georgenburg zogen sie Strümpfe und Schuhe wieder an.

Die Chaussee nach Georgenburg war auch der Ausrittweg und die Rennstrecke für die jungen Trakehnerhengste. Wenn die wilde Jagd herandonnerte, flohen die Kinder rechts und links in die Wiesen und Felder. Das Georgenburger Gestüt bestand seit 1828, als Johann Wilhelm Simpson das Hauptgut Georgenburg kaufte. Wegen seiner hervorragenden Leistungen in der Pferdezucht wurde er im Jahr 1840 geadelt. Hauptabnehmer der Pferde waren der Staat und Remonten, die Kavallerie. Nach dem Tod Georg von Simpsons, eines Sohnes des Gestütsgründers, erwarb 1898 der preußische Staat die ganze Begüterung. Der bekannte Roman »Die Barrings« handelt von der Familie Simpson auf Georgenburg.

Emma ging gern in den Konfirmandenunterricht. Sie mochte auch den Pastor Neßlinger, der allerdings nicht nur Pastor, sondern auch Besitzer eines Gutes war. Henriette, die mit der Frau seines Kutschers befreundet war und sie bei den monatlichen Kirchgängen zu besuchen pflegte, fragte ihre Freundin einmal: »Nu, da müßt ihr es bei diesem Herrn besonders gut haben, wo er doch auch Pastor ist?« Ihre Freundin winkte ab. »Nei, nei, wenn der den Rock ausgezogen hat, ist er der reinste Deibel!« Und sie erzählte, wie er eine Landarbeiterfrau, die eine schwere Fehlgeburt hinter sich hatte und dringend der Schonung bedurfte, zur Arbeit beorderte, nachdem sie das erstemal aufgestanden war, um in der Sonne ein paar Schritte hin und her zu gehen, und er sie dabei antraf.

Im Unterricht allerdings war der Herr Pastor bei den Kindern wohlgelitten, zumal er sie nie schlug. In der Schule noch hatten die Mädchen und Jungen die Namen und die Bedeutung der alten prussischen Götter gelernt; da gab es den Perkunis, den Gott des Gewitters und der Natur, den Potrimpus als Gott des Lebens und Patollu als Gott des Todes. Jedermann wußte, daß früher bei Insterburg, in der Mitte des altprussischen Gaues Nadrauen, die heilige Eiche zu Remove gestanden hat. Nach den Glaubensvorstellungen der Prussen hatten ihre Hauptgötter in dieser Eiche ihren Sitz; an ihrem Fuß hatten sie Opfergaben dargebracht, bis der Deutsche Ritterorden 1274 erfolgreich Fuß faßte und das Christentum einführte.

Austrieb der Herde in Trakehnen *(Gräfe und Unzer Verlag München)*

Alte Glaubensvorstellungen lebten besonders in der Landbevölkerung weiter. Dazu gehörte, daß Tote aus den Gräbern bestimmten Personen antworten würden. Auch Henriette glaubte dran, »da ich es schließlich mit eigenen Ohren gehört habe.«

Im Unterricht des Herrn Pastor Neßlinger war für diesen alten Glauben kein Platz mehr.

Emma lernte spielend Psalmen, alle Bücher der Bibel, unzählige Kirchenlieder und den Kleinen Katechismus des Martin Luther. Für die Mittagspause gab Henriette ihrer Tochter etwas Geld für den Bäcker mit, das Emma selten ausgab.

Im April 1905 wurde Emma aus der Schule in Pleinlauken entlassen und im September desselben Jahres konfirmiert. Es wurde ein beglückender Tag. Henriette hatte extra aus Insterburg Blumen besorgt. Emma trug zum erstenmal ein langes Kleid. Das Geld für den Stoff hatte Gustav aus Essen geschickt, und Henriette hatte das Kleid bei einer guten Schneiderin in Insterburg nähen lassen. Doch die Krönung des Tages war, fand Emma, daß sie zusammen mit ihren Eltern im Kutschwagen des Gutes Rosenthal zur Kirche gefahren wurde, während alle anderen Landarbeiterkinder der umliegenden Güter auf Leiterwagen eintrafen. Zusätzlich zu den Blumen erhielt Emma ein Album für Ansichtskarten, ein heißbegehrtes Geschenk in jenen Tagen.

Das Konfirmationsessen war besonders reichhaltig; es gab Schweineschinken, Hackbraten und Streuselkuchen. Emma saß mit den »Großen« am Tisch. Seit ihrem zwölften Lebensjahr durfte sie mit den Eltern am Tisch sitzen. Die jüngeren Kinder dagegen mußten bei den Mahlzeiten stehen. Das war Sitte und wurde von den Kindern nicht in Frage gestellt, ebensowenig wie das respektvolle »Sie« den eigenen Eltern gegenüber.

August gönnte sich an diesem Tag, wie an allen Sonn- und Feiertagen, eine Zigarre. Ernst, sein jüngster Sohn, saß oft auf seinen Knien und rauchte ein bißchen mit. Er fand daran Gefallen und konnte das Rauchen nie mehr lassen.

Die Auswanderung der Familie Paraknings

Von Monat zu Monat wurden immer mehr Katen des Gutes Rosenthal von ihren Bewohnern verlassen, um Richtung Westfalen, ins Ruhrgebiet zu ziehen. Im Frühjahr 1906 zog die Familie Pasternak fort, mit denen die Familie Paraknings gut befreundet war, nach Castrop-Rauxel sagten sie. »Kommt mit«, forderten sie Henriette und August auf, doch Henriette blieb unschlüssig. Das Gut verlassen, warum nicht, aber fort von Ostpreußen? Mit dem Gedanken konnte sie sich nicht anfreunden. Noch ein Jahr blieben sie auf dem Gut, bis zur Erntedankfeier. Dann ging Emma zum Schuhmacher Siebert nach Insterburg in Stellung; ihre Eltern und die Brüder Franz und Ernst zogen nach Insterburg-Neustadt, um in ihrer Nähe zu bleiben. Ein guter Grund, das Gut zu verlassen, zumal sich die Eheleute mit 53 bzw. 54 Jahren zu alt für die schwere Feldarbeit fühlten. Henriette hatte etwas Geld fürs Alter beiseitegelegt, und August würde sich eine leichtere Arbeit suchen. Das waren ihre Pläne, um in Insterburg bleiben zu können, der Stadt, an der Henriette hing.

Doch es lief nicht nach Wunsch. Für die beiden Jungen war der Wechsel in eine Stadtschule schmerzhaft. Sie weinten schon, wenn sie die Wohnung verließen, da kein Tag ohne Prügel abging. Schließlich sprach Henriette beim Klassenlehrer vor. Er fertigte sie mit den Worten ab: »Sie hätten eben nicht vom Dorf in die Stadt ziehen sollen. Das ist nicht gut.«

Ev. Kirche in Georgenburg, in der Henriette und August Paraknings 1887 heirateten und ihre Tochter Emma getauft und 1905 konfirmiert wurde.

(Kohlezeichnung Peter Strücker nach einem Foto von Gerhard Ulrich)

Henriette entgegnete empört: »Wollen Sie mir etwa verbieten, mit meinen Kindern vom Land fortzugehen, wo sie nur wieder Landarbeiter werden können?«

Ihre Einlassung hatte keinen Erfolg, ihre Jungen wurden geschlagen, sobald sie eine Antwort nicht wußten. Endlich bettelte der neunjährige Ernst: »Mutterke, bitte nähen Sie mir doch eine so dicke Hose, daß der Stock nicht mehr so weh tut.« Und Henriette nähte einen Flicken über den anderen auf den Hosenboden, bis ein kleines Schutzpolster entstanden war.

Allmählich erkannte Henriette, daß etwas geschehen müßte, zumal August nicht die gewünschte, leichte Arbeit fand, und das gesparte Geld beängstigend schnell dahinschmolz. Jetzt erst faßte Henriette mit August den Beschluß, Abschied von Insterburg zu nehmen und »auszuwandern«, wie man sagte. Vielen anderen ostpreußischen Familien war es wie ihnen ergangen. In einer Untersuchung über die Binnenwanderung der Ostpreußen schrieb dreißig Jahre später Eberhard Franke (Essen 1936), daß gut dreißig Prozent in Etappen fortgezogen waren, vom Land in die Kreisstadt, erst dann ins Ruhrgebiet. Ein Teil der Auswanderer kam nur bis Berlin, um nicht zu weit von der alten Heimat fortzuziehen.

Henriette kündigte die Wohnung in Insterburg und schrieb an Augusts Töchter in Gladbeck, sie möchten dort eine Wohnung besorgen. Sie beendete das Dienstmagdverhältnis ihrer Tochter Emma beim Schuhmacher, meldete die Jungen von der Schule ab, die darüber nicht traurig waren. Einem Amerikaauswanderer kaufte sie Biedermeiermöbel für ein Wohnzimmer ab und mietete einen Eisenbahnwaggon, um ihren gesamten Hausstand mitzunehmen, aus der Sorge heraus, daß es diese Gegenstände in Gladbeck nicht zu kaufen gäbe. August versöhnte sich derweil mit seiner sterbenskranken Mutter, die kurz darauf starb. Alles war getan. Die Familie war reisefertig. Nur der Sohn August weigerte sich, nach Westfalen mitzuziehen. Kürzlich erst war er von dort enttäuscht zurückgekehrt. Die Arbeit in einer Grube, ohne Sonnenlicht, hatte ihm nicht zugesagt; er hatte Heimweh nach Ostpreußen und nach seiner Arbeit als Schweizer. So blieb er als einziger der Familie zurück.

Mit den Paraknings fuhr Henriettes Nichte Emma, eine Tochter ihrer Schwester Karoline. Dieses Mädchen schrieb sich seit Jahren mit Henriettes Sohn, Gustav Seidenberg in Essen. Sie wolle nun zu ihm, »da ein Mann in der Fremde nicht allein bleiben sollte«.

So fuhren sie zu sechst zwei Tage und zwei Nächte über Berlin bis Wanne-Eickel. Hier und in Essen waren die wichtigsten Umsteigebahnhöfe für die Menschen, die aus dem Osten Deutschlands und Europas ins Ruhrgebiet strömten. Mit Vergnügen erzählte man sich noch jahrzehntelang die Geschichte des Mannes, der irgendwo im Osten eine Fahrkarte ins Ruhrgebiet kaufen wollte, aber leider den Namen des Ortes vergessen hatte und auch nur mühsam deutsch sprach. »Bitte«, sagte er zum Schalterbeamten, »ich hab' vergessen Name von Stadt. Is sich Name von große Gefäß. Is sich nich Bottich, is sich nicht E-imer, is sich nicht Kübel, is sich nicht Faß.« Der Schalterbeamte lächelte hoheitsvoll. »Guter Mann, meinen Sie vielleicht eine Wanne? Wollen Sie etwa nach Wanne-Eickel?« Da strahlte der Mann hocherfreut. »Natirlich. Wie konnt ich vergessen. Is sich Wa-ne«, und er kaufte eine Fahrkarte vierter Klasse.

Auf diesem Bahnhof wurde die Familie Paraknings von Augusts beiden Schwiegersöhnen erwartet, die sie dann das letzte kurze Stück über Gelsenkirchen-Bismarck nach Gladbeck begleiteten, wo Lene und Bertha alles für den Empfang vorbereitet hatten.

Am 5. April 1907 hatte die Familie das noch eis- und schneebedeckte Ostpreußen verlassen; am 7. April traf sie mit dem ersten Grünen der Bäume in Westfalen ein.

»Es war mir, als wäre ich aus dem Winter in den Frühling gefahren«, erinnerte sich Emma ihr Leben lang.

Die Heimsuchungen der Katharina Chomontowski

Erregt stand der langaufgeschossene Fritz vor seiner Mutter. Vor gut zwei Monaten, am 9. März 1900, war er sechzehn Jahre alt geworden, und nun wollte er von zu Hause fort. Erschreckt schaute Katharina Chomontowski (Ch = Sch in der Aussprache) ihren Ältesten an. Noch nie hatte sie ihn so aufgebracht erlebt. Seine blauen Augen funkelten dunkel vor Zorn und Entrüstung; sein dunkelbraunes Haar, das er sonst sorgfältig gekämmt trug, hing ihm tief in der Stirn.

Fritz dämpfte seine Stimme. »Mutter, ich flehe Sie an. Machen Sie mir bitte den Abschied nicht so schwer. Ich ertrage das Leben mit dem Vater einfach nicht mehr; ich will nicht mehr unter einem Dach mit ihm wohnen. Er schikaniert mich, wo er kann. O ja, ich weiß, Lehrjahre sind keine Herrenjahre, wenigstens das habe ich in der Schule lernen dürfen. Aber er behandelt mich wie den letzten Dreck. Vor allen Dingen habe ich Angst, liebe Mutter, daß ich mich vergessen könnte und die Hand gegen ihn erheben werde. Ich bin bald genauso stark wir er.«

»Das ist Sünde wider den Herrn«, rief Katharina weinend aus. »Mutter, wo ist denn dieser Herr, wenn Ihr Mann betrunken nach Hause kommt, Sie tritt und schlägt? Wo ist Ihr Gott, wenn Sie wieder mal im Blut gelegen haben, oder als die kleinen Kinder gestorben sind, nur weil wir nicht genug zum Essen hatten? Glauben Sie mir, ich ertrage dieses Leben hier nicht länger. Ich bin doch nicht sein Paslack!«

Katharina saß wie versteinert, in sich zusammengesunken, am einzigen Tisch der Schreinerwerkstatt ihres Mannes, deren andere Hälfte der Familie als Wohnraum diente. Warum mußte Gott sie so schwer prüfen? Hatte sie nicht genug Kummer und Sorgen seit ihrer frühesten Kindheit ertragen müssen? Ihr Vater, der wohlhabende masurische Bauer Friedrich Kurr aus Gronsken, Kreis Lyck, war gestorben, als sie noch zu klein war, um sich an ihn erinnern zu können. Ihr ältester Bruder übernahm den stattlichen Hof, und sie, der Nachkömmling, wurde bald das Aschenputtel.

Ihre Mutter, Eva Kalinka, hatte keinen Einfluß mehr, um das Los ihrer jüngsten Tochter zu erleichtern. Katharina setzte deshalb früh die Hoffnung auf eine gute Heirat, um von ihrem despotischen Bruder fortzukommen. Der Heiratskandidat war auch bald gefunden: Johann Chomontowski, zwei Jahre älter als sie, ein guter Tischler. Er war in Josefowo, wenige Kilometer jenseits der Ostgrenze Masurens, im damaligen Russisch-Polen, im September 1857 geboren worden. Seine Eltern, Johann Chomontowski und Eusophine Rich, die zum Zeitpunkt seiner Hochzeit, am 8. Oktober 1881, noch lebten, hatte Katharina nicht kennengelernt. Obwohl Johann auf der anderen Seite der Grenze geboren worden war, sprach er wie seine Frau masurisch, verwandt mit der polnischen Sprache des 16. Jahrhunderts, stark durchsetzt mit deutschen Sprachelementen. Kein anderer slawischer Dialekt wies soviel deutsche Eigenheiten auf wie das Masurische.

Noch wichtiger als die gemeinsame Muttersprache war in Katharinas Augen, daß ihr Mann, wie sie, evangelisch und nicht katholisch war wie viele Leute jenseits der Grenze. Seit der Einführung der Reformation im ehemaligen Ordensland 1525 waren die ins südöstliche Ostpreußen eingewanderten Masowier evangelisch und preußisch geworden und geblieben. Auch die später dazugezogenen Deutschen, Litauer und die noch verbliebenen Prussen paßten sich der Sprache und der Religion an. Von den 400.000 Menschen, die 1870 die Region Masuren bevölkerten, sprachen 80% masurisch, nur 20% deutsch, ganz wenige polnisch. Fast alle waren sie evangelisch; sie fühlten sich als gute Masuren und Deutsche.

Als nach 1871 das frischgegründete Deutsche Reich begann, gerade den Süden und Südosten Ostpreußens zu erschließen und zu befestigen, war der Bedarf an ausgebildeten Handwerkern groß. Johann Chomontowski arbeitete an Schulen, Kirchen, Bahnhöfen und Garnisonen im Kreis Lyck. Zwei Bahnen waren in der Zeit bis 1885 in der Region gebaut worden, einmal die Strecke Insterburg–Allenstein–Thorn–Schneidemühl und Allenstein–Johannisburg, die die Erschließung des Waldreichtums ermöglichte. Dann folgte der Bau weiterer Bahnanlagen und Volksschulen.

Katharina Chomontowski hatte ihren Mann bei einem dörflichen Tanzfest kennengelernt. Er sah gut aus, war von großem und schlanken Wuchs, hatte hellblonde Haare und blaue Augen. Obendrein war er sehr charmant, tanzfreudig und trinkfest.

Doch die Ehe wurde zum Fiasko. Johann konnte das Branntweintrinken nicht unter Kontrolle halten. Unter den Getränken in Masuren stand der Branntwein obenan, wie Reinhold Weber in seinem Buch über Masuren, Leer 1983, mit Bedauern feststellte. Diesen tranken nicht nur Männer, sondern auch Frauen und Kinder, selbst Kleinkinder wurden mit Branntwein zum Schlafen gebracht. Johann Chomontowski vertrank seinen Verdienst, und die Familie mußte oft hungern. Um zusätzlich an Geld und Eßwaren zu gelangen, suchte er immer wieder Katharinas Bruder, den Hoferben auf, der darüber akkurat Buch führte.

Wenn Johann getrunken hatte, wurde er bösartig. Sein Zorn entlud sich regelmäßig auf seine Frau, die sich seiner Prügel und Tritte nicht zu erwehren wußte. Verlassen konnte sie ihn auch nicht, wer hätte sie schon aufgenommen? Sie erlitt eine Fehlgeburt nach der anderen; einige Kinder, die lebend zur Welt gekommen waren, starben in den ersten Lebensjahren.

Drei waren ihr geblieben – der sechzehnjährige Fritz, die zwölfjährige Marie und der neunjährige Karl. Doch hätte ihr nicht ihre ältere Schwester, die mit einem Bauern verheiratet war, regelmäßig unter die Arme gegriffen, wären auch diese Kinder nicht großgeworden. Die Kleidung ihrer Kinder bestand aus Lumpen. Die große Stube war dürftig für fünf Personen eingerichtet. Es gab nur ein großes Ehebett, die drei Kinder mußten auf Stroh schlafen, das auf dem Fußboden abends aufgeschüttet wurde. Das wenige Geschirr, das sie besaßen, versteckte sie, bevor ihr Mann nach Hause kam, damit es nicht in einem Wutanfall zerschlagen wurde.

Katharinas einzige Freude war das Treffen im ostpreußischen Gebetsverein. Nur dort konnte sie ihren Kummer in Gebete kleiden. Die Gebetsvereine bestanden neben der offiziellen Kirche, teilweise im Gegensatz zu ihr, da ihre Mitglieder weniger auf die Pfarrer als auf ihre eigenen Prediger hörten. In ganz Ostpreußen hatte das pietistisch-methodistische Sektierertum seit Beendigung der Freiheitskriege Anhänger gefunden, aber besonders stark waren die Gebetsvereine in Masuren vertreten. Ihre Mitglieder beteten nicht nur gemeinsam laut und viel, sondern sie weinten und schluchzten auch gemeinsam über ihre eigene und die Not der anderen. Katharina Chomontowski nahm ihre Tochter Marie regelmäßig zu den Treffen mit; Fritz und Karl lehnten das »Gewimmere« als weibisch ab.

Katharina seufzte abgrundtief auf. Fritz, Marie und Karl sahen ihre Mutter schweigend an. Schließlich sagte sie: »Bevor du dich gegen deinen Vater und damit gegen Gott versündigst, mußt du wohl besser fortgehen. Der Herr soll dich segnen. Vergiß uns nicht in der Fremde. Wohin willst du überhaupt gehen?« »Irgendwohin«, sagte Fritz unbestimmt. »Irgendwo auf der Welt muß es doch etwas Besseres für mich geben als dieses Leben. Ich werde arbeiten und Ihnen und den Geschwistern Geld schicken. Ich werde Ihnen regelmäßig schreiben.«

Der neunjährige Karl bettelte: »Nimm mich mit! Ich will nicht zu dem Onkel auf den Hof und seine Schafe und Kühe hüten.« Fritz strich ihm und Marie übers Haar. »Brüderchen, ich verspreche dir ganz fest, ich lasse dich nicht im Stich. Mach zuerst die Schule zuende und arbeite beim Onkel. Ich hole dich nach, sobald ich weiß, wie es woanders zugeht.«

Masurische Brüder

Von Tränen und hoffnungsvollen Wünschen begleitet verließ Fritz im Frühjahr 1900 sein unglückliches Zuhause in Gronsken. Zwei Jahre wanderte er durch seine Heimat Masuren von einem Bauern zum anderen, arbeitete zwischendurch auch als Zimmermann. Dadurch lernte er das Land, das er bis dahin nur aus dem Heimatkundeunterricht kannte, wirklich kennen; seine vielen Seen, die dunklen Wälder, die lieblichen Haine; wenn der Himmel sich blau über ihn wölbte, sein Magen voll war und der Wind mild, dann fühlte er sich wie ein stolzer Nachkomme der Sudauer, eines prussischen Stammes, die um Lyck herum gesiedelt hatten und sich erst nach langjährigen, verlustreichen Kämpfen 1283 dem Ordensheer beugen mußten. Oder er fühlte sich wie einer der frühen masovischen Siedler, die nach dem 2. Thorner Frieden 1466, der einen dreizehnjährigen Krieg mit Polen beendete, mit Zustimmung des Ordens in das Land strömten, um die »Wildnis« zu kolonisieren. Damals gab es noch freies Land, auf dem für viele Menschen Platz war. Doch wo war sein Platz?

Dünnhäutig geworden warf er bei jedem groben Anpfiff die Arbeit hin. Frei wollte er sein und lernen dürfen. Das Geld, das er verdiente, reichte gerade, seinen eigenen Lebensunterhalt zu finanzieren und keine Lumpen mehr zu tragen. Für seine Mutter und Geschwister konnte er nichts abzweigen, was ihn sehr bedrückte.

Mit achtzehn Jahren verließ er endgültig Masuren und Ostpreußen, um in Hamburg sein Glück zu versuchen. Er sollte seine Mutter und seinen Vater nicht mehr wiedersehen.

In Hamburg gab es 1902 bereits eine starke sozialdemokratische Partei, Arbeiterbildungsvereine und Gesangsvereine für Arbeiter. Fritz, der am

Fritz Chomontowski beim Selbststudium politischer Schriften in Hamburg ca. 1904

(Kohlezeichnung von Peter Strücker)

Hafen in einer Mühle arbeitete, entdeckte ein völlig neues Leben, eine ihn beglückende Heimat.

Jeden Tag, sofort nach der Arbeit, begann er zu lesen; er las die Schriften von Marx, Engels, Bebel und Lasalle und immer wieder Romane. Er eilte zu Vorträgen und Diskussionen und erholte sich beim Singen, das er leidenschaftlich liebte. Im Arbeitergesangsverein lernte er Lieder von Loewe, Schubert, Schumann, Brahms und viele andere kennen und schätzen. Wenn es erschwinglich war, besuchte er Schauspiele und Opern. Für den Zweck hatte er sich eigens einen guten Anzug mit einem Stehkragenhemd zugelegt. Von der Kirche hatte er sich ganz abgewandt, da sie in seinen Augen auf der Seite der Herrschenden stand und nicht auf der Seite der Armen und Rechtlosen. Deren Anliegen waren besser in der Gewerkschaft aufgehoben, fand Fritz.

Jetzt endlich verdiente er soviel, daß er sein Versprechen einlösen konnte, der Mutter in Masuren Geld zu schicken. Seiner Schwester kaufte er eine Nähmaschine, damit die mittlerweile fünfzehnjährige Marie, nach dem Besuch eines Nähkurses, den Unterhalt für sich und die Mutter zu bestreiten in der Lage war.

Ungefähr zur gleichen Zeit hörte er von seinem zwölfjährigen Bruder Karl, mit dem er im regen Briefwechsel stand, daß Johann Chomontowski für zwei Monate ins Gefängnis mußte.

Karl schrieb, daß eine Kommission aus Ärzten und Studenten aus Insterburg in seine Schule nach Gronsken gekommen war, um die Augen der Kinder zu untersuchen. Die Bauern waren sehr mißtrauisch, was dort eigentlich geschehen würde, und brachten vorsorglich Geschenke in die Schule, damit ihre Kinder erst gar nicht untersucht würden.

Johann Chomontowski besaß leider nichts, und sein Sohn Karl sollte am nächsten Morgen untersucht werden. Karl, hinter der Schule versteckt, sah, wie sein Vater, mit einem Dreschflegel bewaffnet, in den Klassenraum trat, in dem die Herren von der Kommission mit dem Lehrer standen.

»Ich erwarte«, sagte er auf masurisch, »daß mein Sohn Karl nicht untersucht wird.« Als einer der Herren ihn zu beschwichtigen suchte und erklärte, daß alle Kinder gleichermaßen untersucht würden, schwang Johann kurzerhand den Dreschflegel und haute in die Gruppe, die erschreckt auseinanderstob.

»Ich weiß, daß das eine Lüge ist. Mir können Sie kein X für ein U vormachen!« Der Lehrer versuchte, die Herren zu beschwichtigen, doch es nützte nichts; noch am selben Tag wurde Karls Vater verhaftet und erhielt nach einem kurzen Prozeß zwei Monate Gefängnis wegen versuchter Körperverletzung und Nötigung von Amtspersonen. »Geholfen hat es doch«, schrieb Karl seinem großen Bruder. »Ich bin nicht untersucht worden. Ich kann sehen wie ein Adler. Ich glaube, unser Vater ist gar kein schlechter Mann, wenn er bloß nicht immer trinken würde.«

Der Lehrer in Gronsken konnte Karl gut leiden. Karl war sein bester Schüler und mußte den Lehrer oft vertreten, zum Beispiel, wenn der sich um seine Bienenvölker kümmerte. Die Unterrichtssprache in den masurischen Schulen war seit 1888 ausschließlich deutsch. Schon 1883 war das Masurische auf das Fach Religion und Musik beschränkt worden. Die planmäßige Einführung der deutschen Sprache mit dem Ende der Freiheitskriege 1815 und der einsetzende Germanisierungsprozeß entsprach dem Zeitgeist, meint Reinhold Weber in seinem Buch Masuren, Leer 1983. Eine wichtige Etappe war dabei die Einrichtung eines masurischen Lehrerseminars in Angerburg 1829, um die Deutschkenntnisse der Lehrer zu festigen. Spätestens seit dem Krieg gegen Frankreich 1870/71, an dem viele Masuren teilnahmen, hatte sich die Ansicht durchgesetzt, daß es nicht von Nachteil wäre, die deutsche Sprache zu lernen.

Karls Lehrer hätte es gern gesehen, wenn Karl zum Lehrer ausgebildet worden wäre. Er faßte sich sogar ein Herz und sprach eines Tages bei dem wohlhabenden Onkel Kurr vor. Doch der lachte ihn aus und höhnte: »Was soll der Bursche, Lehrer werden? Der Sohn eines Säufers ist mir gerade gut genug, meine Schafe und Kühe zu hüten.« Anzumerken ist, daß Karls Onkel selber kinderlos geblieben war. Der Lehrer in Gronsken war sehr streng, wie die meisten Lehrer in der Zeit. Um sich Respekt zu verschaffen, stieg er jeden Morgen mit der Rute in der Hand auf die Bankreihe der Jungen und hieb links und rechts auf sie ein, gleichgültig, wen er dabei traf; auch Karl erhielt die Hiebe. Das gehörte zum Schulalltag um die Jahrhundertwende.

Karl haßte dieses Leben. Er lief herum wie eine Vogelscheuche, da er die zu großen Sachen seiner älteren Vetter, deren Eltern auf dem Kurr-Hof arbeiteten, auftragen und noch froh sein mußte, überhaupt etwas zum Anziehen zu haben. Auch fühlte er sich ständig hungrig. Heimlich holte er sich alte Brotreste und Kanten aus einer Schublade der Hofküche, die an die Hühner verfüttert werden sollten, um ein klein wenig seinen wütenden Hunger zu stillen.

Karl träumte davon, wie schön es wäre, selber ein Bauer zu sein oder zusammen mit seinem Bruder Fritz nach Amerika auszuwandern, wo jeder, der arbeiten wollte, es zu etwas bringen würde, hieß es. Es gab aber auch Tage, wenn er in einem der zahlreichen Seen plätscherte oder wie ein Hund kraulte, er das Glück hatte, einen Fisch zu fangen, den er sofort ausnahm und briet, wenn die Luft weich wie Samt, der Himmel strahlend blau und die Schafe friedlich weideten, an denen er sich wünschte, nur in Masuren zu leben.

Doch wenn ihm die Kälte im strengen Winter durch die dürftige Kleidung drang, der Hunger noch größer als im Sommer wurde, dann zielte er voller Zorn mit seiner Fletsche auf Krähen und Bäume und in den Himmel.

1905, kurz bevor Karl am 29. März vierzehn Jahre alt wurde, starb Johann Chomontowski an einer Lungenentzündung. Keiner trauerte wirklich um ihn, obwohl Karl es recht gewesen wäre, bei seinem Vater das Tischlerhandwerk zu lernen. Karl hatte keine Angst mehr vor seinem Vater gehabt, seit dieser aus der Haft entlassen worden war.

Jetzt blieb Karl nichts anderes übrig, als unmittelbar nach der Schulentlassung als Knecht bei einem Bauern anzufangen. Aber auch dort, wie bei seinem Onkel, machten ihm die harte Arbeit, der geringe Lohn, besonders aber die schmale Kost sehr zu schaffen. Er versuchte, durch Stellenwechsel einen besseren Herrn zu finden – es gelang ihm nicht. Bei der Feldarbeit ging ihm ein ungebärdiges Pferd mit dem Pflug durch und zerbrach den Pflug, er selber wurde verletzt. Als der Bauer seinen geringen Lohn deswegen einbehielt, wollte Karl nur noch fort.

Inzwischen hatte es zu Hause einige Änderungen gegeben. Karls Schwester Marie war mit achtzehn Jahren nach Bochum gezogen, dort zunächst in Stellung gegangen, bis sie Adolf Urban kennenlernte und heiratete. Die Urbans waren schon längere Zeit von Masuren fort, dennoch legte Adolf darauf Wert, ein masurisches Mädchen zu ehelichen. Marie zuliebe und um seine Werbung zu unterstreichen, hatte er sogar einmal eine Versammlung des ostpreußischen Gebetsvereins in Bochum besucht. Überall im Ruhrgebiet, wo Menschen aus Ostpreußen lebten, wurden diese Zusammenkünfte noch jahrzehntelang gepflegt.

Fritz, der von der Heirat hörte, zog von Hamburg nach Bochum um und begann, als Schlepper auf einer Zeche zu arbeiten. Bei seiner Schwester erhielt er Kost und Logis. Obwohl Fritz antikirchlich eingestellt war und über den ostpreußischen Gebetsverein spottete, verteidigte er seine Schwester gegen seinen Schwager, der plötzlich nichts mehr von Maries Besuchen bei den »Betschwestern« wissen wollte. »Du hast sie so geheiratet; du wußtest es von Anfang an. Nun gib Ruhe.«

Die Urbans zogen 1909 nach Gladbeck um. Fritz schrieb seinem Bruder, daß er vielleicht bei Marie wohnen könnte, da er in Bochum bleiben wollte. Da hielt Karl nichts mehr in Masuren, zumal seine Mutter sich wieder verheiratet hatte, den Tagelöhner Ludwig Losarzik, einen zuverlässigen Mann, und innerhalb des Kreises Lyck von Gronsken nach Duttken umgezogen war.

Ausgerüstet mit einem Arbeitsbuch für den Steinkohlenbergbau, ausgestellt vom Amt Borszymmen in Masuren am 27. April 1909, und Arbeitskleidung kam Karl überglücklich in Gladbeck an. Bereits am 6. Mai fuhr er als Schlepper auf der Zeche Graf Moltke I/II ein. Fritz hatte vergeblich versucht, ihn von der Maloche unter Tage fernzuhalten, da er wußte, wie schwer die Arbeit war. Doch Karl wollte endlich gutes Geld verdienen.

Fast noch mehr als das Geld genoß er das Zusammensein mit seinen älteren Geschwistern. Er liebte seinen Bruder Fritz, der mit ihm stundenlang redete, natürlich auch über die Bedeutung einer Organisation der Bergleute zur »Wahrung und Förderung der bergmännischen Interessen im Rheinland und Westfalen«, wie es 1889 die Deligierten der Zechen und Knappenvereine bei der Gründung der Gewerkschaft formuliert hatten.

Masuren – bekannt für seine zahlreichen Seen – Blick auf den Niedersee
(Gräfe und Unzer Verlag München)

Karl trat selbstversändlich dem »Alten Verband« bei, so hieß 1909 die Bergarbeitergewerkschaft, die der Sozialdemokratie nahestand, nicht aber der Partei selber oder einem Arbeiterbildungsverein. Er arbeitete in seiner Freizeit lieber im Garten seiner Schwester, da er eigentlich gern ein freier Bauer geworden wäre. Doch so verschieden die beiden Brüder auch waren, sie blieben einander sehr zugetan.

Teil II Unter dem Zeichen von Hammer und Schlegel

Fördertürme, Felder und Kolonien

Im August 1909 lebte die Familie Paraknings schon gut zwei Jahre auf der Flügelstraße in Gladbeck, in der Nähe des Wittringer Waldes. Gut getroffen hatten es alle Familienmitglieder, fand die 55jährige Henriette. Das fing mit der Wohnung an: drei Zimmer bewohnten sie, eine Wohnküche und zwei Schlafräume; wirklich viel Platz, wenn Henriette an die Zeiten auf den Gütern zurückdachte. Für die Wohnküche hatte sie kurze Zeit nach der Ankunft einen modernen Herd mit einem umlaufenden Griff und Emailleplatten verkleidet gekauft, die mit Ornamenten bemalt waren. Eine wahre Augenweide!

Henriette war nicht mehr berufstätig. Sie sorgte jetzt für den Haushalt und bearbeitete ein großes Stück Ackerland in der Nähe der Wohnung, zwischen dem Wittringer Wald und der Bottroper Straße gelegen, das sie sofort nach dem Eintreffen in Gladbeck anpachtete, um wie in Rosenthal für Kartoffeln und Gemüse zu sorgen. Außerdem fütterte sie wieder Schweine im Stall hinter der Wohnung, doch im Gegensatz zu früher schlachtete sie gar nicht mehr selber, sondern verkaufte die gemästeten Tiere an Metzger und kaufte für die Familie von nun an Frischfleisch. Mit dem Ort Gladbeck hatte sie sich allmählich angefreundet. Natürlich konnte man ihn nicht mit Insterburg vergleichen, da hier erst eine Stadt entstehen sollte. Am meisten störte Henriette, daß die Evangelischen noch keine richtige Kirche besaßen und sich immer noch mit einer Notkirche, einem Bethaus an der Hochstraße, zufrieden geben mußten. Zum Reformationstags 1909, hieß es, würde der Grundstein für eine richtige Kirche gelegt werden, die Ähnlichkeit mit der Kirche in Georgenburg haben sollte. Der Bau war notwendig geworden, weil immer mehr evangelische Bergleute aus Ostpreußen und Schlesien zuzogen. 1900 waren es bereits 3.000, die in der früher rein katholischen Gegend Fuß gefaßt hatten, bis 1912 sollten es 12.000 Gemeindemitglieder sein.

Die weitaus stärkere katholische Bevölkerung, die durch den Zuzug von Westpreußen, Polen, Slowenen und Oberschlesiern ebenfalls stark anschwoll, konnte zwar wieder auf die neuaufgebaute Lambertikirche zurückgreifen, in den Außenbezirken der Stadt mußten sie sich ebenfalls mit Notkirchen behelfen, bis die Heilig-Kreuz-Kirche in Butendorf, die Herz-Jesu-Kirche in Zweckel und weitere fertiggestellt waren.

Die Lambertikirche war eng mit der Geschichte des kleinen Dorfes Gladbeck verbunden. H. Holländer führte dazu in einem Beitrag zur Ortsgeschichte 1977 aus: Nach der Einverleibung der Sachsen in das Reich Karls des Großen wurde im Raum Emscher-Lippe die Urpfarre St. Peter in Recklinghausen gegründet. Bald darauf entstand daneben eine eigenständige Pfarre: St. Lambertus Gladbeck und damit der »Ort« Gladbeck. Um den Ortsmittelpunkt – die Kirche – siedelten die ersten Dörfler. Die Kirche lag an einem Bach, der »Gladbecke«. Der Name, der mit »heller, klarer Bach« gedeutet wird, gab dem Kirchspiel und später der Stadt den Namen. Den Zehnten mußte die Gemeinde an die Abtei Werden abführen, wie 1019 in einer Überschreibungsurkunde angeführt wurde.

Es gab mehrere Vorläufer der jetzigen Kirche; vom 13. Jahrhundert bis 1797 bestand eine dreischiffige Kirche im romanischen Stil, ab 1804 besuchten die 2.300 Bürger der Pfarre eine Barockkirche mit Zwiebelturmhaube (Harald Neumann in Fotografierte Zeitgeschichte, 1986, Düsseldorf). Zu der Kirche gehörte die erste Schule des Bauerndorfes, die seit 1630 als Vikariatsschule betrieben wurde und deren Neubau hundert Jahre später einen richtigen Abort erhielt. 1824 wurde diese Schule Armenhaus, da eine neue Schule für 120 Schüler errichtet worden war. Gut fünfzig Jahre später begannen die Schülerzahlen zu explodieren; in Gladbeck brach eine neue Zeit herein.

Bis zum Jahr 1873 war Gladbeck ein beschauliches Ackerbauerdorf mit einem Ortsvorsteher, zehn Gemeindeverordneten und rund 2.775 Einwohnern gewesen. Die Gemeindeeinnahmen wurden unter anderem für die Feuerwehr und das Spritzenhaus, Steinpflaster-Reparaturen, Schulvikar und Lehrer sowie Erneuerung des Schulinventars und einen Polizeidiener ausgegeben. Man rechnete in Talern und Silbergroschen (u. a. Holländer 1977, Neumann 1986).

Mit dem Einzug des Bergbaus wurde alles anders. Am 3. Dezember 1873 tat der Gladbecker Bergmann Lindemann den ersten Spatenstich für den Schacht Graf Moltke I. Es war ein festlicher Tag; St. Lamberti war beflaggt, Böllerschüsse krachten. Knapp vier Jahre später begann man mit

Kath. Lambertikirche in Gladbeck – Mittelpunkt des ehemaligen Bauerndorfes (Foto: Autorin, 1989)

der Förderung. Am 24. Juli 1879 erhielt die Zeche offiziell ihren Namen. Der Feldmarschall Graf Moltke hatte zugestimmt. Bald kamen eine Kohlenwäsche und eine Kokerei mit 50 Öfen hinzu.

Insgesamt wurden in Gladbeck vier Schachtanlagen abgeteuft, die Möllerschächte, Stinnes, Zeche Zweckel und eben Graf Moltke I/II und

III/IV. Innerhalb von wenigen Jahren was aus dem Ackerbauerdorf eine Bergbaustadt mit ständig steigenden Bewohnerzahlen geworden. 1910 zählte die Gemeinde bereits über 39.000 Einwohner, und ein Ende war noch nicht abzusehen, da der Bedarf an Arbeitskräften unersättlich war. Die Zahl der jungen Männer der Stammbevölkerung (Pohlbürger) reichte bald nicht mehr aus, zumal es viele ablehnten, im Bergbau zu arbeiten und lieber im Handwerk und der Landwirtschaft blieben, die ihnen eine bescheidene Existenz boten. Deshalb wurden außerhalb der Region Menschen angeworben, geradezu angelockt. Es kamen Saarländer, Bayern und Hessen, aber im wesentlich größerem Umfang Ost- und Westpreußen, Masuren, Pommeraner, Schlesier, Polen, Slowenen und Tschechen. Die meisten versprachen sich von ihrer Übersiedlung eine bessere finanzielle, soziale und politische Stellung.

Für die vielen Tausende Zuwanderer mußte Wohnraum beschaffen werden. Die Errichtung der Zechen war inmitten der Felder erfolgt, die die Zechenbesitzer den Bauern abgekauft hatten. Überall reichten die bebauten Felder an die Zechenmauer heran. H. Holländer schrieb dazu: »Mit den Zechengründungen einher ging die Errichtung von zecheneigenen Wohnungen, die in demselben Tempo geschaffen werden mußte, in dem das Dorf von dem Industrialisierungsprozeß ergriffen worden war. Deshalb reichte es anfänglich meist nur zu reizlosen Backsteinbauten, wie wir sie aus den Vororten der Stadt kennen. Diese Straßenzüge wurden Kolonie genannt. Charakteristisch war die eineinhalb- bis zweigeschossige Bauweise, mit Haus- und kleinen Vorgärten sowie Stallungen zur Kleinviehhaltung versehen.

Diese Kolonien entstanden in der Nähe der Zechen und auf den Grubenfeldern, um Senkungsschäden unter Eigenkontrolle zu behalten. Durch diesen überstürzten Anfang erhielt die Stadt Gladbeck ihr langjähriges Gepräge mit vielen planerischen Problemen.«

August Paraknings arbeitete nach der Ankunft der Familie zunächst als Bauarbeiter. Die Kolonien der Phoenix- und Landstraße standen bereits, die Schultenkolonie war im Bau. Je nach Anwerbungsschwerpunkt ergab es sich manchmal, daß Menschen einer Volksgruppe in diesen Kolonien wieder beieinander wohnten und arbeiteten. In der Flügelstraße, wo die Paraknings wohnten, gab es besonders viele Ostpreußen und Masuren.

Für den 55jährigen August wurde die Arbeit bald zu schwer. Er erhielt eine Anstellung als Kauenwärter auf der Zeche Graf Moltke I/II. In der Kaue zogen sich die Bergleute um und duschten sich. Hier war August in seinem Element. Wenn er Dienst hatte, schien es, waren die Waschkauen

Zechensiedlung in der Phoenixstraße in Gladbeck mit Hausgärten, gebaut vor 1909 (Foto: Autorin, 1989)

besonders sauber; er scheute sich auch nicht, die Kumpels zu ermuntern, selber auf Ordnung und Sauberkeit zu achten. August war mit seiner Arbeit sehr zufrieden, obwohl er wegen seines Alters nicht mehr sozialversicherungspflichtig angestellt werden konnte.

Auch die Kinder der Familie meinten, es gut getroffen zu haben. Franz und Ernst besuchten die evangelische Lutherschule an der Bottroper Straße, die bald durch eine größere Schule ersetzt werden mußte. Überhaupt wurde eine Schule nach der anderen eingeweiht, evangelische wie katholische – die Moltkeschule (heute Uhlandschule), die Schiller- und Wilhelmschule, eine Antonius-, Elisabeth-, Vinzens-, Johannes- und weitere Schulen. Die Schar der Kinder schien unaufhörlich zu wachsen.

Franz und Ernst wurden ein Jahr zurückgesetzt, damit sie ihre Lücken auffüllen konnten, und fühlten sich seitdem sehr wohl. Franz hatte nach der Schulentlassung und Konfirmation 1909 im jüdischen Herrenkonfektionsgeschäft Perl, gegenüber der Lambertikirche auf der damaligen Kaiserstraße, als Laufbursche angefangen, um die Zeit zu überbrücken, bis er als Pferdejunge in die Zeche einfahren durfte. Herr Perl kam, wie die

Paraknings, aus Ostpreußen. Wenn Henriette Kleidung für ihre Söhne bei ihm kaufte, versicherte er ihr jedesmal: »Nein, Frau Paraknings, wenn ich Sie so anschaue, meine ich, meine Mutter vor mir zu sehen. Sie pflegte das Kopftuch genauso wie Sie zu tragen.«

Nicht nur Herr Perl kam aus dem Osten, auch andere jüdische Geschäftsleute wie Zwillenberg. Manche Gladbecker Pohlbürger spotteten deshalb: »Die Ostpreußen haben alles mitgebracht, auch ihre Juden.«

Henriettes Sohn, Gustav Seidenberg, war inzwischen mit seiner Kusine Emma in Essen verheiratet und arbeitete wie bisher in der Kruppschen Schmiede. Mit ein wenig Trauer schenkte ihm seine Mutter vorsorglich ihre Biedermeiermöbel zur Hochzeit, aus Sorge, daß der Insterburger Hauswirt, dem sie so rasch gekündigt hatte und der mit einer Klage drohte, ihr den Gerichtsvollzieher auf den Hals schicken könnte, was aber nicht eintraf. Stattdessen zahlte sie murrend eine kleine Abfindung nach Insterburg, während ihr Sohn sich über die feinen Möbel freute.

Sohn August diente seit 1908 bei der Insterburger Infanterie. Da er dort nur einen geringen Sold erhielt und keine Rücklagen hatte, um während eines Urlaubs seine Eltern in Gladbeck besuchen zu können, bat er telegraphisch ums Reisegeld. Für ein paar Tage schwelgte er in gutem Essen und der Freude, mit seiner Familie zusammen zu sein. Trotzdem blieb er fest entschlossen, nach seiner Dienstzeit weiter als Schweizer zu arbeiten und nicht Bergmann zu werden.« »Nie weiß man bei Schichtbeginn, ob man das Tageslicht wiedersehen wird. Gestein kann dich erschlagen, hereinstürzende Wasser dich ertränken. Dort drunten ist es wie in einer Grube. Es ist heiß und stickig, man schwitzt und schnappt nach Luft. Sicher, man verdient schönes Geld, wenn man durchhält und nicht schlapp macht. Ich will mir meine Lungen nicht vom Staub zerfressen lassen. Ich bleibe oben.« Er lehnte auch Henriettes Vorschlag ab, auf einem der großen Bauernhöfe mit den geräumigen schwarz-weißen Häusern zu arbeiten. »Alles, was hier wächst, wird mit Ruß von den Kokereien überzogen. Ich kann mir nicht vorstellen, hier Schweizer zu sein. Ich bleibe in Ostpreußen und werde eben nie ein reicher Mann.« Es wurde sein letzter Besuch bei seinen Eltern.

»Ach Gott, er war ein schöner Mann.«

Emma Paraknings lebte nicht bei ihren Eltern in der Flügelstraße, sondern bei der jeweiligen Dienstherrschaft. Zuerst hatte sie bei der Bierfirma

Juckel gearbeitet, dann auf Schloß Beck im Viehstall. Das Schloß war nach Plänen des Johann Konrad Schlaun von 1766 bis 1771 im Barockstil erbaut worden und zieht heute noch Besucher an. Doch die Arbeit im Viehstall überforderte die körperlich schwache Emma, und so wechselte sie bald ins Hotel Wormland in Gladbeck auf der Hochstraße. Die Küche war bekannt für ihr deftiges, gutes westfälisches Essen. Ledige Männer nahmen dort häufig ihre Mittagessen ein. Emma lernte u. a., wie man eine richtige, klare Rindssuppe kochte. Im August 1909 arbeitete sie für Kost und Logis in der Konditorei Dregger in Dorsten, in der sie Mädchen für alles war.

Jeden Sonntag besuchte sie ihre Eltern und Brüder in Gladbeck. Der erste Sonntag im August war wie im Flug vergangen. Emma hatte viel mit der Mutter erzählt und stand nun in der Haustür, blinzelte ein wenig kurzsichtig in die Sonne und fühlte sich so richtig wohl. Plötzlich schaute sie angestrengt auf die gegenüberliegende Haustür des Nachbarhauses, das seinen Eingang von demselben Hof aus besaß. Ob der junge Mann, der davorstand, sie schon länger beobachtet hatte? Er stand einfach da, ohne sich zu bewegen, schlank und groß, mit dunkelbraunem, leicht gewellten Haar und einem herrlich gezwirbelten Kaiser-Wilhelm-Schnäuzer. Emma hatte ihn noch nie vorher gesehen. Ihr Herz klopfte stark, als sie sich leicht benommen ins Haus zurückzog. Trotz ihrer Verwirrung fragte sie, ohne zu zögern, ihre Mutter nach dem jungen Mann. Doch Henriette wußte nur, daß seit April eine Familie Urban in das Haus eingezogen und daß die Frau aus Masuren stamme. »Ich weiß nicht«, sagte sie, »vielleicht ist er ein Bruder der jungen Frau, vielleicht haben sie einen Kostgänger aufgenommen.« Mit dieser ungewissen Auskunft machte sich Emma auf den Weg nach Dorsten. Das Bild dieses ernsten Mannes hatte sich ihrem Gedächtnis eingeprägt; sie glaubte, noch nie einen so schönen Mann gesehen zu haben. Ob sie ihn wohl wiedersehen würde?

Der junge Mann war Fritz Chomontowski, der seine Schwester alle vierzehn Tage von Bochum aus besuchte. Diese Sonntage genoß er, nicht nur das heimatlich-vertraute Essen, sondern auch die politischen Diskussionen mit seinem Schwager Adolf. Marie mochte diese Diskussionen nicht, ja, sie hielt sie sogar für gottlos. Schließlich war alles, was geschah, Gottes Wille, was gab es darüber zu debattieren?

Fritz hatte das Mädchen sofort gesehen und bemerkt, daß sie verlegen wurde. Ungeniert beobachtete er sie, und was er sah, gefiel ihm ausnehmend gut. Das Mädchen war klein und zierlich, höchstens 1,55 m groß schätzte er, trug ihr fülliges, mittelblondes Haar um den Kopf gesteckt und war adrett gekleidet; eine insgesamt angenehme Erscheinung, fand er. Fritz hatte noch keine feste Freundin gehabt; anfänglich fehlte ihm das Geld, und die Mädchen aus den Hamburger Fischfabriken, die er kennengelernt hatte, rochen immer ein wenig nach Fisch. Bis zu diesem Tag hatte er es nicht vermißt, keine Freundin zu haben. Nach dem Rückzug des Mädchens ging er schnurstracks zu seiner Schwester. »Wer ist dieses Mädchen von gegenüber, Marie? Kennst du sie?« »Ich weiß nicht, vielleicht eine Tochter der Frau Paraknings aus Rosenthal? Sie soll schon seit zwei Jahren in der Flügelstraße wohnen.« »Wie dem auch sei«, entschied Fritz, »du wirst gleich hinübergehen und fragen, wer das Mädchen ist, und ob sie schon einen Freier hat oder gar verlobt ist. Wenn nicht, frage nach der Arbeitsstelle, und ob ich sie dort in vierzehn Tagen abholen dürfte. Los, los, beeil dich! Ich muß die Antwort wissen, bevor ich nach Bochum zurückfahre!«

Gehorsam band Marie ein Kopftuch um, legte außerdem ein großes Tuch um die Schultern und eilte ins Haus gegenüber. Doch Emma war schon fort. Getreu ihrem Auftrag sprudelte Marie alle Fragen ihres Bruders hervor. Dabei musterten ihre Augen flink die Wohnungseinrichtung.

»Nu«, meinte Heinriette bedächtig, »die Fragen sind einfach zu beantworten. Unsere Emma hat weder einen Freier noch ist sie verlobt. Sie ist ein tüchtiges, liebes Mädchen und arbeitet beim Bäcker Dregger in Dorsten. Da sie schon achtzehn Jahre alt ist, habe ich auch nichts dagegen, wenn Ihr Bruder sie zu einem Spaziergang abholt.« Daraufhin lud Marie Henriette ein, am nächsten Sonntag mit ihrer Tochter zum Kaffeetrinken herüberzukommen und eilte wieder in ihre Wohnung, wo ein ungeduldiger Fritz auf die Antwort wartete. Zufrieden mit der Auskunft machte er sich auf den Weg zum Bahnhof-Ost.

Am nächsten Sonntag lernte Emma die Urbans kennen. Sie sagte nicht viel, während sich ihre Mutter und die junge Frau gemächlich unterhielten. Hin und wieder warf sie einen scheuen Blick auf einen etwa gleichaltrigen Burschen, in ihren Augen noch kein Mann, der mit ihnen am Tisch saß und gar nichts sagte. »Vielleicht der kleine Bruder«, dachte Emma.

Der junge Bursche war Karl. Er wußte tatsächlich nichts der Unterhaltung beizusteuern. Er hatte noch keinen Umgang mit Mädchen gehabt; kein Mädchen schaute sich ernsthaft nach einem jungen Mann um, der noch nicht gedient hatte. Emma gefiel ihm gut, und er ärgerte sich über seine Sprachhemmung. Er fand, daß sein großer Bruder zu beneiden und ein Glückspilz sei.

Es wurde eine lange Woche für Emmas Ungeduld. An ihrem Arbeitsplatz hatte sie den anderen Ladenmädchen erzählt, daß sich ein gutaussehender Mann für sie interessiere, der sie am Samstagnachmittag vom Geschäft abholen wolle. Ob er wohl wirklich kommen würde? Ihre Arbeit hatte sie längst im Flug erledigt; alle in der Bäckerei schienen mit ihr zu warten. Plötzlich ein Rufen der Verkäuferin hinter der Ladentheke: »Emma, dein Freier ist da.« Viele Augenpaare schauten ihr neugierig hinterher, als Emma klopfenden Herzens, doch stolzen Schrittes, mit ihrem Freier davonging.

Fritz erzählte und erzählte, und Emma hörte leicht betäubt zu. Er erzählte von Masuren, seiner Wanderzeit, der Arbeit in Hamburg. Er berichtete von dem Gesangsverein, den vielen Büchern, der Sozialdemokratie, die für die Rechte des arbeitenden Volkes kämpfe, und von dem Zusammenschluß der Bergarbeiter, um sich nicht herumkommandieren zu lassen. Ab und zu schaute Emma ihn scheu und bewundernd an. Wie angenehm er sprach, richtig hochdeutsch, wieviel Wohlwollen in seinem Blick lag, wenn sich ihre Augen trafen.

Er fragte sie, ob sie sich vorstellen könnte, mit ihm in Konzerte, Opern, Operetten, ins Theater und zu Vorträgen zu gehen. Emma nickte nur. Mit diesem jungen Mann würde sie überall hingehen; von so einem schönen Mann hatte sie immer geträumt. An dieses Glücksgefühl wurde sie viele Jahre später erinnert, als sie zum erstenmal das Lied der Kurfürstin aus der Operette »Der Vogelhändler« von Carl Zeller hörte: Als geblüht der Kirschenbaum, ging ich zum Walde wie im Traum . . . und mein Herz fing an zu schlagen; denn er hielt sein Rösslein an – ach Gott, er war ein schöner Mann.

Henriette lud Fritz Chomontowski zum Essen ein, und im Handumdrehen gehörte auch sie zu seinen Bewunderinnen. Allein wie er aß – so aßen in Henriettes Vorstellungen nur ganz feine Leute. Seine schlanken Hände gingen so geschickt mit Messer und Gabel um, daß es eine Lust war, ihm zuzuschauen.

Das mußte Henriette unbedingt ihrer Schwester Karoline erzählen, die nach der Hochzeit ihrer Tochter Emma mit Gustav Seidenberg ebenfalls von Ostpreußen nach Gladbeck gezogen war. Henriettes Schwester nahm die nächste Gelegenheit wahr, diesen feinen Mann selber in Augenschein zu nehmen. Fritz ließ die Musterung klaglos über sich ergehen und trug mit Humor einen kleinen Abwerbungsversuch. Henriettes Schwester hätte nämlich sogar eine Nähmaschine gestiftet, wenn er ihre jüngere Tochter Lene, anstelle von Emma, gefreit hätte.

Die beiden Kusinen Emma und Lene waren seit ihrer Kindheit befreundet, obwohl sie sich höchstens zweimal im Jahr bei Familienbesuchen gesehen hatten. Lene war gut zwei Jahre jünger als Emma und ein unternehmungslustiges Mädchen. Als Emma sich bei ihr beklagte, daß sie ihren geliebten Fritz nur sonntags sehen könnte, obwohl er doch nun in Gladbeck bei seiner Schwester in Kost und Logis wäre, aber sie leider immer noch beim Bäcker in Dorsten, fiel Lene sofort ein Plan ein. Sie bot in aller Unschuld an, an Emmas Stelle als Dienstmädchen nach Dorsten zu gehen. Nach dem Gesetz konnten Dienstmädchen nur zu bestimmten Zeiten ihre Stelle wechseln, ganz sicher zu Weihnachten und Michaelis. Ausnahmen wurde nur gemacht, wenn entweder die Herrschaft einwilligte oder ein Ersatz gestellt wurde, mit dem der Dienstherr einverstanden war. Mit Lene war die Bäckerei Dregger einverstanden. Doch bereits wenige Tage später wurde die überraschte Emma von einem Polizisten in das Amtshaus geholt. Dort entspann sich beim Verhör folgender Dialog:

Beamter: »Dienstmagd Emma Paraknings, Ihre Herrschaft fühlt sich getäuscht und fordert Sie auf, unverzüglich zu ihr zurückzukehren.«

Emma: »Aber ich habe doch Ersatz gestellt!«

Beamter: »Ihr Ersatz ist aber schon nach zwei Tagen fortgelaufen. Warum wollen Sie denn unbedingt nach Gladbeck?«

Emma: »Ich werde bald heiraten.«

Beamter: »Aber Sie haben sich doch wieder vermietet?«

Emma: »Nein. Ich habe mich bei Wormland nicht vermietet; ich bin lediglich Aushilfskraft bis zur Hochzeit.«

Beamter: »Nun, wenn das so ist, dann hat alles seine Richtigkeit. Wir werden diesbezüglich beim Hotel Wormland noch nachfragen. Sie können jetzt gehen.«

Diese Klippe war tüchtig umschifft, und Emma genoß es, ihre Freizeit mit ihrem Fritz zu verbringen.

Kurz vor dem Weihnachtsfest des Jahres 1909 gab es eine heftige Verstimmung zwischen den beiden Brüdern Chomontowski auf der einen und ihrer Schwester Marie auf der anderen Seite. Marie, die eine schöne fette Gans von ihrer Mutter aus Masuren erwartete, wollte Fritz und Karl los sein. Karl fand rasch eine neue Bleibe, doch Fritz bat Henriette, zu ihr ziehen zu dürfen, zumal er und Emma sich zu Weihnachten verloben wollten. Henriette hörte sich die Geschichte an, nickte überlegend und fragte listig: »Hast du etwa bei deiner Schwester Schulden?« »30 Mark«, gab Fritz verlegen zu, »etwa einen Wochenlohn. Ich wollte der Emma doch was bieten.« »Nu«, meinte Henriette kurzentschlossen, »hier nimm von mir 30 Mark und bringe sie sofort deiner Schwester. Selbstverständlich kannst du hier einziehen. Ich werde eben noch einmal in wenigen Monaten umziehen – zuerst habe ich mit deiner Schwester getauscht, damit du bei ihr wohnen konntest, jetzt nehme ich noch einmal eine größere Wohnung, damit du bei uns wohnen kannst. Da kann man nuscht machen.«

Marie Urban hatte sich übrigens sehr über das Geld gefreut und soll mehrmals gesagt haben: »Aber Brüderchen, sag doch, wo hast du denn das schöne Geld her?«

Weihnachten 1909 feierten Emma Paraknings und Fritz Chomontowski eine bescheidene Verlobung. Schließlich mußten sie jetzt sparen. Kurz vor der Hochzeit knisterte es kurz und ungewohnt zwischen den Verlobten. Für Fritz war es selbstverständlich, ohne den kirchlichen Segen zu heiraten. Das war in seinen Augen bürgerlicher Hokuspokus. Emma blieb stur. »Wenn wir nicht kirchlich heiraten, kann ich dich leider gar nicht heiraten!« Fritz war verwirrt. Damit hatte er nicht gerechnet, zumal die Eheleute August und Henriette Paraknings keine Kirchgänger mehr waren. Schließlich respektierte Fritz die Forderung Emmas; seit dieser Diskussion bewunderte er ihre Standhaftigkeit.

Am 22. März 1910 heirateten die Brautleute standesamtlich, wenige Tage später fand die kirchliche Trauung in der ev. Notkirche statt, während nebenan noch am neuen Gladbecker Rathaus gearbeitet wurde. Die Hochzeitsfeier fand im Hotel Wormland statt. Emmas ehemalige Herrschaft spendierte Saal und Getränke. Als eine Freundin Emma fragte, was sie sich denn zu Beginn ihrer Ehe wünschte, meinte diese treuherzig: »Am liebsten einen Kanarienvogel, damit ich in der Wohnung nicht so alleine bin.« Henriette, die das Gespräch mit angehört hatte, lachte verschmitzt und kommentierte trocken: »Warte nur, mein Mädchen, bald werden dir schon andere Vögel etwas vorzwitschern.« Das junge Paar bezog eine Zweizimmerwohnung im Stockwerk über der Familie Paraknings.

Es gab keine Hochzeitsreise, da es, außer zur Hochzeitsfeier selber, keinen Urlaub gab. Also fuhr Fritz zur Mittagschicht ein. Wenn er abends heimkam, hatte sich Emma schon bei ihrer Mutter schlafen gelegt. Anfänglich nahm er's mit Humor, doch nach drei Tagen bat er Henriette inständig, mit ihrer Tochter über gewisse Dinge zu reden und sie zu bitten, bis zu seiner Rückkehr aufzubleiben.

Emma fühlte sich leicht beklommen, als Fritz am nächsten Abend nach Hause kam, sie kurzerhand hochhob und in ihre Wohnung trug. Von nun an erwartete Emma ihren Fritz immer in ihrer eigenen Wohnung. Genau neun Monate später, am 14. Januar 1911, hielt sie ihre erste Tochter, Frieda, in ihren Armen. Fritz war dabei, als Frau Böhm seiner Frau und Tochter bei der Geburt half. Er war ein stolzer Vater. Als überzeugter Sozialdemokrat und Gewerkschaftler hätte er es gern bei einem Kind bewenden lassen. Viele Kinder ließen nämlich auch einen Bergmannslohn schrumpfen, da es keine Kinderzuschläge gab. Außerdem würden diese Väter weniger risikobereit sein, wenn es darum ginge, eines Tages wieder für die Sache der Arbeiter zu kämpfen.

Am Anfang der Ehe war Emma selbstverständlich zu vielen kulturellen Veranstaltungen der Partei oder Gewerkschaft mitgegangen. Einmal überredete Fritz auch seine Schwiegereltern, mit ihnen ein Orgelkonzert zu besuchen. August, der vor allen Dingen Blas- und Volksmusik liebte, schwieg nach dem Orgelkonzert, nur Henriette meinte aufseufzend: »Nei, nei, das war ja schlimmer als dem Merris sin Putzmühl.« Fritz sah fragend Emma an, und sie erläuterte, daß Merris mit seiner Putzmühle jedes Jahr auf dem Gut Rosenthal das Korn gereinigt hätte. Dabei gab die Maschine quietschende und andere unangenehme Töne von sich. Fritz schluckte wortlos die Kritik und versuchte fortan nicht mehr, Henriette zu kulturellen Veranstaltungen mitzunehmen.

Auch nach Friedas Geburt nahm Emma noch an vielen außerhäuslichen Aktivitäten teil. In dieser Zeit formte sich ihr Weltbild neu; neben ihrem Glauben erhielten die sozialdemokratischen Vorstellungen von Gleichheit, Freiheit und Brüderlichkeit einen festen Platz sowie die Überzeugung, daß auch die Frauen einen Anteil am politischen Leben aktiv mitgestalten müßten und ihnen ohne Wenn und Aber das Wahlrecht zugebilligt gehöre.

Wenn Emma mit Fritz fort ging, schaute Henriette nach der kleinen Friedel. Diese Absprache verlief bis zum Hochzeitsfest ihrer Halbschwester Lene ohne Probleme. Doch diesesmal hatte das Kind in Emmas Abwesenheit so erbärmlich geschrien, daß Henriette erzürnte und nicht mehr bereit war, hin und wieder ihr Enkelkind zu beaufsichtigen.

Emma hätte natürlich ihr kleines Kind bewegungsunfähig wickeln können, wie es in Ostpreußen und auch bei den Bergarbeiterfamilien immer noch üblich war, doch das hatte sie schon damals auf dem Gut Rosenthal ihrem kleinen Neffen Otto nicht antun wollen. So kam es, daß Fritz immer öfter ohne sie ausging und Emma manche Träne weinte. Kindermädchen waren bei Arbeiterfamilien unbekannt, die gab es nur bei bessergestellten Leuten.

Hochzeitsfoto von Emma Paraknings und Fritz Chomontowski, März 1910. Neben der Braut der neunzehnjährige Karl Chomontowski und ihr Bruder Franz.

Im Sommer des Jahres 1911 gab es im Revier ein auffälliges Säuglingssterben, dessen Ursache unbekannt blieb. Die Menschen munkelten, daß es an der Kuhmilch läge. Sobald Emma ihrer Tochter Frieda nicht mehr ausreichend die Brust geben konnte, kaufte Henriette kurzentschlossen eine Ziege. Klein-Frieda bekam von nun Ziegenmilch und einen heftigen Milchschorf dazu; doch sie blieb am Leben.

»Der Wahre Jakob« und »Die Bochumer Madonna«

In den Jahren 1909–1912 machte die Gemeinde Gladbeck eine geradezu stürmische Entwicklung durch. Man sprach von »amerikanischen« Verhältnissen, wie überhaupt das Ruhrgebiet als »Wilder Westen« Deutschlands galt. Die Gemeinde konnte schon einiges vorweisen – das St. Barbara-Hospital wurde in der heutigen sechsgeschossigen Hufeisenform gründlich umgebaut und erweitert; am 1. Juni und 1. November 1909 gingen die ersten elektrischen Straßenbahnen nach Bottrop-Osterfeld und Horst in Betrieb; es gab einen großzügigen Schlachthof und ein neues Amtshaus, das heutige Alte Rathaus, das neben der Lambertikirche zu einem Wahrzeichen der aufstrebenden Stadt wurde.

Am 30. März 1911 wurde die neue Christuskirche geweiht; die Notkirche konnte verlassen werden. Da die evangelischen Ostpreußen und Schlesier fast alle Lutherische waren, nannte sich die Gemeinde der Christuskirche evangelisch-lutherisch und heißt heute noch so, obwohl die evangelische Kirche Westfalens uniert ist, ein Zusammenschluß der reformierten und lutherischen Kirchen Preußens vom Jahr 1817. Der Turm der romanisch gestalteten Kirche ist 62 m hoch. Gleichzeitig mit diesem Gotteshaus wurde die evangelische Pauluskirche in Brauck fertiggestellt. Die evangelischen Neubürger aus den Ostprovinzen begannen, weit sichtbar Fuß zu fassen, obwohl ihnen noch lange der Geruch des Ketzertums in der traditionell katholischen Gegend anhing. Auf sie wurden sogar Spottverse gesungen: Evangelische Ratten, in der Bratpfann' gebraten, im Pisspott gerührt, zum Teufel geführt. Und die Evangelischen konterten mit Schimpfworten, von denen »ihr Paptisten« noch das harmloseste war. Doch das ist Vergangenheit.

Noch wichtiger als die Erstellung von Kirchen war für die Bergarbeiter die Gründung des ersten Konsums. »Eintracht« hieß er und lag an der Rentforter Straße. Die Konsumbewegung war genossenschaftlich organisiert. Ein Ziel war, den Mitgliedern einwandfreie Ware zu einem angemessenen Preis anzubieten. Fritz Chomontowski gehörte zu den Gründungsmitgliedern. In seiner kargen Freizeit half er, wie auch die anderen Genossen, die Waren für den Konsum auszuladen. Wenn Emma protestierte, meinte er: »Wir können doch die Verkäuferinnen nicht allein die schweren Kisten heben lassen.« Mit seiner Schwiegermutter Henriette führte er die eine um die andere Diskussion, da sie nicht einzusehen vermochte, daß den Arbeitern der Konsum gehörte.

»Was willst du«, war ihre Rede, »wieso ist das euer Konsum, wenn du dort genauso bezahlen mußt wie in jedem anderen Geschäft!« Auch die zehnprozentige Dividende, die jeder eingetragene Kunde einmal im Jahr erhielt, konnte Henriette nicht überzeugen, zumal die kapitalistische Konkurrenz bald dazu überging, ihren Kunden bei jedem Einkauf einen Rabatt zu gewähren, wenn auch keine zehn Prozent. In den Läden konnte der Arbeiter auf Pump kaufen, während der Konsum seine Ware nur gegen Barzahlung abgab.

Die Einrichtung eines Konsums konnte nicht darüber hinwegtäuschen, daß es, wie im ganzen Ruhrgebiet, auch in den Gladbecker Zechen gärte. Zwar hatten die vier bestehenden Gewerkschaften 1910 die Freizügigkeit des Arbeitsplatzwechsels im Bergbau erhalten können, doch viele Bergarbeiter mußten erleben, daß andere Errungenschaften wie Arbeiterausschüsse und Sicherheitsmänner nicht den erhofften Erfolg brachten. Sicherheitsmänner durften nur nach Anmeldung und in Begleitung eines Steigers die Sicherheitsvorkehrungen unter Tage kontrollieren und wurden nicht vom Staat, sondern vom Unternehmen bezahlt, so daß sie nicht mehr objektive Berichte über Sicherheitsmängel abgaben. Der Druck der Bergarbeiter auf die Gewerkschaften, höhere Löhne zu fordern, wurde von Jahr zu Jahr stärker, so daß drei der vier Gewerkschaften, insbesondere der »Alte Verband«, um seinen Einfluß fürchtete, wenn er den Forderungen seiner Mitglieder nicht nachkäme. Die Löhne des Jahres 1912 lagen unter dem Stand, der bereits 1907 erreicht worden war, während die Lebenshaltungskosten weiterhin in die Höhe gingen. Die Bergleute konnten den Kaufverlust nur dadurch abfangen, daß sie noch mehr Schichten fuhren. Die Unternehmer sahen einem Streik gelassen entgegen, da die Gewerkschaften uneins waren und sie obendrein wußten, daß der Staat auf ihrer Seite stand. Sie erwarteten von diesem Streik einen Ansehensverlust des »Alten Verbandes« und dadurch eine Schwächung der Sozialdemokratie.

In Gladbeck hatte es bei dem ersten Bergarbeiterstreik, der am 7. Mai 1889 begonnen hatte und in dem die Bergleute fünfzehn Prozent mehr Lohn, eine achtstündige Arbeitszeit einschließlich der Ein- und Ausfahrt, eine bessere Wetterführung und einen überdachten Gang von der Kaue zum Schacht gefordert hatten, bereits am zweiten Streiktag Tote gegeben. Das angeforderte Militär hatte nach einem Steinwurf das Feuer eröffnet, und drei Tote und fünf Verletzte blieben vor der Zeche Graf Moltke liegen. Ob diesesmal auch geschossen würde?

Am 11. März 1912 legten mehr als 190.000 Bergleute die Arbeit nieder, und die Zahl der Streikenden stieg noch an. Der Zeitpunkt schien besonders günstig, da auch in England ein Streik die Förderung der Kohle lahmlegte. Zum Zorn der Kumpels traten die Mitglieder des christlichen Gewerkvereins als Streikbrecher auf, was von Anfang an zu handgreiflichen Auseinandersetzungen führte. Dies diente der Polizei als Vorwand, schon vom ersten Tag an massiv einzugreifen und die Menschenansammlungen vor den Zechentoren auseinanderzutreiben. Den Unternehmern und dem Gewerkverein reichten die polizeilichen Maßnahmen nicht. Sie forderten militärischen Schutz. Der Druck auf die Verwaltungsbehörden, die den Einsatz von Militär für übertrieben hielten, nahm zu. Für den Gewerkverein stand die »Aufrechterhaltung der christlichen Weltanschauung« auf dem Spiel, und die Unternehmer wollten die drei streikenden Gewerkschaften, den Dreierbund, entscheidend besiegen, zumal die SPD bei der Reichstagswahl von 1912 Erfolge verbucht hatte, wie Franz-Josef Brüggemeier in seiner Untersuchung »Leben vor Ort«, 1983, feststellte.

Zu den Streikenden der Möllerschächte in Gladbeck gehörte selbstverständlich Fritz Chomontowski. Die Frauen der Bergleute im Ausstand unterstützten ihre Männer in ihrem Kampf. So auch Emma. Wenn die Streikbrecher auf dem Weg zur Möllerschächte bei Bohnekamp an der Bottroper Straße vorbeikamen, stand sie in der Menge der Frauen und skandierte mit ihnen gemeinsam die Parole: »Streikbrecher pfui, Streikbrecher pfui.«

Am 14. März rückten etwa 5.000 Soldaten, Infantrie, Kavallerei und zwei Maschinengewehrabteilungen, in die Kreise Dortmund, Hamm und Recklinghausen ein. Emma ging angsterfüllt in Deckung, als in Gladbeck die Krefelder Husaren mit gezogenen Säbeln in die pfuirufende Frauenansammlung hineinritten. Mit diesem massiven Einsatz von Militär und der Ablehnung jeder Vermittlung durch die Reichsregierung war die Zuversicht der Streikenden zerstört. Sie kapitulierten mit Entrüstung und Verbitterung. Nach elftägiger Dauer war der Streik beendet.

Dennoch reagierten Unternehmer und der Staat mit Repressalien. Von den streikenden Bergleuten wurde als Strafe für angeblich willkürliches Fernbleiben von der Arbeit der Lohn von sechs Schichten einbehalten; viele wurden gemaßregelt, angezeigt und vor Gericht gebracht.

Der Staat ließ Leute vor Gericht stellen, die Soldaten beleidigt oder Arbeitswillige beschimpft hatten. Am bekanntesten wurde die Verurteilung einer Frau aus Bochum, die deshalb mit ihrem fünf Monate alten Säugling fünf Tage im Recklinghäuser Gefängnis einsitzen mußte.

»Der Wahre Jakob«, eine 14tägig erscheinende satirische Zeitschrift, veröffentlichte eine Farbzeichnung von H. G. Jentzsch, die diese Frau mit ihrem Kind in den Armen, im Gefängnis sitzend, darstellte, und nannte das Bild »Die Bochumer Madonna«. Fritz und Emma bezogen diese Zeitschrift regelmäßig, um, wie sie sagten, »die Wahrheit zu erfahren«. Das Bild der »Bochumer Madonna« wurde in vielen Bergarbeiterhaushalten an die Wand gehängt. Das erregte bei einigen Behörden Anstoß. In Buer wurde die »Bochumer Madonna« konfisziert, was »Der Wahre

Farbzeichnung aus: »Der Wahre Jakob«, von H. G. Jentzsch, Stuttgart 1912

Archiv der Friedrich-Ebert-Stiftung in Bonn

Jakob« in seiner nächsten Ausgabe S. 7702 von 1912 in dem letzten Vers eines Gedichtes »Die konfiszierte Madonna« so kommentierte:

Ihr löscht ihr Angedenken nicht,
Ihr im Westfalenlande:
Die Bochumer Madonna spricht
von unserer Zeiten Schande!

Nach dem Streik hatte Emma wieder die Gewißheit, schwanger zu sein, und war heilfroh, nicht zu den Frauen zu gehören, die eingesperrt worden waren.

Emma und der Gebärstreik von 1913

Am 19. November 1912 wurde der erste Sohn der Eheleute Emma und Fritz Chomontowski geboren, der nach Emmas Bruder Ernst und nach ihrem Mann Friedrich genannt wurde. Der Rufname war Ernst oder Enne. Fern in Masuren freute sich Katharina, die Großmutter, über die Geburt eines Enkelsohnes. Wie bei der Geburt von Friedel schickte sie auch jetzt zwei Enten per Bahn. Sie packte alle Pakete mit Federvieh in selbstgewebtes Leinen, nähte sie zu und bat einen Schreibkundigen, das Leinenpaket für sie zu beschriften. Fritz schrieb seiner Mutter regelmäßig in masurischer Sprache; diese Briefe ließ sie sich vorlesen.

Karl Chomontowski war wieder in Masuren. Seine Militärzeit, vor der er sich sehr gefürchtet hatte, mußte er seit dem 16. Oktober 1912 in Allenstein in der Füsilierkompanie des Grenadier-Regiments König Friedrich der Große ableisten, obwohl er seinen Wohnsitz nicht mehr in Masuren hatte. Ein kleiner Trost war, daß er in den wenigen Urlaubstagen seine Mutter besuchen konnte.

Emmas jüngster Bruder Ernst, den sie sehr mochte, hatte bereits die Volksschule beendet und beim Kaufmann Perl als Laufbursche angefangen, wie vor ihm sein Bruder Franz. Mit sechzehn Jahren wollte er wie dieser auf der Zeche als Pferdejunge anfangen. Franz arbeitete bereits als Pferdetreiber unter Tage. Er verdiente fünzig Prozent des Hauerlohns. Er hatte darauf zu achten, daß die Wagen zusammengestellt wurden und auf dem Weg zum Schacht nicht entgleisten – was leicht passierte, »weil die Schienen sich durch Senkungen, Aufwölbungen, Druckveränderung oder Verschiebungen des Gebirges verschieben konnten« (beschrieben in: Leben vor Ort, F.-J. Brüggemeier, 1983). Zu der Zeit, als Franz auf der Zeche Graf Moltke anfing, gab es im gesamten Ruhrbergbau 8.000 Pferde und 40.000 Schlepper, einschließlich der Pferdetreiber, aber erst 650 Lokomotiven, die nur auf den gutausgebauten Hauptstrecken eingesetzt wurden (ebenfalls Brüggemeier, s. o.).

Nach der Geburt des zweiten Kindes wäre Emma um eine Hilfestellung ihrer Mutter froh gewesen, da sie sich mit Gartenland und Schweinehaltung sehr belastet fühlte. Fritz kümmerte sich zwar ums Umgraben, doch ansonsten erwartete er von Emma, daß sie alles allein schaffen würde. Doch Henriette hatte selten Zeit, ihrer Tochter bei der mühevollen Hausarbeit beizuspringen, da sie selber damit zu tun hatte, drei Männer zu versorgen, sich um das viele Gartenland und die Schweine zu kümmern. Mittags trug sie August das Essen zum Zechentor.

Emma merkte wohl, daß es die Arbeit mit den zwei kleinen Kindern war, die sie so beanspruchte, daß sie für die andere notwendige Hausarbeit kaum Zeit hatte. Daher machten sich die Eheleute Sorge, daß Emma schnell wieder schwanger werden könnte. Jedes Beisammensein war von dieser Furcht überlagert, zumal bei beiden die Scham recht groß war, überhaupt über solche Dinge zu sprechen. Emma wußte nicht, wie der weibliche Zyklus funktionierte. Einem Schutz durch Kondome mißtrauten sie. Diese waren oft von schlechter Qualität und hart. Hinter vorgehaltener Hand wurde unter den Arbeitern erzählt, daß die »Pariser« so löcherig seien, daß man gleich selbstgestrickte nehmen könne. Außerdem haftete einer Benutzung dieses Hilfsmittels der Geruch der sexuellen Verruchtheit an. Teuer waren sie obendrein.

Im Jahr 1913 rief die Sozialdemokratische Partei zum Gebärstreik auf, im Kampf gegen den § 218 StGB. Viele Frauen wurden auf Grund des Abtreibungsparagraphen bestraft, wenn sie sich in ihrer Not an Engelmacherinnen gewandt oder selber Hand an sich gelegt hatten. Emma wollte gern diesen Gebärstreik unterstützen, auch wenn sie für sich eine klare Meinung zur Abtreibung hatte. Sie selber betrachtete jede Schwangerschaft als einen Teil ihres Körpers, den sie nicht freiwillig hergeben würde, doch keine Frau sollte verurteilt werden dürfen.

Da las Fritz, daß in Luxemburg Tabletten hergestellt würden, die die Fruchtbarkeit der Frau reduzierten. Für teures Geld ließ er die Tabletten schicken, und Emma nahm davon ein, bis es ihr schlecht wurde. Der Kindersegen schien gebremst. Emma hatte es geschafft, im Jahr des Gebärstreiks kein Kind zu bekommen und auch nicht erneut schwanger zu werden.

Am 1. Februar 1913 wurde in Gladbeck ein eigenes Amtsgericht installiert. Wahrscheinlich gehörte Henriette Paraknings zu den ersten Frauen, die als Angeklagte dort erscheinen mußten. Sie und eine ostpreußische Bekannte, Frau Salatzkat, waren des Rentenversicherungsbetruges beschuldigt worden. Die ganze Familie geriet in Aufruhr, am meisten sorgte sich August. Was wäre er ohne Henriette? In Gedanken sah er sie bereits im Gefängnis sitzen und sagte jammernd, daß er bereit sei, mindestens achtzig Mark, also seinen Monatslohn zu zahlen, wenn sie nur bei ihm bleiben könnte.

Henriette war sich keiner Schuld bewußt. Sie klebte seit Jahren regelmäßig Rentenmarken. Jede deutsche Provinz hatte eine eigene Farbe für die Marken. In Henriettes Heft klebten bereits Marken aus Ostpreußen, dann solche aus Westfalen. Frau Salatzkat, die selber nicht mehr kleben wollte, bot Henriette ihre Marken aus Ostpreußen an, natürlich zu einem günstigen Preis. Henriette griff zu und klebte wohlgemut diese Marken ins eigene Heft. Das wurde entdeckt und angezeigt.

Da beide Frauen im guten Glauben gehandelt hatten und ihnen das Unrecht ihrer Tat keineswegs einleuchtete, gestaltete sich die Verhandlung vor dem Amtsgericht Gladbeck fast turbulent und geriet ins Komödienhafte. Der Staatanwalt sagte schließlich resignierend: »Ich weiß überhaupt nicht mehr, woran ich bin. Ich glaube, ich brauche einen Dolmetscher.« Er verstand weder die Gedankengänge der beiden Frauen noch ihr ostpreußisches Platt. Henriette mußte 30 Mark und ihre Bekannte 20 Mark Strafe bezahlen. Die allgemeine Erleichterung in der Familie war groß, nur Henriette ärgerte sich über die unnötige Geldverschwendung.

Unstete Fahrt im Namen des Kaisers

Im Rückblick erschien Emma später das Jahr 1913 mit dem ersten Gebärstreik und der Gerichtsverhandlung ihrer Mutter eine erholsame Atempause vor den Jahren gewesen zu sein, die danach folgten.

Die politische Krise in Europa war unübersehbar geworden. Auch das Kaiserreich rüstete auf, Kaiser Wilhelm II. rasselte mit dem Säbel. Fritz und viele Genossen sahen es mit Unbehagen. Für sie bedeutete die verschärfte Rüstung eine ernste Kriegsgefahr und kein Beitrag zur Friedenserhaltung, wie es die offiziellen Regierungserklärungen den Menschen weiszumachen versuchten. In einem Krieg würden Arbeiter auf Arbeiter schießen, mit denen sich Fritz in vielen Fragen enger verbunden fühlte als mit den herrschenden Klassen seines Landes. Die allgemeine Begeisterung, die mit Kriegsbeginn am 1. August 1914 auch Genossen erfaßte, entsetzte ihn. Noch schlimmer empfand er das Verhalten der sozialdemokratischen Fraktion im Reichstag, die bei der ersten Abstimmung den Kriegsanleihen zustimmte. Das war in seinen Augen Verrat an den Ideen der Sozialdemokratie.

Er litt mit seinem Bruder Karl, der zwar bei Kriegsbeginn seine Militärzeit in Allenstein beendet hatte, dennoch die Uniform nicht mehr ausziehen durfte. Ostpreußen war in Gefahr. Emmas Bruder August wurde in Insterburg eingezogen und bei Gumbinnen und der großen Schlacht gegen die Narewarmee eingesetzt, von der es heißt, daß sie den größten Sieg des 1. Weltkrieges für das Kaiserreich brachte und eine der gewaltigsten Feldschlachten der Weltgeschichte war. Es war die »gewaltige Schlacht von Tannenberg«, die den Namen Hindenburgs in aller Munde brachte. Noch berühmter wurde er mit der ebenfalls gewaltigen »Masurischen Winterschlacht« vom 7.–21. Februar, in der August fiel. Hindenburg galt seitdem zu Recht als Retter Ostpreußens, er wurde von den Menschen verehrt wie ein Heiliger. Auch Katharina, verw. Chomontowski, in Masuren blieb zeitlebens seine Anbeterin, da besonders der Kreis Lyck und die wenigen Menschen, die nicht geflohen waren, vor dieser wichtigen Schlacht unter der Armee des Zaren gelitten hatten.

Augusts letzte Habe wurde seiner Mutter, die er seit 1908 nicht mehr gesehen hatte, nach Gladbeck geschickt. Henriette war erschüttert bei ihrem Anblick – sie packte lauter Lumpen aus. Tränenreich machte sie sich bittere Vorwürfe, nicht genug für diesen Sohn getan zu haben. Kurz darauf wurde ihr Sohn Franz zum regulären Militärdienst nach Insterburg einberufen. Offensichtlich mußten die jungen Männer, die noch in Ostpreußen geboren worden waren, auch dort dienen.

Die Bergarbeiter bekamen den Ausbruch des Krieges in doppelter Hinsicht zu spüren. Noch im August wurden 100.000 Bergleute eingezogen, weitere 70.000 folgten bis Ende August 1915, da unter den Bergleuten der Anteil junger, wehrfähiger Männer besonders hoch war. (F.-J. Brüggemeier, 1983) Dennoch mußte die Produktion aufrechterhalten werden, weil der Bergbau eine kriegswichtige Industrie war. Die verfahrenen Schichten stiegen pro Hauer von 309 im Jahr 1914 auf 343 im Jahr 1915. Das bedeutete, daß die Bergleute kaum noch einen freien Tag im Jahr kannten. Hinzu kam, daß die Löhne zu Beginn des Krieges fielen, dann zwar stiegen, aber weit hinter der Preissteigerung zurückblieben und die Versorgung mit Nahrungsmitteln sich allgemein verschlechterte.

Fritz, der wegen einer Blinddarmoperation nicht hatte dienen müssen und jeden Tag arbeitete, erfüllte sich dennoch einen langgehegten Wunsch; er kaufte auf Raten ein Grammophon und einige Platten mit Schubert-, Brahms-, Loewe- und Schumannliedern, die er im Arbeitergesangverein kennengelernt hatte, sowie Platten mit Opernarien. Gesungen wurden die Lieder von dem jungen Heinrich Schlusnus, einem Bariton, und die Arien von dem berühmten Tenor Caruso.

Fritz und Emma waren in eine Wohnung mit einem eigenen Wohnzimmer umgezogen. Dort stand auch das Grammophon. Besonders andächtig lauschte die fast vierjährige Frieda. Sie genoß es, mit ihrem Vater Musik zu hören – manchmal sang er sogar mit –, oder sonntags mit ihm spazieren zu gehen. »Mach mir die Kleine fein«, sagte er dann zu Emma, und Friedel hüpfte voller Ungeduld. Doch oft hatte der Vater keine Zeit. Dann saß Frieda allein im Wohnzimmer, betrachtete die große, gedrechselte Wanduhr, die Fritz gekauft hatte, und dachte sich selber Geschichten aus.

Am 27. April 1915 gebar Emma mit Hilfe der ostpreußischen Hebamme Kortz ein Mädchen mit blonden Haaren und großen, blauen Augen. Emma nannte die kleine Hedwig ihr ganz besonderes Geburtstagsgeschenk, da sie am nächsten Tag 24 Jahre alt wurde. Außer bei der eigenen Mutter rief die Ankunft Hedwigs bei den anderen keine Freude hervor. Fritz meinte lediglich:, »Na, ja, wieder ein Mädchen«, und Henriette wunderte sich: »Du mit deinen Mädchen!« Emma glaubte sogar, bei einigen Nachbarn und ihren Halbschwestern eine gewisse Schadenfreude zu bemerken. Es war auch gar nicht einfach, Taufpaten zu finden. Fritz hielt sich sowieso vom Taufgeschehen fern; er ließ noch nicht einmal die Taufen seiner Kinder im Stammbuch verzeichnen.

Nach der gesetzlichen Pockenschutzimpfung erkrankte Hedwig und fieberte so sehr, daß Emma sich nicht traute, mit ihr zur vorgeschriebenen Nachschau zum Gesundheitsamt zu gehen. Da ging Fritz, um das Fehlen der Tochter zu entschuldigen. Es war reiner Zufall, daß er zu Hause war. Seit einem Jahr hatte er kaum einen Sonntag freinehmen können. Er fühlte sich ausgelaugt.

Die Arbeit im Gedinge war immer härter geworden. Er war mit seiner Kameradschaft, der Arbeitsgruppe, auf mehr festes Gestein gestoßen, als sie vorher vermutet hatten. Das beschleunigte ihren Beschluß, gemeinsam von Möller nach Scholven zu wechseln. Da die Zechenleitungen untereinander oft Arbeiter abwarben, erhofften sie sich günstigere Konditionen für ihre Arbeit im Gedinge. Außerdem wollten sie sich einige Tage erholen.

Vor dem Gesundheitsamt stand ein Hilfspolizist, der dafür sorgte, daß keiner drängelte oder über die langen Wartezeiten maulte. Fritz, der sich durch die Frauen mit ihren kleinen Kindern schob, wurde angeblafft: »Was haben Sie denn hier zu suchen?« Er entgegnete bissig: »Wenn ich hier nicht zu tun hätte, wäre ich sicher nicht gekommen.« Der Hilfspolizist fühlte sich wahrscheinlich nicht als Staatsdiener respektiert; er herrschte Fritz an: »Wieso laufen Sie eigentlich als gesunder, junger Mann hier herum und sind nicht im Feld?« Fritz erklärte ihm gereizt, daß Bergleute mit Familie wegen der Energiesicherung des Reiches und der Aufrechterhaltung des Kriegsbetriebs vom Frontdienst freigestellt worden wären, da die Arbeit sich nicht von alleine täte und man nicht nur kriegsgefangene Belgier und Russen einsetzen könnte. Doch diese Auskunft besänftigte den Hilfspolizisten keineswegs. Er verlangte Name und Adresse und schrie Fritz an: »Ich werde dafür sorgen, daß Sie bald an die Front müssen!«

Bedrückt berichtete Fritz den Vorfall Emma. Diese weinte heftig und ungläubig. Sie war erneut schwanger und konnte sich nicht vorstellen, in den schwieriger werdenden Zeiten ohne ihren Mann auszukommen. Vielleicht würde der Kelch an ihnen vorbeigehen? Doch der Hilfspolizist machte seine Androhung wahr. Da Fritz mit seiner Arbeitsgruppe noch nicht auf Scholven begonnen hatte, war er so gut wie vogelfrei und hielt wenige Tage später seine Einberufung in den Händen.

Am 1. April 1916 mußte er zur dreimonatigen Grundausbildung nach Mülheim an der Ruhr. Emma begleitete ihn am Abend davor ein Stück des Weges. Dann bat er: »Bleib hier stehen. Sonst wird es für mich zu hart.« Emmas Augen schwammen in Tränen; sie konnte ihn nicht mehr erkennen und hörte nur noch seine schwächer werdende Stimme: »Kopf hoch, meine kleine Emma.« Nach vier Wochen erhielt Fritz zwei Tage Heimaturlaub, Zeit genug, um das Feld zu bestellen. Nach weiteren vier Wochen fuhr Emma mit dem dreijährigen Ernst nach Mülheim. Zu Hause blieb Frieda, die auf ihre kleine Schwester Hedwig aufpassen mußte, da Henriette an einem Hexenschuß litt.

Gegen ihre Überzeugung, daß sich eine schwangere Frau nicht fotografieren lassen sollte, stellten sich Emma, Fritz und Ernst dem Fotografen. Ein wirklich trauriges Bild entstand – der kleine Ernst mit neuen, drückenden Schuhen und einem gequälten Gesichtsausdruck, die Eheleute ohne die Spur eines Lächelns.

Fritz war bei der Ausbildung jede Lebensfreude vergangen. Zu seinem Entsetzen hatte er entdeckt, daß er ein ausgezeichneter Scharfschütze war, trotz seiner Linkshändigkeit. Eingedenk der Warnungen seines Bruders Karl, der von Prügel und anderen Schikanen bei der Schießausbildung berichtet hatte, strengte Fritz sich an – mit dem furchtbaren Ergebnis. Nun kam er als Scharfschütze an die Westfront nach Frankreich. In zahlreichen Feldpostbriefen an Karl offenbarte er seine Skrupel und Traurigkeit. Einmal schrieb er auf masurisch: »Wenn ich nicht beobachtet werde, schieße ich in die Luft oder daneben. Doch oft muß ich töten. Ich hasse mich dafür.« In einem anderen Brief schrieb er: »Wenn ich ledig wäre, wenn da nicht Emma und die Kinder wären, würde ich das Gewehr herumdrehen.« Ihn quälten Todesahnungen, und er bat seinen Bruder, den er seit vier Jahren nicht mehr gesehen hatte: »Wenn ich nicht heimkomme, so heirate Du Emma!«

Die schwangere Emma mit Sohn Ernst und ihrem Mann Fritz vor dessen Einsatz im Frankreichfeldzug 1916.

Aufgenommen in Mülheim 1916

Karl, der am 12. August 1915 an der Schulter verwundet ins Lazarett nach Bad Godesberg verlegt worden war und von dort begeistert Postkarten verschickt hatte, antwortete Fritz von wechselnden Einsatzstellen – vom Baltikum in der Nähe von Riga und dann mehrmals aus Flandern. Er tröstete seinen geliebten Bruder und versicherte, wenn es ihm eine Beruhigung zu wissen wäre, würde er ihm zusagen, Emma zu ehelichen, doch er fände es entschieden besser, wenn Fritz wieder heimkehrte.

Kindernöte und Mutterleid

Emma war nun auf ungewisse Zeit auf sich allein gestellt. Kurz vor seiner Einberufung hatte Fritz die ständige Bevormundung des Hauswirtes, Metzger Pape, satt und zog mit seiner Familie in eine Zweizimmerwohnung auf der Gildenstraße um. Unter anderen Schikanen hatte dieser ihre Katze getötet, da er keine Tiere im Haus duldete. Er habe ein sauberes Haus, erklärte er dem wütenden Fritz. Kurz darauf entdeckten die Eheleute im Sofa ein Mäusenest. Fritz präsentierte es dem Metzger im Laden. »Hier zeige ich Ihnen Ihr sauberes Haus!« und zeigte allen Kunden das Nest. Emma war froh, umgezogen zu sein, da erstens die Miete nicht so hoch war und sie im schwangeren Zustand nicht mehr jeden Tag das Treppenhaus wischen mußte. Nur Frieda vermißte das gemütliche Wohnzimmer, aber am meisten vermißte sie ihren Vater.

Dafür kam nun zur Freude der Kinder und zu Emmas Erleichterung der fast neunzehnjährige Ernst Paraknings zu ihnen, um mit den Kindern zu spielen und seine Schwester aufzuheitern. Ernst steckte voller Clownerien. Er machte Faxen, schnitt Gesichter, turnte und sang mit den Kindern und spielte mit ihnen Theater. Ihm schien die schwere Arbeit als Schlepper nichts auszumachen, bald hoffte er, schon als Hauer vor Stein arbeiten zu dürfen, »dort, wo man so richtig Kohle macht«, und er rieb die Finger aneinander. Er war ein wahrer Lichtblick in einer Zeit, die immer grauer wurde.

Die Lebensmittelknappheit wirkte sich von Tag zu Tag spürbarer aus. Eines Tages hieß es, an alle Bergmannsfrauen würde an der Möllerschächte Speck ausgegeben. Da Fritz nach seiner Einberufung wieder in die Liste der Zeche Möller aufgenommen worden war, stellte sich Emma wohlgemut an, obwohl sie bereits hoch schwanger war. Plötzlich ertönte der Ruf, daß der Speck schon fast völlig verteilt worden sei. Da schoben sich die hintenan stehenden Frauen mit Macht nach vorne; es entstand eine Panik. Emma wurde umgestoßen; jeden Augenblick konnte die Menschenmenge auf ihr herumtrampeln. In dieser Not griffen starke Hände nach ihr, und eine zornige Stimme rief: »Haltet ein! Ihr zertrampelt ja diese schwangere Frau!«

Das war vermutlich Emmas Rettung. Zu Hause angekommen, erholte sie sich nur allmählich von dem Schock. Weinend hielt sie die fünfjährige Frieda und den dreijährigen Ernst umklammert. Frieda schaute ihre Mutter still an. Sie hatte jedesmal panische Angst, wenn Emma zum Einkaufen fortging und ihr auftrug, solange auf die beiden kleineren Geschwister aufzupassen. Immer wieder bettelte sie ihre Mutter an, nicht fortzugehen, sie nicht allein zu lassen. Frieda hatte noch nicht überwunden, daß ihr Vater fortgegangen war und ihr keiner sagen konnte, wann und ob er wiederkommen würde. In ihrer Not versteckte sie sogar einmal die Zuckermarken und verweigerte jede Auskunft. Emma bettelte und schüttelte das schweigende Mädchen, nichts half. Erst als Emma ihrer Tochter androhte, sie von der Polizei abholen und einsperren zu lassen, zeigte ihr Frieda weinend das Versteck und wollte sich gar nicht mehr beruhigen.

Nach dem schweren Zwischenfall an den Zechentoren erreichten der Arbeiterausschuß, ein Mitspracheorgan der vier Gewerkschaften, daß die Zechenleitung von nun an schwangeren Frauen ihre Speckration gesondert zuteilte. Erst zur Aufrechterhaltung der Kriegswirtschaft räumte der Staat und die Industrie den Gewerkschaften die Mitwirkungsmöglichkeiten ein, um die sie in der Friedenszeit so bitter gerungen hatten. Man hoffte, dadurch die Bergarbeiter ruhig und bei der Arbeit zu halten sowie die kurzen, wilden Streiks seit Mitte 1916 einzudämmen.

Am 17. Juli 1916 wurde das vierte Kind der Eheleute Chomontowski geboren, wieder ein Mädchen. Da Fritz keinen Heimaturlaub erhielt, ließ Emma Lenchens Taufe ins Stammbuch eintragen. Das zugesagte Wäschepaket des ev. Frauenvereins der Christuskirche erreichte Emma nicht. Später hörte sie, daß die Bezirksfrau es vorgezogen hatte, die rar gewordene Säuglingswäsche ihrer eigenen Tochter zu geben.

Lenchen war ein reges Kind. Sie nahm Emma Aufmerksamkeit so in Anspruch, daß diese kaum darauf achtete, daß ihre Tochter Hedwig mit 15 Monaten noch immer nicht laufen lernte. Hedwig hatte weiche Knochen, die gefürchtete Rachitis oder Englische Krankheit, eine Vitamin-D-Mangelerscheinung. Den abscheulich schmeckenden Lebertran spuckte Hedwig immer wieder aus, und Emma fehlte die Kraft, ihrer Tochter das Zeug einzuflößen. Die Folge war, daß Hedwig brav liegen blieb, wo sie gerade abgelegt worden war.

Am Nachmittag des Heiligabend 1916 kam Emma verzweifelt in ihre Wohnung hoch. Obwohl ihr für die beiden kleinen Mädchen bis zum Alter von zwei Jahren Milch zustand, hatte ihr der zuständige Milchbauer keine geliefert. Die Milch wurde offensichtlich an Familien mit Beziehungen verkauft. Bei wem hätte Emma sich beschweren sollen? Am 1. Weihnachtsfeiertag machte sie sich bei Schnee und Eis auf den Weg zum Milchbauer, der in der Nähe von Bottrop-Boy wohnte. Nach einem Hinweg von zwei Stunden erhielt sie zwar die Milch, doch sie hatte Mühe, sie nach Hause zu bringen. Mehrmals rutschte sie aus und weinte vor Erschöpfung und Angst um die wichtige Milch.

Dieser Winter ging als Steckrübenwinter in die Geschichte der Stadt Gladbeck ein. Aus Steckrüben bereiteten die Frauen Marmelade, eine Art Pfannkuchen, manche sogar Brot. Die Feld- und Forstdiebstähle nahmen zu; einige Bergarbeiterfrauen sahen sich gezwungen, ihre Schulkinder zum Stehlen zu schicken. Die Polizei setzte acht ältere Männer zum Feld- und Flurdienst ein. Auf Grund des Hilfsdienstgesetzes vom 5. Dezember 1916, durch das »eine vollständige Erfassung und Mobilisierung der arbeitsfähigen Zivilbevölkerung für die Kriegswirtschaft« erreicht werden sollte, wurden auch Frauen auf der Möllerschächte zum Sortieren der Kohle eingesetzt. Eine von ihnen war Emmas Freundin, Frau Makovka, deren Mann früh gefallen war. »Besser malochen als Kinder zum Klauen schicken«, war ihre Ansicht. Wenige Monate vor dem Hilfsdienstgesetz wurde das Hindenburg-Programm bekanntgegeben. Das versprach den Zechenbesitzern die Rückkehr von 14.000 Bergleuten von der Front, darüber hinaus 21.000 Kriegsgefangene und eine bessere Versorgung mit Material (Brüggemeier, 1983). Emma interssierte sich nur für die erste Ankündigung. Ob ihr Fritz zu denen gehörte, die vom Militärdienst freigestellt würden?

Das würde sie auch von finanziellen Sorgen entlasten. Ihr Einkommen war um die Hälfte geringer als zu der Zeit vor der Einberufung ihres Mannes. Emma blieb mit den Beitragszahlungen für die Partei und die Gewerkschaft im Rückstand und erhielt dadurch auch keinerlei Zuwendung durch die Partei, was Fritz an der Front sehr erboste. Auch das Grammophon konnte sie kaum abbezahlen. Sie wollte es nicht zurückgeben, da ihr die Musik zur seelischen Stütze geworden war. Ihre Eltern wagte sie nicht, um Geld anzugehen, zumal Henriette alle Kinder und Stiefkinder hatte wissen lassen, keine Rücklagen zu haben.

Dann geschah die Sache mit Lenchen. Das acht Monate alte Mädchen, ein hübsches und aufgewecktes Kind, hatte immer noch nicht den ersten Zahn bekommen. Am 18. März 1917 begann sie zu klagen und bekam hohes Fieber. Henriette, die zur Hilfe geholt wurde, bemerkte, daß eine Seite des Körpers kalt und die andere heiß war, wußte aber keinen Rat. Die übermüdete Emma nahm Lenchen zu sich ins Bett und schlief erst ein, als Lenchen still wurde. Am nächsten Morgen lag ihre Tochter tot neben ihr. Mehrere Zähne waren auf einmal durchgebrochen.

Die Aufregung der beiden älteren Kinder war groß. Der kleine Ernst forderte Emma immer wieder auf: »Mama, sag doch, daß das Lenchen die Augen aufmachen soll.« Lenchen wurde in einem weißen Sarg zu Hause aufgebahrt und von Mädchen aus der Nachbarschaft zum Friedhof getragen. Fritz erhielt keinen Heimaturlaub. Er hatte sein jüngstes Kind nie gesehen.

Fritz Chomontowskis letzter Kampftag

Anfang April 1917 traf Fritz zu einem Kurzurlaub ein. Er sah sehr verändert aus. Sein Gesicht war aufgedunsen, die Haare kurz geschoren, der elegante Kaiser-Wilhelm-Schnäuzer war gestutzt. Der einst so stolze Mann wirkte schwermütig. Seine Bitterkeit war groß. »Glaube mir, Emma«, sagte er, »wenn wir Soldaten erst wieder zu Hause sind, wird in Deutschland aufgeräumt, auch in der SPD.« Aber wenig später meinte er: »Emma, ich habe die Hoffnung auf eine bessere Gesellschaftsordnung aufgegeben, da ich die Menschen kennengelernt habe.«

Gleichzeitig bat er seine Frau, für ihn zur Zeche zu gehen, um ihn von der Zechenleitung reklamieren zu lassen. »Tu es für mich! Diesen Wahnsinn halte ich nicht mehr lange aus.« Es wurde ein verzweifelter Abschied. Fritz wagte nicht, mit Emma noch einmal beisammen zu sein, aus Sorge, sie könnte wieder schwanger werden. »Wenn ich nicht wiederkomme, dann nimm den Karl. Ich flehe dich an, meine geliebte Emma, hole mich daraus.«

Und wieder traf Frieda ihren Vater nicht mehr an. Sie durfte einen Tag bei der Tante Guste mit ihrer Kusine Martha spielen, da Fritz es nicht schaffte, seiner Tochter zu gestehen, daß er zurück in den Krieg mußte.

Umgehend beantragte Emma am nächsten Morgen die Reklamation ihres Mannes. Sie schwebte wie auf Wolken, als ihr der Bürovorsteher kurz darauf bei einer zufälligen Begegnung mitteilte, daß Fritz bereits reklamiert sei und am 30. Juni seinen letzten Tag an der Front habe. Wenige Tage vor dem Termin erhielt Emma einen Brief ihres Mannes. Er zeigte sich darin beunruhigt, daß sein Feldpostbrief an Karl mit dem Vermerk »Vermißt« zurückgekommen war. Da Fritz beim Schreiben des Briefes noch nicht seinen Heimkehrerbescheid erhalten hatte, sprach er in dem Brief die Sorge aus, daß Karl wohl gefallen sei und ihn dasselbe Schicksal treffen könne. Was aber würde dann aus Emma und den Kindern?

Emma, die bereits wußte, daß Karl in englische Gefangenschaft geraten war und nach England verschifft werden sollte, freute sich, ihren Fritz mit dieser guten Nachricht empfangen zu können, und bereitete glücklich alles für die Heimkehr vor. Am 1. Juli 1917 erhielt sie ein Telegramm. Ob Fritz seine Ankunft telegraphiert hatte? Sie öffnete es und las:

SEHR GEEHRTE FRAU CHOMOTOWSKI! LEIDER MUSS ICH IHNEN DIE TRAURIGE MITTEILUNG MACHEN, DASS IHR LIEBER MANN IN DER DOP-

Letze Aufnahme von den Eheleuten Emma und Fritz Chomontowski, 1917

PELSCHLACHT AN DER AISNE UND IN DER CHAMPAGNE AM 30. JUNI DEN HELDENTOD FUERS VATERLAND ERLITTEN HAT. HOCHACHTUNGSVOLL FELDWEBEL NAME

Emma starrte auf das Telegramm und verstand kein Wort. Fritz sollte doch jeden Augenblick eintreffen. Die Erkenntnis kam wie ein Schock. »Mutter, Mutter«, dachte sie nur und rannte zu Henriette in die Flügelstraße, wo sie ohnmächtig niederfiel.

Um Klarheit zu schaffen, schrieb Emma wenige Tage später an den Feldwebel und fragte an, wieso ihr Mann am letzten Tag an der Front habe kämpfen müssen, anstatt seine Sachen zu packen. Der Feldwebel antwortete lediglich:

Sehr geehrte Frau Chomontowski! Es kann für Sie und Ihre lieben Kinder ein Trost sein, daß Ihr lieber Mann nicht hat schwer leiden müssen. Er starb durch den Luftdruck einer Granate und liegt mit sechs Kameraden in einem Grab. Hochachtungsvoll

Emma hatte auch ihre Schwägerin Marie Urban verständigt, die wegen der schlechten Ernährungslage im Revier seit gut einem Jahr in Masuren bei ihrer Mutter wohnte. In Ostpreußen hatten nach der letzten Schlacht um Lyck Ende Oktober 1915 keine Kämpfe mehr stattgefunden. Die geflohenen Menschen waren zurückgekehrt und versuchten, trotz Arbeitskräftemangels, wieder die Felder zu bestellen. Jede zusätzliche Kraft war willkommen. Auch Emmas Halbschwester Bertha arbeitete in der alten Heimat, auf dem Gut Rosenthal.

Marie informierte Karl mit den kargen Worten: »Der Herr hat den Fritz ausgehauen.« Karl konnte oder wollte nicht verstehen. Besorgt fragte er noch einmal bei Marie nach und erhielt die Bestätigung, daß Fritz gefallen war. Umgehend meldete er sich bei Emma und versuchte, sie brieflich zu trösten. Wenn sie wolle, wäre er selbstverständlich bereit, dem Wunsch seines Bruders nachzukommen und ihr Ehemann zu werden. Er selber habe außerordentliches Glück gehabt. »Meine Kameraden und ich warteten am frühen Morgen des 7. Juni 1917 bei Wytschaete in Flandern auf den Angriff der Tommies. Schon vor Sonnenaufgang stürmten sie wie wild unsere Stellung. Sie rochen stark nach Rum und stachen mit ihren Bajonetten alles nieder, was sich bewegte. Ich hielt sofort die Hände hoch. Doch wäre hinter dem Soldaten nicht ein englischer Offizier aufgetaucht, ich glaube, er hätte mich im Rausch erstochen. Ich war froh, daß der Krieg für mich zu Ende war. Hier in Liverpool geht es mir gut. Ich habe angefangen, Englisch zu lernen, da ich eigentlich nach Kanada auswandern wollte. Dort lebt ein Vetter von mir und verdient als Holzfäller sein Geld. Doch wenn Du möchtest, dann komme ich nach Deutschland zurück. Bitte, schicke mir ein Foto von Dir und den Kindern. Ich trauere mit Dir. Dein Karl

Im Wartestand

Henriette wurde für die nächsten zwei Jahre wieder der Dreh- und Angelpunkt in der Familie. Sie zog innerhalb des Hauses erneut in eine größere Wohnung und nahm Emma und die drei Kinder zu sich. Da Dr. Rocha, der Knappschaftsarzt, es abgelehnt hatte, für die rachitiskranke Hedwig eine Bescheinigung auszustellen, die ihr über das zweite Lebensjahr hinaus den Bezug von einem halben Liter Milch pro Tag zugesichert hätte, schaffte Henriette abermals eine Ziege an.

Mit der sechsjährigen Frieda ging sie nach der Schule die Ziege am

Stadtwaldrand weiden. In der Pilzezeit sammelte sie mehrere Mahlzeiten zusammen. Frieda blühte unter der Obhut der Großmutter auf. Später hielt sie diese Zeit für die glücklichste Zeit ihrer Kindheit, von den Jahren mit ihrem Vater abgesehen. Jetzt war ihr die Last der Verantwortung für ihre Geschwister abgenommen worden, die Schule machte ihr Freude, der Opa August sang so gern, und der Onkel Ernst verbreitete ständig Übermut und gute Laune.

Noch ein anderes Kind blühte auf – die zweijährige Hedwig. Henriette hatte sich von einem Naturheilkundigen gegen Naturalienbezahlung zeigen lassen, wie der Körper des Kindes gewickelt werden mußte, um ihm einen Halt zu verschaffen. Ferner empfahl er, das Mädchen, mit einem Sonnenschutz versehen, in den warmen Sand an der noch nicht gepflasterten Flügelstraße zu setzen. Der warme Sommer 1917 half bei der Behandlung. Hedwig entwickelte eigene Energien. Sie rutschte sogar den spielenden Kindern, immer am Bordstein entlang, hinterher. Emma atmete auf. Nach Lenchens Tod hatte sie die ständige Sorge, noch ein Kind zu verlieren, zumal ihr ihre Mutter oft genug gesagt hatte: »Die kriegst du nie groß.«

Dadurch, daß sie alle in einer Wohnung lebten, August und Ernst verdienten, Emma eine kleine Rente beisteuern konnte, sie gemeinsam Land bestellten und Tiere hielten, überstanden sie ohne Hunger die letzten Monate der Kriegszeit. Emma wußte, daß sie es, allein auf sich gestellt, nicht geschafft hätte. Sie hörte, daß immer mehr Gladbecker Kinder wegen der Lebensmittelknappheit aufs Land gebracht wurden. 1917 hatte die pro Tag zugeteilte Lebensmittelmenge einen Nahrungswert von 1.000 Kalorien, während das Reichsgesundheitsamt mehr als das Doppelte als Mindestbedarf errechnet hatte. An Hunger starben in Deutschland während des ersten Weltkrieges über eine dreiviertel Million Menschen.

Auf Grund ihrer Gutgläubigkeit verlor Emma das noch nicht ganz bezahlte Grammophon und alle Schallplatten. Nachbarinnen hatten ihr nach dem Tod ihres Mannes für Kaiser und Vaterland erfolgreich eingeredet, daß sie nun keine Raten mehr zu zahlen brauche. Deshalb ignorierte Emma die Mahnungen und mußte am Ende auch noch die Klagekosten bezahlen.

Mit ihrer Halbschwester Bertha fuhr Emma in die alte Heimat, um Speck und Kartoffeln zu kaufen sowie Bertha beim Transport eines geschlachteten Schweines behilflich zu sein, das diese sich auf dem Gut Rosenthal verdient hatte. Nach Hause zurückgekehrt erfuhr sie, daß die kleine Hedwig beinahe an Krämpfen und Keuchhusten gestorben wäre und Henriette entsetzt ausgerufen hatte: »Jetzt, wo Emma weg ist, stirbt mir ihr Kind noch unter den Händen weg!« Doch Hedwig überstand auch diese Kinderkrankheiten.

Seit längerem hatte Emma nichts mehr von Karl aus der Gefangenschaft gehört. Endlich schrieb er, daß er auf Leben und Tod mit einer schweren Grippe darniedergelegen hätte. Seine Rettung sei vermutlich gewesen, daß seine Kameraden das Zelt, in dem er hochfiebernd lag, auf beiden Seiten geöffnet hatten, damit sein glühender Körper ein wenig abkühlen konnte. Diese gefährliche Grippe, die 1918–1920 von Spanien ausging, erfaßte in vier Wellen weltweit rund 500 Millionen Menschen, von denen etwa 22 Millionen starben, circa 2 Millionen in Deutschland, mehr als der 1. Weltkrieg an Opfern zählte. Die Menschen waren im Kriegsjahr 1918 zu erschöpft, um die neue Gefahr überhaupt zu bemerken.

Der Krieg ging zu Ende. Als Arbeiter und Soldaten und gleichzeitig Philipp Scheidemann am 9. November 1918 in Berlin die Republik ausriefen: »... Das Alte und Morsche, die Monarchie ist zusammengebrochen. Es lebe das Neue! Es lebe die Deutsche Republik!« flüchtete Kaiser Wilhelm II. nach Holland. Weihnachten 1918 und noch Jahrzehnte später sangen viele Deutsche den Spottvers: »O, Tannenbaum, o, Tannenbaum, der Kaiser hat in' Sack gehau'n.« Für diesen Kaiser waren 1.600 Gladbecker gefallen.

In Gladbeck bildete sich ein Soldatenrat, der mit der Polizei und der Verwaltung zusammenarbeitete. Auf dem Amtshaus wehte die rote Fahne. Die Neuordnung der politischen Verhältnisse war ohne ernsthafte Zwischenfälle verlaufen, schreibt Harald Neumann in »Gladbeck« (Düsseldorf, 1986).

Doch in Deutschland brodelte es weiter. Vom 5.–12. Januar 1919 kämpften in Berlin Spartakisten für eine tiefergehende Umwandlung der politischen Verhältnisse, wie sie Rosa Luxemburg und Karl Liebknecht propagiert hatten, gegen die Vorstellungen der provisorischen Regierung Ebert-Scheidemann, die auf eine allmähliche Überwindung der Klassengesellschaft setzten. Gegen die Spartakisten wurde das Militär eingesetzt und behielt Oberhand. Am 16. Januar 1919 wurden Karl Liebknecht und Rosa Luxemburg von »den Rettern der neuen Republik« grausam ermordet. Nicht nur Emma war vom Entsetzen und Mitleid mit der »armen Rosa« gepackt. »Wie hätte sich Fritz verhalten?« fragte sie sich. Dieselbe Frage stellte sie sich auch bei der ersten Reichstagswahl drei Tage nach der Ermordung der verehrten Rosa Luxemburg. Zum ersten-

Emma mit ihren drei Kindern aus der Ehe mit Fritz: Friedel in der Mitte, Ernst mit einem Reifen, die rachitische Hedwig auf dem Schoß der Mutter, aufgenommen in Gladbeck 1918.

mal durften Frauen wählen – Emma wählte SPD, wie 52 % der Gladbecker Wahlberechtigten. Das Stimmverhalten ihrer Eltern wurde nicht überliefert. Sie trauerten ein wenig ihrem alten Kaiser nach.

Als am 28. Juni 1919 das Deutsche Reich den für Deutschland harten Versailler Vertrag unterzeichnete, hoffte Emma inständig, daß nun auch bald Karl aus der Gefangenschaft käme. Doch Karl und sie mußten weiter warten. Insgesamt waren 772.000 deutsche Soldaten in Kriegsgefangenschaft geraten.

Franz Paraknings, Emmas Bruder, war nach einer schweren Verwundung an der Ostfront als Aufseher von russischen Kriegsgefangenen in Parchim/Mecklenburg eingesetzt worden. Dort lernte er Meta Kurt, Tochter eines Erbpächters, kennen, die einen kleinen Sohn hatte. In seiner Freizeit half Franz auf dem Hof aus. Nach Auflösung des Gefangenenlagers nach dem Sonderfrieden mit der neuentstandenen Sowjetunion im Frühjahr 1918 nahm er eine Stelle in der großen Parchimer Mühle an, wo er bis zum Rentenalter bleiben würde. Im September 1919 sollte die Hochzeit mit Meta sein. Stolz lud Franz seine Familie in Gladbeck ein.

Henriette entschied, daß Emma und Ernst bei der Hochzeit ihres Sohnes die Familie Paraknings würdig genug vertreten könnten, während sie auf die Kinder und ihr Gartenland achten wollte, damit in der schlechten Zeit nichts daraus gestohlen würde.

Am 19. September erlebten Emma und Ernst eine richtige große Bauernhochzeit. Es fehlte an nichts. Für die drei Geschwister war es das erste Wiedersehen nach fünf Jahren. Eine volle Woche ließen sich Emma und Ernst verwöhnen.

Bei der Abfahrt nahmen sie zwar nicht Wurst und Speckseiten mit, sondern eine Geige, die Ernst auf dem Bauernhof entdeckt hatte. Niemand interessierte sich für sie, keiner spielte auf ihr. Ernst schlich jeden Tag um die Geige herum, bis der Bauer sie ihm schenkte. Kaum im Zug, dachte Emma wieder an zu Hause. Ob Karl bald käme, ob er vielleicht schon eingetroffen war?

In Erwartung seiner Rückkehr mietete Emma auf der Steinstraße in der Nähe von Graf Moltke I/II eine Wohnung. Ihr Bruder Ernst zog mit ihr, nicht nur, um in seiner Freizeit Emmas Gemüt aufzuheitern, sondern um mit zweiundzwanzig Jahren sich von seiner Mutter Henriette zu lösen.

Emma war nicht frei von Angst vor einer neuen Bindung. Gewiß, Karls Briefe waren liebevoll; er schien sie fast zu verehren. Eines Tages im Oktober stand Karl vor ihr, der gefürchtete und ersehnte Augenblick war da. Vor sieben Jahren, 1912, hatten sich Karl und Emma zum letzten Mal gesehen. Karl war ein Mann geworden, stellte Emma fest. Unruhig und beklommen stand er vor der Frau seines Bruders. Volle sieben Jahre hatte er nur in der Gesellschaft von Männern gelebt. Karl fühlte sich um den Großteil seines jungen Lebens gebracht. Noch nie hatte er Umgang mit Frauen gehabt.

Emma, die zunächst nach der Geburt der vier Kinder stabiler geworden war, hatte durch die sorgenvollen Zeiten der Ungewißheit fast wieder ihre zarte Mädchengestalt zurückgewonnen. Karl fand Emma vor, wie er sie in Erinnerung hatte und von den Bildern her kannte. Er hielt sie für zauberhaft und begehrenswert.

Noch andere Menschen hatten auf seine Heimkehr gewartet – seine Mutter und Schwester Marie in Masuren. Marie hatte nach Liverpool geschrieben, er müsse unbedingt zu ihnen nach Masuren kommen, um sich eine nette Witwe mit einem kleinen Hof anzusehen. Dort könnte er sich seinen Traum von einem freien Bauern erfüllen. Marie, die schon bei

Fritz der Überzeugung gewesen war, daß ihr so gut aussehender Bruder eine bessere Partie als Emma hätte machen können, wollte unbedingt verhindern, daß diese kleine Person auch ihren zweiten ansehnlichen Bruder zum Ehemann bekäme.

Karl fuhr nach Masuren, feierte mit Mutter, Schwester, Nichten und Neffen ein freudiges Wiedersehen und besah natürlich auch die Witwe samt Hof. Bereits nach einer Woche kehrte er zurück. Offensichtlich konnte die ältere Witwe, trotz ihres Hofes, das Versprechen, das er seinem Bruder gegeben hatte, und seine Liebe zu Emma nicht aufwiegen. Marie war zwar zornig, hatte ihm für Emma und die Kinder auch keine Eßwaren mitgegeben. Aber das störte ihn nicht.

Irgendwo zwischen Lyck und Gladbeck dachte er an seine erste Begegnung mit Emma und den Kindern. Die Kinder hatten ihn angestarrt; die fast neunjährige Friedel voller Ablehnung, der siebenjährige Ernst sehr gleichgültig abwartend; nur die vierjährige Hedwig lief plötzlich auf ihn zu, legte ihre kleine Hand auf sein Knie, blickte ihn mit ihren großen, blauen Augen freundlich an und fragte: »Papa, warst du gefallen, und bist du jetzt wieder aufgestanden?«

»Truppe schießt nicht auf Truppe«

Seit seiner Rückkehr aus Masuren lebte Karl wie selbstverständlich bei seiner Schwägerin Emma. Mit der Hochzeit wollten sie noch einige Monate warten, obwohl Emma Ende Februar 1920 mit Beklommenheit feststellte, daß sie in anderen Umständen war. Karl meinte tröstend: »Es soll bei diesem einzigen Kind von mir bleiben. Dann weiß ich wenigstens, wie meine Nachkommen aussehen.«

Die Idee, den Hochzeitstermin zu verschieben, hatte materielle Gründe. Karl arbeitete zwar wieder auf Mathias Stinnes, wie vor dem Militärdienst und der Kriegszeit, doch am Anfang nur als Schlepper. Sein Einkommen betrug nur 60 Prozent des Verdienstes eines Hauers. Am 3. März wechselte er als Hauer zu den Möllerschächten. Nun würde er bald genug verdienen, um Frau und Kind ernähren zu können.

Emma bezog eine kleine Rente als Kriegerwitwe, die sie bei der Hochzeit verlieren würde, während ihre Kinder aus der Ehe mit Fritz bis zum Ende ihrer Ausbildung eine Halbwaisenrente für Kriegsopfer erhalten sollten.

Kaum hatte Karl sein erstes Geld verdient, da putschte am 13. März in

Berlin die Marinebrigade Ehrhardt. Die Brigade war nicht bereit, sich nach den Verpflichtungen des Versailler Vertrages vom Reichswehrminister Noske auflösen zu lassen. Noske wandte sich an die Reichswehr, die gut ein Jahr zuvor bereit war, gegen die Spartakisten, die Revolution von links, vorzugehen, sich aber nun weigerte, auf die Putschisten von rechts zu schießen. »Truppe schießt nicht auf Truppe«, war ihre Antwort. In ihrer Not setzte die Reichsregierung auf die Gewerkschaften. In ihrem Aufruf hieß es u. a.: »Arbeiter, Parteigenossen! Der Militärputsch ist da. Die Baltikumsknechte ..., haben den Versuch unternommen, die Republik zu beseitigen und eine diktarotische Regierung zu bilden mit Lüttwitz und Kapp an der Spitze. ... Deshalb legt die Arbeit nieder. Streikt! Schneidet dieser reaktionären Clique die Luft ab.... Keine Hand darf sich rühren. Kein Proletarier darf der Militärdiktatur helfen. Generalstreik auf der ganzen Linie. Proletarier, verteidigt Euch! Nieder mit der Gegenrevolution.«

Sämtliche Gladbecker Bergarbeiter, gleichgültig, welcher Gewerkschaft sie angehörten, traten nach diesem Aufruf in den Ausstand, auf der Zeche Mathias Stinnes 3/4 übernahmen die Arbeiter sogar die Zechenleitung und verjagten am 15. März 1920 die Beamten. Obwohl der Kapp-Putsch bereits am 17. März beendet war, gingen die Auseinandersetzungen im Ruhrgebiet weiter, da die republikfeindlichen Freikorps noch immer nicht die Waffen abgeliefert hatten. Am 22. März marschierte die Rote Ruhrarmee in Gladbeck ein und übernahm für zwei Wochen die Führung der Verwaltung. Für die Ernährung der Truppe wurden Brot, Kleidung und Schuhe in einigen Geschäften beschlagnahmt. Aus Gladbecker jungen Männern wurde die neue Einheit »Kampftruppe Trotzki« aufgestellt. Nach dem 3. April kam es in Gladbeck zu einem Blutbad, angerichtet von der Marinebrigade von Löwenfeld, die von dem späteren Innenminister Carl Severing von Schlesien ins Ruhrgebiet geholt wurde, um gegen die Arbeiter vorzugehen, die erst wenige Wochen vorher durch ihren Streik zur Beendigung des Kapp-Putsches beigetragen hatten. Die Marinebrigade trug die Farben schwarz-weiß-rot und Stahlhelme mit Hakenkreuzen. Sie galt dennoch als regierungstreu.

Es war ein ungleicher Kampf. Die Ruhrarmee hatte sich schon teilweise zerstreut, da ihren Vertretern bei den Bielefeldern Verhandlungen die Auflösung der demokratiefeindlichen Freikorps zugesichert worden waren. Nach Einstellung des Kampfes in Gladbeck wurden alle Rotgardisten, derer man habhaft wurde, willkürlich erschossen oder erschlagen. Die Bevölkerung wurde aufgefordert, in der Zeit zu Hause zu bleiben.

Doch nicht alle Kinder hielten sich daran. Der achtjährige Ernst und andere Kinder schlichen sich an die Zechenhalden heran und beobachteten eine Hinrichtung von mehreren Männern. Die Mörderbande ließ die Erschossenen einfach liegen. Wenige Stunden später erlebte Ernst bei sich zu Hause in der Steinstraße, wie Karl das Küchenfenster aufriß und zu rufen anfing: »Kameraden, bleibt stehen. Hört auf mich. Was wollt ihr mit dem Mann bei Euch? Das ist ein Kamerad, mit dem ich im Schützengraben gelegen habe. Das ist kein Spartakist, da bin ich sicher!« Emma versuchte, ihn vom Fenster wegzuziehen und rief flehend: »Mische dich nicht ein. Womöglich nehmen sie dich mit.« Doch Karl ließ nicht locker. Löwenfelds Schergen blieben verdutzt stehen, berieten kurz und gaben dann dem Man mit dem Gewehrkolben einen Stoß ins Kreuz. Dieser lief gehetzt davon; Karl sah ihn nie wieder. An 22 Opfer des Rachetages erinnert in Gladbeck ein Gedenkstein auf dem Gladbecker Ostfriedhof. Die Stadt Gladbeck aber bedankte sich bei der Brigade auf Anordnung des Oberbürgermeister Jovy mit »Liebesgaben« in Höhe von 10.000 Reichsmark (Frank Bajohr, Verdrängte Jahre, Essen 1983). Die SPD erlitt in Gladbeck einen Vertrauensverlust, von dem sie sich bis 1933 nicht mehr erholen sollte.

Doppelhochzeit und der erste Weihnachtsbaum

Ernst Paraknings erfreute nicht nur seine Schwester Emma und ihre Kinder mit seiner Fröhlichkeit sondern war auch ein gern gesehener junger Mann auf Gladbecker Tanzvergnügen. Mit seinen dunklen Haaren und blauen Augen gefiel er vielen Mädchen und wurde von ihnen umworben. Eine war besonders hartnäckig. Emma bemerkte Anfang Mai am späten Morgen ein unbekanntes Mädchen in der Wohnung. Ihr Bruder war schon zur Arbeit fort. Das Mädchen kam ohne Scheu aus seinem Zimmer und machte auch keine Anstalten, fortzugehen. Wie sich herausstellte, hatte sie am Abend davor Ernst vor der Zeche abgepaßt, da ihr Vater sie hinausgeworfen hatte. Er war mit dem eigenwilligen Lebenswandel seiner Tochter nicht einverstanden. Ernst, selber kein Kind von Traurigkeit, fand Mia sehr attraktiv und kannte sie seit Monaten. Er ließ sich erweichen, sie zu sich zu nehmen. Emma und Karl fanden diese Situation unpassend; sie hätten der Kuppelei bezichtigt werden können. Schließlich sprach Karl ein Machtwort, und Ernst ging mit Mia zu ihren Eltern. Diese waren aber erst bereit, ihre Tochter wieder aufzunehmen, wenn Ernst ihnen verspräche, sie in den nächsten Monaten zu heiraten.

Er stand zu seinem Wort und zu Mia. Am 8. August 1920 feierten die Geschwister Emma Chomontowski und Ernst Paraknings eine Doppelhochzeit. Da Mia katholisch war, ging Henriette mit ihrem Sohn und August mit seiner Tochter zur kirchlichen Hochzeit. Abends feierten sie gemeinsam. Nur der Hochzeitstermin und die Liebe zu Ernst verbanden die beiden Schwägerinnen, sonst nichts.

Von dieser Hochzeit hatte Emma kein Bild machen lassen, da sie fürchtete, der Aberglaube könnte stimmen, daß ein Kind, während der Schwangerschaft fotografiert, entweder im Mutterleib oder kurz darauf sterben würde. War es Lenchen nicht so ergangen?

Am Sonntag, dem 24. Oktober 1920, wurde den Eheleuten Chomontowski ein kleines, zartes Mädchen geboren. Sie hatte rotblondes Haar, wie die Farbe in Karls Schnurrbart, und wasserblaue Augen. Irmgard sollte die Kleine nach dem Wunsch der Mutter heißen, doch am Standesamt der Stadt Gladbeck angekommen, antwortete der selige Karl auf die Frage des Standesbeamten: »Emma«. Da stand es aufgeschrieben, dabei blieb es, auch wenn die Familie den Vornamen in Emmi abwandelte.

Seit August lebte die Familie auf der Flügelstraße, in der Nähe von August und Henriette Paraknings, nur Ernst war mit seiner Frau weiter fortgezogen. Hier, in der neuen Wohnung, wünschte sich Emma, endlich mal einen richtigen Weihnachtsbaum aufzustellen. Weihnachten zuvor hatte ihr Bruder Ernst einen Weihnachtsbaum gespielt und der vierjährigen Hedwig ein Gedicht beigebracht. Beim Aufsagen sollte sie mit dem Finger auf ihn zeigen und deklamieren: »Seht Ihr den Christbaum strahlen in seiner Lichterpracht? So kann ihn keiner malen. Für uns ist er gemacht! O, welche große Freude ist uns bereitet heute, uns kleinen Kindern hier, nehmt unseren Dank dafür.«

In diesem Jahr aber wollte Emma einen schönen Tannenbaum haben. Karl stand zwar allem Kirchlichen skeptisch gegenüber, doch nicht so schroff ablehnend wie sein Bruder Fritz. Er duldete Emmas Wünsche. Ernst durfte mit seiner Mutter mitgehen, um den nötigen Weihnachtsschmuck zu besorgen. Die Inflation hatte im Dezember 1920 bereits spürbare Ausmaße angenommen. Für den Schmuck mußten sie 200 RM bezahlen. Friedel, Ernst und Hedwig erhielten als Weihnachtsgeschenk je einen Porzellanbecher, mit ihrem Namen. Von nun an gab es bei der Familie Chomontowski jedes Weihnachtsfest einen geschmückten Baum.

Emma aber begann, sich um die Abfindung ihrer Witwenrente Sorgen zu machen, da die Kaufkraft des Geldes schwand. Ursprünglich hatten sie und Karl gehofft, von der Abfindung einen Kotten mit Land an der

Flügelstraße kaufen zu können. Im Frühjahr 1921, sechs Monate nach der Hochzeit, fuhr Emma mit ihrer Freundin, Frau Konitzer, wie sie eine Kriegerwitwe, zur LVA nach Münster, um die Auszahlung zu beschleunigen. Doch ihr Vorstoß kam zu spät. Die Auszahlung erfolgte zu einem Zeitpunkt, als die Inflation die Kaufkraft des Geldes um mehr als das Zehnfache vermindert hatte. Schnell kaufte Emma für die Kinder und sich notwendige Kleidung und für Karl einen guten Anzug für 1.300 RM, bevor die Abfindung noch weniger wert wurde. Auf Jahre blieb der Anzug Karls einziger, den er nur an Festtagen und zu besonderen Anlässen trug. Der Traum vom Kotten war ausgeträumt.

Noch ein Mitglied der Familie merkte plötzlich, daß das mühsam erarbeitete und gesparte Geld an Wert verloren hatte – Henriette. Wenige Tage, nachdem belgische und französische Truppen im März 1921 Düsseldorf, Duisburg und Ruhrort als »Sanktionsstädte« besetzt hatten, um die deutsche Regierung zur Annahme der horrenden Reparationszahlungen an die Siegermächte zu zwingen, stand Henriette in Emmas Stube und öffnete eine Kiste. Heraus quoll eine Menge Papiergeld; wertloses Geld, wie sich herausstellte. Stockend berichtete Henriette, wie sie sich in Ostpreußen Geld fürs Alter gespart hatte, um unabhängig von Zuwendungen der Kinder mit August leben zu können. Ihr Geld hatte sie in Goldtalern angelegt. Doch dann sei der Aufruf des deutschen Kaisers gekommen, alles Gold für das Vaterland herzugeben. Damals sei sie völlig ratlos gewesen, da sie den Kaiser liebte, aber auch ihre mühsam ersparten Goldtaler. Ihre Kinder wollte sie nicht um Rat fragen, damit diese nicht wußten, daß sie Geld gespart hatte. Deshalb ging sie zu ihrer Metzgersfrau. Diese nette Frau bot ihr an, ihr die Goldtaler zu einem guten Preis abzukaufen, der viel höher lag als bei den offiziellen Eintauschstellen. Damals sei sie froh gewesen, für die Goldtaler keine Verantwortung mehr zu tragen. Und nun sei das schöne Geld wertlos.

Emma und Karl waren sprachlos, und Henriette fühlte sich nachträglich von ihrem verehrten Kaiser betrogen, wie viele gläubige Deutsche, die »Gold für Eisen« dahingegeben hatten. Die Stadt Gladbeck aber kaufte im Januar 1922, mit fast wertlosem Inflationsgeld, für 3,75 Millionen Mark das heruntergekommene Wittringer Herrenhaus am Stadtwald und schaffte es, das aus dem Jahr 1600 stammende Gebäude, das aus eichenem Fachwerk bestand und wertvolle Stuckdecken besaß, in seinem ursprünglichen Zustand wiederherzurichten. Die alte Küche mit Kamin und der Schloßbrunnen blieben vollständig erhalten. Schloß Wittringen und der Stadtwald wurden Gladbecks Visitenkarte.

Schulbesetzung, Ruhrkampf und Kinderverschickung

Am 15. Mai 1922 gebar Emma ihr sechstes Kind, Karls zweite Tochter. Obwohl Emma jede Schwangerschaft fürchtete, hatte sie auch diesesmal ihren Standpunkt bekräftigt, daß sie niemanden an ihrem Körper manipulieren lassen würde, um einen Fruchtabgang herbeizuführen. Sie hatte dagegen keine Einwände, wenn Frauen aus ihrer Bekanntschaft und Verwandtschaft sich anders entschieden.

Jettchen war ein kräftiges Mädchen mit einem tiefen, braunen Haaransatz und grauen Augen wie Karl. Ihrer Großmutter zu Ehren wurde sie offiziell auf den Namen Henriette getauft.

Die drei ältesten Kinder besuchten alle schon die ev. Lutherschule; Friedel die sechste Klasse beim Lehrer Storkebaum, Ernst die vierte beim Lehrer Makowski und Hedwig die zweite beim Herrn Böckelmann. Friedel lernte leicht und hatte sehr bedauert, aus Geldmangel nicht zum Lyzeum wechseln zu dürfen. Ernst nahm anfangs das Lernen nicht so wichtig und lag dadurch im schmerzhaften Clinch mit seinem Klassenlehrer. Emma und Karl kümmerten sich nicht um die schulischen Leistungen der drei Kinder. Was und wie gut sie lernten, blieb ihnen selbst überlassen.

Am 11. Januar 1923, kurz nach den Weihnachtsferien, erschallten plötzlich auf dem Schulhof kräftige Schalmeien und französische Kommandorufe. Hedwigs Klassenlehrer, Herr Böckelmann, schaute aus dem Fenster und wandte sich sogleich blaß und ernst an die Klasse. »Gleich wird ein Mann in Uniform unseren Klassenraum betreten. Ich erwarte von euch, daß ihr alle eure Gesichter rechts zur Wand dreht und niemand diesen Mann ansieht!«

Alle Kinder der 2. Klasse drehten brav ihre Köpfe nach rechts, als es klopfte. Sie vernahmen Worte wie »Allez, allez!« »Kinder«, sagte der Lehrer, »wir müssen unsere Schule für die französischen Truppen räumen. Jeder von euch nimmt Bücher und andere Dinge mit nach Hause, so daß unsere Klasse nichts verliert.« Verschüchtert packten die Schüler ihre Sachen zusammen und verließen still ihre Schule.

In Gladbeck und überall im Ruhrgebiet war die Aufregung groß. 100.000 Franzosen und Belgier hatten das ganze Ruhrgebiet besetzt, um selber den Abtransport der Kohlenlieferungen zu überwachen. 180.000 unliebsame Bewohner wurden ausgewiesen. Viele Bürger mußten als Geiseln auf den Zügen mit den Reparationslieferungen mitfahren, um Sabotageakten vorzubeugen. Die Reichsregierung proklamierte den passiven Widerstand. Daraufhin stellten die Bergleute die Förderung von Kohle ein. Die Regierung Stresemann sah sich schon im Oktober 1923 gezwungen, den Ruhrkampf wieder abzubrechen.

Die Kinder der Lutherschule besuchten anfänglich nachmittags die kath. Aloysiusschule, gegenüber der Christuskirche gelegen. Im Reich lief ein Solidaritätsprogramm für Kinder aus dem Ruhrgebiet an. Unzählige Menschen erklärten sich bereit, kostenlos Kinder aus dem Ruhrgebiet aufzunehmen. Auch Friedel, Ernst und Hedwig drängten ihre Mutter, sie zur Verschickung anzumelden. Während Frieda mit Kusine Erna und anderen ihrer Klasse nach Süddeutschland kam, fuhren die achtjährige Hedwig und ihr zehnjähriger Bruder Ernst aufgeregt vom Bahnhof Gladbeck-West nach Laatzen bei Hannover ab, Hedwig mit einem Pappkarton, den Ernst trug. Für beide Kinder war die Reise und der Aufenthalt bei den Gastfamilien das »große Ereignis« ihrer Kindheit.

Von Mai bis November 1923 lebte Ernst in der Villa des Baugeschäftes Munke und Hedwig beim Bäckermeister Bornemann. Beide Kinder fühlten sich bei ihren Gasteltern ausgesprochen wohl, nur wenn ein Brief aus Gladbeck ankam, rief Hedwig wehmütig: »Ach, ich möchte so gerne das Jettchen laufen sehen und wie unsere Kükchen aussehen«, doch sonst kannte keins der Kinder Heimweh.

Anders erging es Friedel. Sie schrieb mehrmals Brandbriefe an ihre Mutter, bis Emma sie unter dem Vorwand, sie für die Hausarbeit zu benötigen, vorzeitig zurückholte. Nun wartete Friedel sehnsüchtig auf die Heimkehr der Geschwister.

Denen ging es nach wie vor gut. Sie blieben von der Typhuswelle in Hannover und Umgebung verschont, und Ernst durfte seine Gastgeber mit einem typischen Lied aus Gladbeck erfreuen. Er sang das Lied des Lumpensammlers: »Hallo, hier Birna, wohne in Horst. Telefoniere, komme sofort! Eisen, Lumpen, Knochen und Papier, zahle die höchsten Preise dafür!«

Ende November kehrten die beiden Kinder zum Jubel Friedels zurück. Die ersten Worte, die Hedwig heraussprudelte, waren: »Mama, ich kann s-tricken.« Besonders Henriette freute sich über die Heimkehr der Enkelkinder. Sie hatte monatelang Emma Vorwürfe gemacht und behauptet, daß sie trotz der schlechten Zeit mit der schlimmen Inflation die Kinder hätten durchfüttern können.

Die Inflation hatte ein unvorstellbares Ausmaß erreicht. 300 Papierfabriken und 150 große Druckereien mit 2.000 Pressen arbeiteten Tag und Nacht, ohne den Bedarf an Geldscheinen befriedigen zu können. Auch die

Stadt Gladbeck druckte eigenes Notgeld, am 1. August 1923 500.000 RM-Scheine, schließlich am 10. November 20-Billionen-Scheine. Bei der Währungsumstellung auf sogenannte Rentenmark Ende 1923 wurde aus einer Billion eine einzige neue RM. Im November 1923, dem Höhepunkt der Inflation, mußte man für ein Pfund Butter die Summe von 6 Billionen RM bezahlen. Die Frauen standen an Zahltagen ungeduldig vor den Zechetoren, um schnell für das ausgezahlte Geld in den Geschäften irgendetwas zu kaufen, da sich jede Stunde der Dollarkurs ändern konnte. Geschickte Spekulanten waren die Inflationsgewinner. Während auf ihrer Seite riesige Vermögen angehäuft wurden, verarmten breite Schichten des Mittelstandes. Sparer und Rentner fühlten sich betrogen. Die Demokratie hatte einen denkbar schlechten Start. Emma und Karl sowie Henriette hatten nichts mehr zu verlieren. Die Einführung der Rentenmark gab ihnen die Beruhigung, zukünftig mit dem wenigen Geld, was sie verdienten, wieder wirtschaften zu können.

Elektrisches Licht und Tomatenbrot

Am 20. Mai 1924 brachte Emma ihr siebtes Kind, Karls dritte Tochter, zur Welt. Bei einer Preßwehe sprang Emma vor Schmerzen in die Höhe, das Kind stürzte heraus, die Nabelschnur riß, und Marie, genannt Mariechen, rollte unters Bett; doch es war putzmunter. Mia, Emmas Schwägerin, bestürmte die siebenfache Mutter, ihr dieses besonders hübsche Mädchen zu überlassen, da ihre Ehe kinderlos geblieben war. Einerseits verachtete sie Emma wegen ihrer großen Kinderzahl, andererseits hätte sie selber gern ein Mädchen. Doch Emma lehnte ab, obwohl jedes Kind an ihrer Schaffenskraft zehrte und Geld kostete.

Karl verdiente zu der Zeit ungefähr 200 neue Rentenmark. Nie wurden es bei der Abrechnung mehr. Er war ein harter Arbeiter, der aber selten in guten Gedingen arbeitete. Das lag daran, daß er wegen seiner offenen, kritischen Haltung keinen leichten Stand bei den Steigern hatte. Er war als der »Rote Karl« verschrien, nicht nur wegen seines roten Schnurrbarts. Da er auch Gewerkschaftsfunktionäre kritisierte, fand er bei ihnen keine Unterstützung und brauchte sich nicht zu wundern, wenn er zu den schlechtbezahltesten Arbeiten eingeteilt wurde.

Bei der Abschlagzahlung trug er noch wohlgemut seiner Frau Emma das Geld nach Hause, doch die monatlichen Abrechnungen ließen ihn häufig erblassen. Karl legte dann wortlos die Lohntüte auf den Tisch.

Emma fragte zaghaft: »Wieviel ist es diesesmal?«, und Karl antwortete niedergeschlagen: »Nicht mehr als beim letztenmal.« Emma schluchzte auf, fegte die Lohntüte sogar vom Tisch und schrie verzweifelt: »Was soll ich denn von diesem Geld kaufen? Es reicht einfach nicht.« Nach diesem Aufschrei saß sie weinend da. Karl verließ schweigend die Wohnung, um seine Verbitterung und Wut im Garten abzureagieren.

Zum Glück für die Familie kam wenigstens regelmäßig das Halbwaisengeld für Friedel, Ernst und Hedwig ein. Sie erhielten zusammen 146 RM, davon zahlte die Stadt Gladbeck 30 RM als Zuschuß. Den Zuschuß ließ Emma bei der Stadtkasse stehen, um damit in der stadteigenen Kleiderkammer einkaufen zu können. Ohne Gartenland, Schweine- und Hühnerhaltung wäre es der achtköpfigen Familie noch schlechter gegangen. So hielt sie sich über Wasser, und im Laufe der nächsten Jahre wurden sogar kleine Anschaffungen gemacht.

Trotz des knappen Geldes gab es zur Mai- und Herbstkirmes auf dem Platz bei May für jedes Kind einen Kirmesgroschen. Damit konnten die Kinder entweder einmal Karussell fahren oder in die Schaubude gehen, eine Zuckerstange oder ein Los kaufen. Bei der Herbstkirmes 1924 gewann die neunjährige Hedwig für sich und ihren kranken Bruder Ernst zweimal nacheinander den Hauptgewinn – ein Paket mit Pralinenschachteln und Schokoladentafeln in Stapelform. Der Jubel bei beiden Kindern war unbeschreiblich, soviel Glück für zwei Groschen.

Nach Marieles Geburt hielt eine bedeutende Neuerung Eingang in ganz Gladbeck – das elektrische Licht. Für Emma, Karl und die Kinder war es ein besonderes Ereignis. Bis dahin hatte eine große Wandpetroleumlampe mit blinkendem Schirm Licht gespendet. Waren die Arbeiterfamilien schon mit dieser Energie behutsam umgegangen, so schränkten sie den Gebrauch der neuen Energie noch stärker ein, zumal jeder Haushalt eine Grundgebühr bezahlen mußte. Das waren feste Kosten, wie die Miete, die jeden Monat fällig waren.

Emma kaufte zur Verschönerung der nackten Birne in der Wohnstube einen weißen, gezackten Schirm mit festem Stab. Erst Jahre später, aber noch in der Flügelstraße, erstand sie eine Zuglampe in Halbkugelform, die mit Kirschen und Pflaumen bemalt war. Die Kinder, vor allen Dingen Emmi und Jettchen, hätten zu gern das Licht des öfteren an- und ausgemacht. Deshalb wurde der Lichtschalter zum Tabu erklärt, wie offenes Feuer, Brotmesser und Schere, die nicht in Kinderhände gehören. Emma und Karl hielten zeitlebens die restriktive Anwendung von Elektrizität bei.

Erstes großes Familienfoto aus der Ehe mit Karl Chomontowski von 1927
v.l.n.r.: Ernst, Emma, Karl, Frieda und Hedwig
davor: Mariele (3), Jettchen (5) und Emmi ca. 7 Jahre alt.

Mit noch einer Neuerung wurde die Familie bekannt gemacht. Den Anstoß gab Henriette. Auf dem Gladbecker Markt entdeckte sie eine rote, leuchtende Frucht. Sie fragte die Marktfrau: »Was ist das für eine Frucht? Kann man die essen?« Sie erhielt die rätselhafte Antwort: »Wer sie mag.« Kühn kaufte Henriette ein Pfund von der unbekannten Frucht. Nicht weit weg vom Marktplatz stellte sie sich hinter eine Hausecke, nahm neugierig die rote Frucht aus der Tüte und biß zaghaft hinein. Das Innere der Frucht quoll heraus und lief an ihren Fingern herunter. »Pfui, Deibel«, sagte Henriette erschreckt, packte die Tüte und warf sie einfach weg.

Sie erzählte das Erlebnis ihrer Tochter Emma und die ihrer Freundin Frau Konitzer. Vielleicht eine halbe Stunde später kam diese mit einer merkwürdig belegten Schnitte zurück. »Hier«, sagte sie, »das ist ein Brot, das ich mit der roten Frucht, Salz, Pfeffer und Zwiebeln belegt habe. Probiert mal! Das ist etwas ganz Besonderes.« Jeder kostete ein Stückchen von dem unbekannten Brot. »Das schmeckt ja wie Gehacktes«, befanden sie. »Nun«, klärte die Nachbarin Emma und die Kinder auf, »das ist ein

Tomatenbrot.« So hielten die Tomaten Einzug in der Familie Chomontowski und waren daraus gar nicht mehr fortzudenken, zumal Karl und Emma lernten, selber Tomaten anzubauen.

Eine Wohnstube für acht Personen

Im Juli 1925 räumten die Belgier die besetzten Volksschulen. Die ev. Lutherschule und die kath. Lambertischule mußten gründlichst renoviert werden. Die Erleichterung der Schulkinder und ihrer Lehrer war groß, da der umschichtige Unterricht an Vor- und Nachmittagen die Leistungsbereitschaft nicht förderten. Trotz dieses Mankos war Friedel zu Ostern aus der Lutherschule, die ihren Unterricht in der alten Aloysiusschule zuzüglich zweier Baracken abgehalten hatte, mit einem sehr guten Zeugnis entlassen worden. Durch Vermittlung des Schulleiters Storkebaum begann sie eine Lehre als Einzelhandelskaufmann in der Haushaltswaren- bzw. Porzellanabteilung des Geschäftes Bieker & Cahn in der Nähe der Lambertikirche. Das war für ein Mädchen aus einer Arbeiterfamilie keine Selbstverständlichkeit. Die anderen weiblichen Lehrlinge kamen fast ausschließlich aus Handwerks-, Angestellten- und Beamtenfamilien. Ihre geringe Lehrlingsvergütung besserte nicht die Familienfinanzen auf, da das Geld für adrette Kleidung ausgegeben werden mußte. Dennoch hatte Emma ohne Zögern ihrer Tochter die Lehre ermöglicht.

Friedel hatte es in der Lehrstelle gut getroffen. Das Geschäft war ursprünglich eines von mehreren angesehenen jüdischen Unternehmen in Gladbeck gewesen. Herr Cahn, der Inhaber, war im Ersten Weltkrieg, wie viele deutschlandbegeisterte Juden, für Volk und Kaiser gefallen. Sein Name steht in der alphabetischen Reihenfolge vor Fritz Chomontowski auf der Ehrentafel des Jahres 1917 im Ehrenmal der Stadt Gladbeck im Stadtwald. Frau Cahn heiratete schließlich den Geschäftsführer, Herrn Bieker. Sie war bei den Lehrmädchen und dem Personal beliebt, da sie ihnen an ihren kritischen Tagen erlaubte, sich in ihrer Wohnung über dem Geschäft aufs Sofa zu legen und ihnen sogar Tee kochte. Friedel bewunderte diese Frau, die wiederum sie besonders förderte. Sie nahm Friedel auf Geschäftsreisen und zu Messen mit.

Obwohl Friedel sich in der Lehre sehr wohl fühlte, schlug sie Herrn Biekers Ansinnen aus, es mit dem Besuch der Berufsschule an verkaufsintensiven Tagen nicht so ernst zu nehmen, und verweigerte deshalb sogar die Arbeit. Überhaupt war sie in ihren Ansichten sehr konsequent. Der

Tradition ihres Vaters Fritz folgend, wurde sie Mitglied bei der Jugendorganisation der SPD, den Falken. Sie besuchte regelmäßig das Jugendheim an der Ringeldorferstraße und nahm dort auch Gitarrenunterricht. Nach zwei Jahren zog sie sich plötzlich von den Falken zurück. Der Stein des Anstoßes war die sexuelle Aufklärungsarbeit der Falken. In den Räumen durften Pärchen auch schmusen. Als sie sich immer stärker umworben fühlte, beendete sie kurzerhand ihre Mitgliedschaft. Ihre Gitarre stellte Friedel in eine Ecke des zweiten Schlafraums; sie hatte die Lust an ihr verloren.

In diesem zweiten Schlafzimmer stand jahrelang ein Bett, in dem sie mit ihrer vier Jahre jüngeren Schwester Hedwig schlief; ferner die große Waschkommode, in der die Wäsche der Familie ihren Platz hatte, und ein Bottich, in dem das Schweinefleisch gepökelt wurde, bevor es zum Räuchern kam.

Am Ende des zweiten Lehrjahres wurde zur Freude aller Kinder ein zweites großes Bett in dieses Zimmer gestellt. Nun schlief Friedel mit der dünnen, siebenjährigen Emmi in dem einen Bett und in dem anderen Hedwig mit der kleinen, fünfjährigen Jette. In dem Durchgangsraum zur Wohnküche hatte der pubertierende Ernst nun ein Bett für sich, während Emma und Karl das dreijährige Mariechen zu sich ins Ehebett nahmen. Gegenüber dem schmalen Fenster stand der wuchtige Kleiderschrank, der für die Kleidung der acht Familienmitglieder reichen mußte. Der Raum, der am meisten genutzt wurde, war die Wohnküche. In ihm spielte sich das Familienleben ab. Der Raum war circa 25 qm groß, quadratisch geschnitten, mit einem Fenster zum Hof und einer Eingangstür unmittelbar vom Treppenflur her. Rechts vom Eingang stand der Waschständer, dahinter der Wassereimer. Das Wasser mußte von einer Zapfstelle im Flur geholt werden.

Hinter der Tür zu den Schlafräumen hing die Wanduhr, die noch Fritz gekauft hatte. An der Wand gegenüber zum Eingang stand ein wenig von ihr abgesetzt der Kohlenherd mit blanken Platten und einem umlaufenden Griff. Der Herd besaß gußeiserne, geschwungene Füße mit einem Ornament von Blütenranken. Zu den Feiertagen wurden die Füße mit Silberbronze frisch gestrichen. Links vom Herd befand sich eine breite Sitzbank, der Lieblingsplatz von August und Henriettes Paraknings, wenn sie zu Besuch kamen. Neben der Sitzbank stand der Küchenschrank mit einem Zwischenstück, das von gedrechselten Kugeln getragen wurde. Nicht immer war der Schrank mit Geschirr für acht Personen gefüllt. Wenn die Lücken so groß geworden waren, daß nur noch umschichtig gegessen werden konnte, suchte Emma Lumpen zusammen, die sich nicht mehr als Flickzeug lohnten, und tauschte sie beim Klüngelskerl gegen Teller und Schüsseln aus Steingut ein, die leichte Fehler hatten. Die Geschirrsituation besserte sich erst, als Friedel bei Bieker & Cahn arbeitete. Sie füllte mit angeschlagenem Porzellan oder Steingut den Bestand auf. Die kleinen Kinder aßen von emaillierten Blechtellern mit Max-und-Moritz-Motiven und tranken aus bunten Emailletassen.

Emmas Hochzeitsgeschirr aus ihrer ersten Ehe mit Fritz war schon längst zerbrochen.

Vor der linken Ecke stand längs der Fensterseite des Raums der Kindertisch mit festen Bänken. August hatte ihn, wie die Sitzbank am Herd, für die Familie geschreinert. Die kleinen Kinder liebten diesen Tisch, da sie an ihm wirklich ungestört spielen konnten.

Beliebt war der Blick aus dem Fenster. Er ging über Wiesen und Felder Richtung Bottrop. Lehnte man sich ein wenig hinaus, sah man auf den Stadtwald mit einer beeindruckenden Vielfalt von Bäumen. Nur am Heiligen Abend wurde das Fenster mit dem Christbaum zugestellt. Neben dem Fenster linker Hand hing die große Petroleumlampe, auch nach Einführung der Elektrizität.

Noch auf der Fensterseite in der Ecke hatte eine Lehnbank ihren festen Platz. Über ihr hingen zwei Landschaftsbilder, die Emma sich einmal von Fritz gewünscht hatte. Eines zeigte eine Waldmühle, das andere eine blühende Heide. Vor der Lehnbank stand der ausladende Küchentisch mit vier Stühlen. An diesem Tisch machten die Schulkinder ihre Hausaufgaben; es war die einzige Arbeitsfläche zur Vorbereitung der Mahlzeiten, zum Putzen des Gemüses, zum Teigkneten und zum Wäschebügeln. Selten gab es Stunden, an denen der Tisch nicht benutzt wurde. Linker Hand am Eingang befand sich ein kleiner Schrank. Über ihm hing ein Bord mit einer Steinguttöpfe-Garnitur, allerdings ohne Inhalt, nur zur Dekoration. In der Mitte der Wohnstube hing die neuerworbene Lampe wie beschrieben. Der Holzfußboden wurde immer wieder rot nachgestrichen. Beim gründlichen Wischen färbte sich deshalb das Putzwasser rot.

Gefürchtet waren die Waschtage. In der Nacht davor schlief Emma schlecht. Jahrelang hatte sie die Wäsche auf einem Holzbrett sauber und ihre Hände wund gerieben. So bedeutete es für sie eine große Erleichterung, als ihr Halbbruder Gustav Seidenberg sie überredete, bei ihm eine Holzwaschmaschine auf Raten zu kaufen. Emma vertraute ihrem agilen Bruder, der in seiner Freizeit als Vertreter unterwegs war und ihr auch ein Fahrrad und ein Gesundheitsbuch verkaufte.

Die Waschmaschine stand vor der zugestellten Schlafzimmertür im Treppenflur. Zuerst weichte Emma die Wäsche über Nacht ein, kochte sie auf dem Herd und wusch sie in der Waschmaschine weiter. Eine besondere Mühe hatte sie, wie alle Bergmannsfrauen, mit der Reinigung der stark verschmutzten Arbeitskleidung. Karl besaß nicht immer Hosen und Jacken zum Wechseln, so daß er darauf angewiesen war, die gesäuberte, getrocknete und vor allen Dingen geflickte Kleidung schon am Wochenanfang wieder mitnehmen zu können.

Auch das Wäschebügeln strengte Emma sehr an. Sie besaß ein schweres Bügeleisen mit einem Porzellangriff. Am stumpfen Ende befand sich ein Türchen, in das zum Bügeln ein glühender Bolzen gesteckt wurde. Ein zweiter Bolzen wurde in der Zwischenzeit in der Ofenglut, auch im Sommer, heiß gemacht. Friedel half ihrer Mutter auch während der Lehrzeit mit, doch die meiste Arbeit mit der Wäsche blieb bei Emma.

Zu den Arbeiterfamilien in den Zechensiedlungen kamen immer wieder Reisende. Einer überzeugte Emma von der Notwendigkeit einer Nähmaschine. Henriette fand den Kauf einer Singer Nähmaschine zwar »schwachsinnig«, da Emma gar nicht nähen konnte, doch diese war zuversichtlich, daß es eines ihrer fünf Mädchen eines Tages lernen würde. Die Nähmaschine stellte sie in das hintere Schlafzimmer. Emma hatte Recht mit ihrer Zuversicht. 1927 begann die zwölfjährige Hedwig mit den ersten Nähversuchen. Zuerst nähte sie Schürzen und reparierte aufgerissene Kleidung, bis sie eines Tages ihre Schwestern ganz benähen konnte.

Ein Abglanz der tollen zwanziger Jahre

Am 1. April 1925 feierte die Stadt Gladbeck ihre vierzigjährige Selbständigkeit. Ein Richtfest folgte dem anderen; die Stadt Gladbeck begann sich zu mausern. Der Ausbau des Wasserschlosses Wittringen war im vollen Gang, die Wasserversorgung für die 61.158 Einwohner wurde merklich verbessert, große Projekte wie ein Stadion, Freibad und Tennisanlagen wurden in Angriff genommen. In den Außenbezirken entstanden moderne Schulen mit Kochküche und Volksschulturnhalle, die auch kulturell und sportlich von der Bevölkerung genutzt werden sollten.

Doch wer wissen wollte, was modern war, der schaute nach Berlin. Dort tanzte man Charleston, Tango und Shimmy, dort trugen die Tänzerinnen einen Bubikopf. In Gladbeck sangen die Mädchen ihren Bubikopf-Song: »Ich wohn' in Gladbeck-Mitte, wo die Kartoffeln blüh'n; da kosten die Bananen nur eine Mark und zehn. Du kannst mich mal besuchen, ich wohn' im dritten Stock – eine Miezekatze hatse, die Oma eine Glatze – und ich einen Bubikopf.« Selbst die Kleinsten sangen mit.

Von ihrem ersten Geld nach der Ausbildung brachte Friedel ein Kindergrammophon für Emmi, Jettchen und Mariechen mit. Die wenigen Platten wie: Parade der Zinnsoldaten, Heinzelmännchens Wachparade, Schneeglöckchen, Maiglöckchen (Glockenspiele) und Quakum, quakum (eine Lachplatte) wurden so häufig abgespielt, daß Apparat und die Platten bald verschlissen waren. Die Trauer bei den kleinen, aber auch den größeren Kindern war so groß, daß Emma und Karl ein richtiges Grammophon kauften, natürlich auf Abzahlung. Die neuen Schallplatten versetzten die Kinder in Verzückung. Begeistert sangen sie die neuesten Schlager aus Berlin mit:

> Gestern Abend Rendezvous, Mond und Sternlein lauschten zu.
> Das war knorke, Mond und Sternlein lauschten zu.
> Als wir später kehrten heim, kam sie nicht ins Haus hinein.
> Das war knorke!
> Denn sie blieb die Nacht bei mir ... das war knorke.

Oder sie sangen:

> Ich hab' das Fräulein Helen baden sehn
> Was machst du mit dem Knie, lieber Hans
> Ich bin die fesche Lola
> Leutnant warst du einst bei den Husaren
> Hallo, du süße Klingelfee

Auch das Gerät wurde so oft angekurbelt, daß die Feder schnell ausleierte und Karl ein ums andere Mal mit einigem Knurren das Grammophon wieder in Gang setzen mußte. Und als die Feder Jahre später endgültig kaputt ging, war das Geld noch knapper geworden, so daß kein Ersatz beschafft werden konnte, was Hedwig, Emmi und Jettchen nicht daran hinderte, weiter die neuesten Schlager zu singen.

Nicht nur die Schlager aus Berlin drangen bis Gladbeck durch, sondern auch die Stumm- und Tonfilme aus Deutschlands Metropole. In der alten Schauburg hinter der Lamberti-Kirche gab es ein Kommen und Gehen von Erwachsenen und älteren Jugendlichen, unter die sich einmal im

Monat auch die siebzehnjährige Friedel, mit dem fünfzehnjährigen Ernst im Schlepptau, mischte. Zu Hause machten sie der jüngeren Hedwig den Mund wässerig, wenn sie ihr von »Dr. Mabuse der Spieler« und »Metropolis« von dem Regisseur Fritz Lang, oder dem Lustspiel »Meine Tante – deine Tante« vorschwärmten. Hedwig war schon froh, wenn ihr ein Kinoprogramm mitgebracht wurde.

1927 durfte sie mit der Schulklasse ihren ersten Stummfilm sehen. Voller Vorfreude lief sie von Gladbeck-Mitte bis zur neuen Kreuzschule im Außenort Butendorf und bewunderte den breitschultrigen, blonden Paul Richter in der Rolle als Siegfried in den »Nibelungen« von Fritz Lang. Nun konnte sie endlich mitreden.

Mit Desinteresse an dem »neumodischen Kram« reagierten Henriette und August Paraknings, wenn die Kinder ihnen Schlager vorspielen wollten. »Neumodischer Kram« war für Henriette auch die Einrichtung eines Kindergartens im ev. Marthaheim, das 1912 von schlesischen Bergleuten als Waisenhaus gegründet worden war und in der Zwischenzeit immer weitere Sozialeinrichtungen anbot, u. a. eine Nähschule. Emma hatte sich für Mariechen und Jettchen um einen Kindergartenplatz bemüht, extra Trinkflaschen und Umhängetaschen gekauft, doch sie hatte nicht mit dem Einspruch ihrer Mutter gerechnet. Die ersten Tage ging Mariechen den weiten Weg tapfer mit, doch dann blieb sie einfach vor dem Fenster der Großeltern stehen und fing an zu weinen. Henriette fragte besorgt nach, warum ihr Liebling so weinte. »Weil wir in den Kindergarten müssen«, schluchzte sie. Erbost eilte Henriette mit den Kindern zu Emma und schalt mit ihr so lange, bis diese ihrer Mutter nachgab und die Kinder nicht mehr in den Kindergarten schickte. Die fünfjährige Jette fand die Entscheidung ungerecht, da sie sich jeden Tag gefreut hatte, mit vielen ihr unbekannten Dingen spielen zu dürfen.

Mariechen, die nach dem Wunsch der Eltern das Nesthäkchen bleiben sollte, war der Liebling der ganzen Familie, aber besonders der Großeltern Paraknings. Jeden Tag warteten sie auf die Kleine, die lieb und sanft war und sie nicht störte. Der fünfundsiebzig Jahre alte Opa August schaukelte sie zwischen seinen Knien und summte ihr alte Lieder vor. Henriette murrte dann manchmal: »Brumm doch nicht so!« Wie ihr Echo sagte dann Mariechen: »Ach, Opa, brumm doch noch mal«, und streichelte ihn. Die Freude, die Mariechen ihm bereitete, kam nur noch der Freude an seinem Geburtstag gleich, wenn alle Enkelkinder sangen: »Ach, du lieber Augustin, alles ist hin.« Dann fühlte er sich nicht wie der »Hans« – aber wie der »August im Glück«.

Karl Chomontowskis »Gang nach Canossa«

Die Weimarer Republik kämpfte mit wechselnden Regierungszusammensetzungen einen fast aussichtslos erscheinenden Kampf gegen die Ansprüche der Siegermächte. Stresemann gehörte als Außenminister allen Regierungen bis 1929 an. Obwohl durch die Einführung der Rentenmark sich das wirtschaftliche Leben normalisierte, blieb in Bergmannsfamilien das Geld knapp. Doch die Blüte zeigte bereits 1927 feine Risse – es herrschte Lehrstellenmangel. Ernst, der nach seiner Schulentlassung eigentlich gern Volontär bei einer Zeitung geworden wäre, freute sich über das Angebot einer Lehrstelle im Zechenbüro. Der Leiter des Büros, genannt »Der eiserne Gustav«, schob allerdings die Ausstellung des Lehrbriefes immer wieder hinaus, da er um die knappen Finanzen der Familie wußte. Er stellte Ernst als Hilfskraft ein, um ihn besser bezahlen zu können, und wollte ihm erst kurz vor Ende der üblichen Lehrzeit den Vertrag geben. Es würde schon nichts schiefgehen. Zumindest reichte das Geld, um Ernst anständig bei Perl einzukleiden und ihm an Wochenenden Taschengeld zu geben. Mit ein paar Schulden hier und da befand sich das Familienbudget in einem labilen Gleichgewicht.

Karl, ein überzeugter Gewerkschaftsmann, ließ sich trotz aller finanziellen Unabwägbarkeiten nicht den Mund verschließen und wetterte besonders gegen Ende des Jahres 1927 verstärkt gegen Ungerechtigkeiten auf der Zeche Graf Moltke. Er stellte sich dann vor die Zechentore und fand immer Zuhörer. Je stärker er und eine Reihe weiterer Kumpel gegen die Willkür von Steigern, aber auch gegen mangelnde Sicherheitsvorkehrungen agitierte, um so heftiger reagierten die Angegriffenen. Kurz vor Weihnachten 1927 erhielten er und die anderen Redner die Quittung der Zechenleitung. Sie wurden auf unbestimmte Zeit ausgesperrt. Da die Gewerkschaft die »wilden Reden« ebenfalls ungern sah, erhielt Karl von dort keine Rückendeckung. Er bekam wöchentlich nur acht Reichsmark Arbeitslosenunterstützung, dabei kostete ein Dreipfundbrot, das die Familie jeden Tag aufaß, 60 Pfennige, die Miete 20,– RM; hinzu kamen Strom- und Wassergeld.

Es wurde ein sehr trübsinniges Weihnachtsfest. Karl suchte einen Förster auf, um einen Weihnachtsbaum zu erbitten. Der Förster nahm einem anderen Mann einen gestohlenen Tannenbaum ab und reichte ihn an Karl weiter. Dieser ging auch durch einige Gladbecker Geschäfte, natürlich nicht zu Bieker & Cahn, und bat um angeschlagenes Spielzeug. Als Friedel zusätzlich von ihrer Lehrlingsvergütung heruntergesetztes

Spielzeug für die kleinen Geschwister besorgte, kam es zu heftigen Wortwechseln.

Zum Glück hatten Karl und Emma gut für den Winter vorgesorgt; es wurden alle satt. Doch die Schulden beim Bäcker wuchsen, und die Abzahlungsraten mußten herabgesetzt werden.

In dieser unbefriedigenden Lage entschloß sich Karl, beim Betriebsführer »zu Kreuze« zu kriechen. Es wurde sein »Gang nach Canossa«, wovon er sein Leben lang tiefe, seelische Narben zurückbehielt. Noch im Alter warnte er stürmische Enkelkinder nach den Studentenunruhen ausgangs der 60er Jahre, daß langfristig nur der Kampf mit dem Stimmzettel bei Wahlen erfolgversprechend sei.

Die Sperre gegen Karl wurde unter der Bedingung von schlechteren Arbeitskonditionen aufgehoben; in seinem noch vorliegenden Arbeitsbuch wurde die Sperrzeit gar nicht vermerkt.

Aus Erleichterung über die halbwegs gesicherte Position fanden Emma und Karl wieder häufiger zueinander, und im Sommer 1928 war klar, daß Emma zum achten Mal schwanger ging. Die größeren Kinder, die es nach und nach erfuhren, schwankten zwischen Scham und Scheu. Dennoch feierte die Familie zusammen mit den Großeltern Paraknings, Ernst und Mia Paraknings und dem Besuch aus Parchim/Mecklenburg, Franz und Meta sowie Sohn Heinz, 1928 ein eindrucksvolles Weihnachtsfest. Friedel, die bereits ausgelernt hatte, war es eine Genugtuung, ihre Geschwister mit einem kleinen Kaufmannsladen, einer Puppenstube und neuen Puppenkleidern zu überraschen.

Emma hatte, wie jedes Jahr zu Weihnachten, allen Kindern lange, wollene Strümpfe, warme Unterwäsche aus Flanell, den Mädchen Unterröcke aus Halbbiber und blaue Schürzen aus Lyster, mit einer roten Borte abgesetzt, gekauft. Die neuen Schürzen wurden nur sonn- und feiertags getragen.

Außerdem gab es Winterkleider aus Wollstoff, die häufig kratzten, Mützen mit einem Bommel, hin und wieder auch Röcke mit einem Bleyle-Pullover, die später gut den jüngeren Kindern weitergereicht werden konnten. Neue Schuhe wurden nur angeschafft, wenn die alten wirklich drückten oder nicht mehr reparierbar waren.

Im Winter trugen die Kinder hohe Schnürschuhe, im Sommer einfache Sandalen. Alle erhielten einmal im Jahr ein Paar frische Holzschuhe, die Emma im Geschäft Esser hinter der Lambertikirche kaufte. Im Winter kosteten die Anschaffungen um 300 RM. Emma hatte dafür konsequent gespart, da Kinderkleidung immer bar bezahlt werden mußte.

Zu Ostern waren die Anschaffungen geringer. Jedes Kind erhielt ein Waschkleid aus Zephir oder Waschseide sowie selbstgenähte Hemdchen, Schlüpfer und Söckchen.

Am 3. Januar 1929 wurde den Eheleuten ein Stammhalter geboren. Nach seinem Vater nannten sie ihn Karl; gerufen wurde er nur Karlchen oder Kalla. Emma litt sehr unter der Geburt, besonders die Nachwehen machten ihr zu schaffen. Erschöpft erklärte sie Karl, nie mehr schwanger werden zu wollen. Ihr sei jegliche Lust vergangen.

Henriette machte sich nicht wegen weiterer Schwangerschaften, sondern wegen Karlchens Tauftermin Sorgen. Ihrer noch benommenen Tochter setzte sie auseinander: »Ein Kind, das an einem Donnerstag geboren wird, darf nicht an einem Sonntag getauft werden. Wer nämlich am Donnerstag geboren und am Sonntag getauft wird, den trifft's.« Ob da ein alter, ostpreußischer Aberglauben im Spiel war? Vielleicht der Machtanspruch zwischen Donar, dem der Donnerstag geweiht ist, und dem Christengott? Emma fragte nicht nach. Sofort nach dem Wochenbett suchte sie Pastor Glauert von der Christuskirche auf, der sie und Karl getraut hatte, und bat ihn, das neugeborene Kind schnell in der Wohnung zu taufen, da es kränklich sei. Pastor Glauert konnte an Karlchen nichts Kränkliches erkennen, taufte ihn dann aber doch in seiner Wohnung, selbstverständlich nicht an einem Sonntag.

Hedwigs letztes Jahr in der Volksschule

Nach Karlchens Geburt mußte Emma verstärkt auf die Hilfe der fast vierzehnjährigen Hedwig zurückgreifen, die die achte, also die letzte Klasse der Lutherschule in Gladbeck-Mitte besuchte. Fast in jeder Nacht weckte sie ihre Tochter auf, damit diese dem schreienden Säugling ein Fläschchen machte. Die Arbeit am Tag hatte Emma in der Regel so erschöpft, daß sie nicht fähig war, Karlchen nachts die Brust zu geben.

Hedwig ging gern zur Schule, den Chor liebte sie besonders. Ihren Klassenlehrer, Herrn Böckelmann, fürchtete sie nur, wenn er politisch argumentierte. Er machte kein Geheimnis daraus, daß er für die neue Bewegung, die Nationalsozialisten, Sympathie hegte, und spottete besonders montags über das Fehlen der Marli Messinger an Samstagen, da sie aus einer jüdisch-orthodoxen Familie kam. Manchmal mokierte er sich auch über das »Ruhr-Echo«, eine Zeitung der früheren USPD, später der KPD, deren Ansichten Hedwig im Unterricht wiedergab.

Dennoch blieb ihr das achte Schuljahr in guter Erinnerung. Am 17. Mai 1928 marschiert sie mit vielen älteren Kindern aller Gladbecker Schulen in die neuerbaute Vestische Kampfbahn ein. Notstandsarbeiter hatten mit Schippe und Hacke ein kleines Wunder geleistet – eine Marathonbahn um den Stadtwald, einen Landschafts- und Stadtgarten, die Liegewiese und Ausschachtungen für das Freibad. Rund 25.000 Besucher erlebten die Eröffnung an einem kühlen Himmelfahrtstag mit. Eine Rede nach der anderen wurde gehalten, während die Mädchen und Jungen, in schwarzen und weißen Turnanzügen gekleidet, vor sich hin froren. Am meisten fror es die Schwimmer des SV 13 Gladbeck, die nur mit Schwimmhosen bekleidet waren. Der Amtmann Dr. Jovy sprach warme Worte, von einem gewaltigen Werk und einem Wahrzeichen unbeugsamer Schaffenskraft und Schaffensfreude der jungen Industrie- und Gartenstadt. Nach den vielen Reden durften die Kinder ihre langeingeübten Turnübungen vorführen; die katholischen Mädchen tanzten einen Reigen mit schwingenden Röcken.

Die Gladbecker Bevölkerung machte sich die Anlagen schnell zu eigen, noch heute sind sie ein Kleinod.

Wesentlich wärmer ging es auf der Klassenfahrt der Abschlußklassen zu. Monatelang hatten die Kinder Groschen um Groschen zusammengetragen, um die 4 Mark und 50, die die dreitägige Wanderfahrt ins Sauerland kosten sollte, rechtzeitig erspart zu haben. Hedwig war eine eifrige Bettlerin bei ihrer Mutter. Nicht alle Kinder konnten das Geld beibringen, es gab noch ärmere als die Chomontowskikinder. Für die Verpflegung mußten die Schüler selber sorgen. Hedwig nahm ein halbes Dreipfundbrot und ein Stück Hartwurst sowie eingedickten Zitronensirup zum Verdünnen mit. Sie war zu aufgeregt, um zu verschlafen, wie drei Jahre zuvor ihr Bruder Ernst. Emma kümmerte sich nicht, ob ihre Kinder rechtzeitig aufstanden; sie erwartete es einfach von ihnen, ebenso, daß sie selbst die Schulbrote schmierten.

Wenige Tage vor den großen Ferien fuhren die Kinder bis Wanne-Eickel, die Wanderung begann. Sie besichtigten die Ruine Blankenstein sowie die Hohensyburg und schliefen in der ältesten Jugendherberge Deutschlands, auf der Burg Altena, unter Decken ohne Bezug. 1909 war die Idee, Volksschulkindern, insbesondere aus den Industriegebieten, billige Unterkünfte in landschaftlich schönen Gegenden zu verschaffen, geboren worden. Nach dem ersten Weltkrieg stieg die Zahl der Jugendherbergen rasch an; 1920 gab es bereits 1.000, im Jahr 1932 sollten es über 2.000 im gesamten Reichsgebiet sein.

Eröffnung der Vestischen Kampfbahn in Gladbeck am 17. Mai 1928 – Vorführung der Jungen in weißen Sportanzügen. Im Hintergrund die Zechensiedlung der Phoenixstraße. (Foto: Stadtarchiv – Gladbeck)

Die zweite Nacht übernachteten sie in Iserlohn in einer Volksschule im Keller. Nach Besichtigung der Dechenhöhle wanderten sie trotz Hitze, ohne zu murren, wieder den weiten Weg zum Bahnhof. Für die meisten Kinder war es ein Ausflug in die große, weite Welt. Ferienreisen gab es in Arbeiterfamilien nicht. Nach den Sommerferien gab es noch eine Überraschung. Von einem gewährten Zuschuß der Stadt Gladbeck konnte der Klassenlehrer noch eine kleine Fahrt veranstalten – es ging zu den Freilichtspielen nach Witten, zu der Aufführung des »Götz von Berlichingen«.

An das Ende der Schulzeit mochte Hedwig nicht gern denken. Das Lehrstellenangebot war äußerst dürftig. Hedwig beneidete und bewunderte ihre große Schwester Friedel, die nicht nur mittlerweile ausgelernt hatte, sondern auch noch Anfang 1929 zur Tanzkönigin der Tanzschule Sondermann gekürt worden war, was sich eigentlich nur betuchte Bürgerstöchter leisten konnten. Emma wechselte lieber den Bäcker, als ihrer ältesten Tochter die kostenträchtige Ehre zu mißgönnen.

Am 10. März 1929 schritt Hedwig würdevoll in einem schwarzen Kleid mit einer schwarzen Lackschleife zur Konfirmation in die Christuskirche. Den alten Mantel hatte sie nicht angezogen. Sie fror lieber, damit alle sehen konnten, wie schön sie gekleidet war. Nach der Schulentlassung blieb sie zu Hause, da sie keine Lehrstelle fand und Emma auf ihre Hilfe setzte.

Der »Schwarze Freitag« und andere dunkle Tage

Der siebzehnjährige Ernst arbeitete im dritten Jahr auf Graf Moltke im Zechenbüro, als Lehrling, wie er meinte. Im Spätsommer des Jahres 1929 kam er eines Tages verstört nach Hause. Sein Chef, der Eiserne Gustav, war aus Krankheitsgründen vorzeitig in den Ruhestand versetzt worden, ohne seine Absprache mit Karl und Ernst eingelöst zu haben.

Der neue Chef wollte das Versprechen auch nicht einlösen und steckte Ernst in den Aktenkeller. Die Lehrstelle hatte er bereits einem anderen Jungen gegeben. Ernst verlor jegliches Interesse an der Arbeit und fühlte sich völlig überflüssig. Zu Hause wurde er immer stiller und suchte weder mit Eltern noch mit der älteren Schwester ein Gespräch.

Dann ging er gar nicht mehr zur Arbeit. Er sonderte sich von der Familie ab und lebte sein eigenes Leben. Emma und Karl sahen hilflos zu, wie Ernst die dunkelsten Stunden seines jungen Lebens durchlebte und -litt. Ohne daß die Eltern davon wußten, machte er Schulden, legte sich mit der Polizei an, und erst nach einer Verwarnung – »Gott sei Dank, rechtzeitig«, meinte Ernst später – schien er wie aus einem Alptraum aufzuwachen. Die Krise war gebannt.

Wenige Wochen später fing er als Schlepper auf Graf Moltke an. Auf sein Drängen hatte sich Karl für ihn beim Betriebsleiter für den Sohn seines Bruders verwendet. Karl war nicht wohl dabei. Hatte nicht vor zwanzig Jahren sein Bruder Fritz versucht, ihn von der Maloche als Schlepper fernzuhalten? Jeder Bergmann, hieß es, der etwas auf sich hielt, ließe sich lieber beide Hände abhacken, als seinen Sohn unter Tage zu schicken.

Ernst dagegen fühlte sich durchaus mit der Arbeit zufrieden, da Arbeitsplätze immer rarer wurden. Wer wußte, wie noch alles kommen würde?

Mittlerweile war die Familie, auf Friedels Wunsch nach einer Wohnung mit mehr Komfort, umgezogen. Die Wohnung in der Diepenbrockstraße gegenüber der Vinczensschule hatte drei Räume, ein Bad, eine lange Diele und ein Dachzimmer. Im Keller gab es eine geräumige Waschküche, aber leider fehlten hinter dem Haus Ställe für die Schweine- und Hühnerhaltung; auch das Gartenland war sehr begrenzt. 56 Mark kostete die Wohnung, 32 Mark mehr als vorher auf der Flügelstraße. Obwohl Friedel und Ernst verdienten und Geld abgaben, war es bald klar, daß sie diese wirklich angenehme Wohnung nicht würden halten können.

Am 24. Oktober 1929 kam es an der New Yorker Börse zum »Großen Krach«. Dieser sogenannte »Schwarze Freitag« leitete die Weltwirtschaftskrise ein. In Deutschland schnellten Firmenzusammenbrüche und die Arbeitslosenzahlen in die Höhe. Im Winter 1929/30 hatte die Zahl der Menschen ohne Arbeit die erschreckende Zahl von 3 Millionen erreicht. Auf der Zeche Graf Moltke wurde Kurzarbeit eingeführt.

Die Mittel der Arbeitslosenversicherung reichten nicht mehr aus, um den Unterstützungsverpflichtungen nachzukommen. Da die Reichsregierung unter dem Kanzler Hermann Müller sich nicht einigen konnte, wie die Versicherung vor dem Ruin gerettet werden konnte, trat die letzte Regierung mit einer parlamentarischen Mehrheit in der Weimarer Republik zurück. Der neue Reichskanzler Brüning bildete eine Minderheitsregierung. Er wollte mit radikalen Sparmaßnahmen, zum Beispiel auch bei den Kriegsrenten und Steuererhöhungen, den Haushalt ins Gleichgewicht bringen. Seine Notverordnung wurde von der Mehrheit des Parlaments wieder aufgehoben. In dieser Situation entschloß sich Brüning, den Reichstag aufzulösen und Neuwahlen auszuschreiben. Die Wahlen am 14. September 1930 waren das Sprungbrett der Nationalsozialisten unter Hitler. Mit 107 Abgeordneten zogen sie in den neuen Reichstag ein, eine Steigerung von 900 Prozent.

Im Sommer 1930, an einem schwülen Tag, war August Paraknings im Alter von 78 Jahren gestorben. Er hatte schon einige Monate vorher nicht mehr in seinen geliebten Schuppen gehen können, wo er sonst regelmäßig Holzscheite gespaltet, ganz fein gehackt und liebevoll aufgeschichtet hatte. Er liebte das Akkurate und sorgfältig gepflegte Dinge bis zum Schluß.

Henriette hatte ihm beim Nachlassen seiner Kräfte Holz zum Hacken in die Wohnung geholt, wo er es einige Wochen auf einer Fußbank spaltete, bis auch das nicht mehr ging.

Im Jahre 1922, mit siebzig Jahren, hatte er erst mit der Arbeit in der Waschkaue aufgehört. Von da an lebten er und seine Frau von zwei kleinen Landarbeiterrenten und einem Ausgleich von der »Wohlfahrt«. August behielt bis zum Tod seine positive Einstellung zum Leben, auch

Einziges gemeinsames Foto der Eheleute Henriette und August Paraknings, aufgenommen anläßlich der Konfirmation ihres jüngsten Sohnes Ernst 1912

wenn Henriette sich manchmal über den »lustigen Kerl« mokierte. Einer Leidenschaft war er ebenfalls treu geblieben – dem Zigarrenrauchen. War es früher, als er noch Kinder zu versorgen hatte, nur eine Sonn- und Feiertagszigarre gewesen, so gönnte er sich im Alter jeden Tag eine.

Wenige Wochen vor seinem Tod, die er im Bett liegend mit zitternden Händen verbrachte, stellte ihm Henriette einen großen Einkochtopfdeckel auf die Zudecke, damit er die Asche nicht verstreute. Henriette hatte sein Rauchen immer gebilligt. Es war seine Freude. Dafür gönnte sie sich im Alter ab und zu einen Klaren. Ohne Hilfe Dritter pflegte und bettete sie ihren August; so leicht war er geworden.

Nun lag er in der Stube aufgebahrt; sein Schnäuzer und die noch vollen Haare leuchteten weiß. Alle Enkelkinder kamen, um ihn zum letzten Mal zu sehen. Besonders wehmütig war es der sechsjährigen Mariele ums Herz. Ein wenig fürchtete sie sich auch vor dem toten Opa, der ihr soviel Zuneigung entgegengebracht hatte.

Kurz nach Augusts Beerdigung erkrankte Henriette schwer. Sie konnte nicht mehr allein gelassen werden. Emma wußte nicht, wo sie ein Extrabett für die Kranke hätte in ihrer Wohnung stellen können. Da erbot sich Mia, Henriettes Schwiegertochter, sie aufzunehmen. Henriette, die an ihrem jüngsten Sohn besonders hing, war diese Lösung recht.

Nach der Reichstagswahl im September brachte Ernst einen obdachlosen Kumpel von der Zeche mit, der mit bei ihm in der Dachkammer schlafen wollte. Emma willigte ein, den jungen Mann als Kostgänger aufzunehmen. Der Höhepunkt des Kost- oder Schlafgängerwesens im Ruhrgebiet war längst überschritten, da die meisten jungen Bergleute eine eigene Familie besaßen, bei der sie bis zur eigenen Hausstandsgründung leben konnten. Vor zwanzig Jahren hatte die Situation anders ausgesehen. Da strömten in der Mehrzahl ledige Männer in den Kohlenbergbau, die darauf angewiesen waren, irgendwo schlafen zu dürfen. Die Kostgänger wurden in der Regel kräftig zur Kasse gebeten oder nur mit dem billigsten Essen verköstigt. Manch eine Bergmannsfrau verdiente sich dabei eine »Goldene Nase«.

Nicht so Emma. Wie früher ihre Mutter meinte sie, daß Kostgänger gut bewirtet werden müßten, und geriet sehr schnell zu ansehnlichen Schulden im Zechenkonsum, in dem man im Gegensatz zum eigentlichen Konsum anschreiben lassen konnte. Deshalb bat Emma den jungen Mann nach wenigen Wochen, sich woanders eine Kostgängerstelle zu suchen. Sie hatte eben kein Geschick dazu.

Noch nicht ein Jahr nach Augusts Tod kam Henriette zu Emma in die Wohnung, um zu bleiben. Kategorisch erklärte sie ihrer Tochter, daß sie nicht gewillt sei, weiter bei Mia und ihrem Sohn Ernst zu leben, »da sie keinen Respekt vor meinem Alter und meinem Glauben hat.«

Emma war über den Ausbruch ihrer Mutter nicht wenig erschrocken. Sie und Karl waren sich sofort einig, Henriette bei ihnen ein Zuhause anzubieten. Karl mußte nun mit Ernst im Mansardenzimmer schlafen, Karlchen erhielt ein Gitterbett, das erste in der Familie; Hedwig schlief mit Jettchen in einem Bett wie bisher, Friedel mit Emmi und Mariele zwischen Mama und Oma. An Federbetten mangelte es nicht, da die verwitwete Oma Katharina Chomontowski in Masuren zu jeder Geburt eines Enkels ein neues Bett geschickt hatte.

Um das Familienbudget zu entlasten, stellte Karl einen Antrag auf eine weniger komfortable Zechenwohnung, zu der mehr Gartenland und Stallungen gehörten. Endlich erhielt er eine Wohnung in der Goebenstraße, in kurzer Entfernung zum Schloß Wittringen, dem Stadion und dem Freibad sowie dem Stadtwald.

Beim Einzug in die neue Wohnung und beim Tapezieren half ein junger Mann – Kurt Strohfeld. Ernst hatte mit ihm Freundschaft geschlossen. Er teilte überwiegend dessen politische Ansichten, war aber nicht bereit, sich kommunistisch oder sozialdemokratisch zu organisieren oder bei den Kampfverbänden dieser Parteien mitzumachen. Ernst schlug sich zwar mal hier mal da mit der SA oder Stahlhelm, hatte aber auch Freunde in deren Reihen.

Seine Unentschlossenheit rührte daher, daß Emma ihm immer wieder in den Ohren lag, sich aus den gewalttätigen Auseinandersetzungen zwischen Rotfront (Kampfgruppe der KPD), Reichsbanner von der SPD und Stahlhelm (Deutsch-National) und der SA der Nationalsozialisten herauszuhalten, da schwere Verletzungen, sogar Todesfälle keine Seltenheit waren.

Um die Mädchen machte sich Emma keine Gedanken. Sie waren nur politische Zaungäste. Die zwölfjährige Emmi, die sich in irgendeinem stillen Winkel oder im Bett Geschichten von einer Welt voller Sonnenschein, Blumen, Faltern und herrlichen Äpfeln ausdachte, die nur für sie da waren, zuckte innerlich zusammen, wenn sonntagsmorgens die Kampfverbände durch die Straßen der Arbeiterviertel in Gladbeck marschierten. Die SA grölte dann: SA marschiert, die Reihen fest geschlossen ..., dagegen setzten die zwar lieblichen, aber weit hörbaren Schalmeienklänge der Rotfrontkämpfer, und es war abzusehen, daß sie bald aufeinanderstoßen würden und es zur nächsten Straßenschlacht käme. Wenn sie daran dachte, hielt sich Emmi beide Ohren zu und kroch noch tiefer unter das Federbett.

Am 2. März 1932 war Ernst mit seinem Freund Kurt Strohfeld zusammen. Dieser diskutierte mit Ernst über die Provokation der Nazis, ausgerechnet im Arbeiterversammlungslokal Kiekenberg im Ortsteil Zweckel eine Kundgebung abzuhalten. Er beschwor Ernst, an seiner Seite am 4. März dort im Lokal zu sein und mit ihm zu kämpfen, falls nötig. Ernst sagte zu.

Am 3. März brach während der Mittagsschicht auf Moltke I/II ein Streb ein. Der Schaden mußte sofort behoben werden. Deshalb bestimmte der Steiger, daß keiner der anwesenden Schicht, zu der auch Ernst gehörte, ausfahren dürfte. Als Ernst am nächsten Tag gegen Mittag zerschlagen in die Goebenstraße einbog, war die Schreckensbotschaft aus Zweckel schon eingetroffen. Sein kommunistischer Freund Kurt Strohfeld und der Sozialdemokrat Paul Knietsch waren während der Versammlung der Nazis von SA-Männern erschossen worden, andere Arbeiter schwer verwundet.

Die ganze Goebenstraße war in heller Aufregung. Die Klagelaute der Mutter von Kurt Strohfeld setzten sich in Ernst ebenso fest wie das Schluchzen seiner Mutter, die ihn wiederum anflehte, sich aus diesen Auseinandersetzungen herauszuhalten.

Kurt Strohfeld wurde zu Hause aufgebahrt. Rotfrontkämpfer hielten Ehrenwache. Am Beerdigungstag waren die umliegenden Straßen schwarz mit Menschen. Über ihnen wehten rote und schwarz-rot-goldene Fahnen und Banner. Der Trauerzug zum Friedhof Gladbeck-Ost ging quer durch die Straßen der Stadt. Als die ersten Trauernden den gut zwei Kilometer entfernten Friedhof erreichten, setzten sich die letzten Gruppen auf der Goebenstraße in Bewegung.

Drei Monate später, am 24. Juli 1932, sprach Adolf Hitler im Stadion vor 50.000 Menschen, unter ihnen 6.000 SA-Männer in Uniformen. Die Gladbecker Bevölkerung sollte kurz vor den nächsten Reichtstagswahlen beeindruckt werden, da ihre Stimmen für die NSDAP weit unter Reichsdurchschnitt lagen. Obwohl kostenlos Erbsensuppe, Würstchen und Getränke verteilt wurde, blieben die meisten Gladbecker dieser Propagandaschau fern. Auch Karl und Ernst wollten davon nichts sehen und hören. Doch Friedel ging hin, um sich ein eigenes Urteil zu bilden.

Anschließend berichtete sie, daß Hitler gedroht habe, er werde den Kommunismus mit Stumpf und Stiel ausrotten, ebenso die anderen roten Ratten, den Juden ihren Platz zuweisen, dem raffenden Kapital das Handwerk legen und das Versailler Diktat gegen ihre Erfinder umkehren. Zum Schluß habe er versprochen, es klang wie eine Mahnung, erst dann wieder nach Gladbeck zu kommen, wenn diese Stadt nationalsozialistisch geworden sei. Karl kommentierte eher trotzig als zuversichtlich: »Dann werden wir den böhmischen Gefreiten bei uns wohl nicht mehr wiedersehen«, obwohl ihm jede Zuversicht seit fünf Wochen vergangen war.

Ohne Arbeit und Zuversicht

Karl schien mit seiner Prognose nicht recht zu behalten, denn am 31. 7. 1932 erhielt die NSDAP gut 21 % der Stimmen bei der Reichstagswahl und wurde drittstärkste Partei in Gladbeck nach dem Zentrum und der KPD. Die SPD rutschte knapp unter 20 Prozent. Karl und Emma, die nur nach dem Kapp-Putsch von 1920 einmal USPD und sonst immer SPD gewählt hatten, glaubten, daß das die Quittung dafür gewesen sei, daß die Sozialdemokraten zusammen mit den bürgerlichen Parteien wieder den greisen Hindenburg in der Wahl zum Reichs-Präsidenten unterstützt hatten. Nach seiner Wahl entließ Hindenburg Brüning, der in den Verhandlungen mit den Siegermächten in Fragen der Reparationszahlungen kurz vor einem Erfolg stand, und berief Franz v. Papen zum Reichskanzler, der umgehend das von Brüning erlassene SA- und SS-Verbot aufhob. Hitlers NSDAP zog mit 230 Abgeordneten als stärkste Fraktion in den Reichstag ein. Von Hindenburg forderte er die ganze Macht, eine Regierungsbeteiligung war ihm zu wenig.

Stärker als dieses Ergebnis hatte Karl seine Kündigung auf Graf Moltke am 15. Juni 1932 mitgenommen. Seit 1930, im Zuge der Weltwirtschaftskrise, waren immer mehr Beschäftigte entlassen worden, bis schließlich am 15. Oktober, nach der letzten Kündigungswelle, nur noch 1.138 Bergleute auf dieser Zeche arbeiten durften. Das bedeutete einen Rückgang der Beschäftigungszahlen von über sechzig Prozent, auf allen Gladbecker Zechen zusammen immerhin noch mehr als fünfzig. Die Verdoppelung der Wohlfahrtsausgaben und die niedrigeren Steuereinnahmen brachten die Stadt fast an den Rand des Ruins. Im »Volksfreund«, einer sozialdemokratischen Zeitung, stand zu lesen: »Keiner Ruhrgebietsstadt geht es so dreckig wie Gladbeck.«

Karls Kündigung erschütterte die ganze Familie. Emma war wie betäubt, und Karl weinte. Friedel und Ernst, die beide verdienten, beteuerten, daß sich die Familie auf ihr Einkommen stützen könnte. Ihre Aussagen halfen Karl, den ersten Schock zu überwinden, dennoch fühlte er sich gedemütigt. Er konnte seine Familie nur noch mit Hilfe der Kinder seines gefallenen Bruders ernähren.

Überhaupt empfand er die Kündigung als eine Kampfansage der Zechenleitungen gegen die selbstbewußten Bergarbeiter. Vorrangig waren die Männer mit vielen Kindern entlassen worden, da die Gewerkschaften erreicht hatten, daß pro Schicht und Kind drei Pfennige Zuschlag gezahlt werden mußte. Das war nun die Quittung. Obendrein vermutete Karl, daß die Entlassungen auch nach politischen Gesichtspunkten erfolgt waren; Mitglieder oder Sympathisanten der KPD und SPD waren wesentlich häufiger betroffen als Anhänger der NSDAP.

Die Familie war froh, daß Ernst weiterarbeiten durfte. Sein Verdienst sicherte wenigstens die Monatsmiete, die ihm direkt vom Lohn abgezogen wurde. Das andere Geld brauchte er für Kleidung, Taschengeld und die Abzahlung alter Schulden.

Jetzt fehlte auch spürbar Hedwigs Halbwaisenrente, die im Frühjahr, auf Grund der Notverordnung von Brüning, um ein Jahr gekürzt worden war. In dieser Notsituation erwies sich Henriettes kleine Rente als ein wahrer Segen. So konnten die dringendsten Bedürfnisse gedeckt werden; Fleisch, Kartoffeln, Obst und Gemüse gab es nur in den Mengen, was das Gartenland und die Viehhaltung erbrachten. Sie mußten nicht hungern, im Gegensatz zu vielen anderen Arbeitslosen, die durch die Straßen Gladbecks zogen und »Hunger, Hunger« riefen oder »Arbeit und Brot«.

Um mit den Abzahlungen der Schulden nicht zu sehr in Verzug zu geraten, hatte Emma eine Idee, die sie Isidor Kahn vortrug. Anfänglich hatte sie Hosen, Anzüge und Mäntel für Ernst und Karl nur bei Perl gekauft. Als sich dessen Geschäftsführer, Isodor Kahn, selbständig machte, nahm er einen Teil der Kundschaft mit, so auch Emma. Wie die meisten Arbeiterfamilien kaufte auch sie bei ihm auf Pump. Als Herr Kahn bei seinen üblichen Rundgängen in den Zechensiedlungen wieder einmal zu ihr kam, schlug Emma ihm vor: »Wären Sie bereit, Eier statt Geld zu nehmen? Meine Hühner legen gut, und Sie bekämen regelmäßig frische Eier.« Prüfend schaute Isidor Kahn seine langjährige Kundin an und sagte schließlich: »Frau Chomontowski, ich weiß, die Zeiten sind schlecht. Immer mehr Leute können die Raten nicht bezahlen. Es gefällt mir, daß Sie nicht einfach sagen, es geht nicht, sondern einen Ausweg suchen. Gut, ich bin einverstanden. Doch ich hoffe, daß ich auch zukünftig zu Ihnen kommen darf, wenn ich meine Runde mache. Ab und zu brauche ich eine kleine Verschnaufpause. Ich sitze so gern bei Ihnen und Ihrer Mutter hier in der Stube.«

Seitdem brachten Emma oder eines der Kinder regelmäßig Eier in die Schneiderwerkstatt von Isidor Kahn.

Gänzlich unbesorgt von den elterlichen Nöten lebte der dreieinhalbjährige Kalla. Er hatte sich damit abgefunden, daß seine Schwestern Mariele, Jette und Emmi vormittags nicht zu Hause waren. Einmal war er ihnen nach den Sommerferien halbnackt nachgelaufen und hatte geschrieen: »Nehmt mich mit in die Schule«, doch das ging wohl nicht. Von da an lebte er sein eigenes Leben auf dem Familiensofa. Gleich nach dem Aufstehen nahm er es in Beschlag; er aß dort, spielte dort, und wenn er müde wurde, schlief er auf ihm ein. Hatte er draußen gespielt, kam es vor, daß er nach seiner Rückkehr das Sofa belegt vorfand. Dann stand er solange neben dem Schläfer, meistens war es Ernst, jammerte und knatschte herum, bis dieser seufzend aufstand und Karlchen mit Lauten des Wohlbehagens wieder sein Reich belegte.

Seine fast vierzehn Jahre ältere Schwester Hedwig betrachtete er als Ersatzmutter. Nach seiner Geburt hatte sie überwiegend seine Versorgung übernommen, da sich Emma ohne Kraft fühlte. Daher verwunderte es niemanden, daß Karlchen, bevor er »Mama« sagen konnte, »Hewi« rief; und Hedwig sprang, des Tags und auch in der Nacht. Wenn er seinen Willen bei ihr nicht durchsetzen konnte, rief er Emma zu Hilfe, die immer den jüngeren Kindern beisprang, sehr zum Ärger von Hedwig und Friedel. Ansonsten war Hedwig mit der Arbeit im Haushalt, mit Nähen und Flicken für die ganze Familie vollauf beschäftigt. Sonntags halfen ihr alle, besonders Friedel, mit, so daß jeder den Nachmittag für sich hatte.

Einen besonderen Zeitvertreib hatte Emmi entdeckt. Seit sie in der Schule schwimmen gelernt hatte, suchte sie dazu jede sich bietende Gelegenheit. Meistens schwamm sie im Kaiser-Wilhelm-Bad, das bereits 1913 eröffnet wurde und Gladbeck den Ruf einer Schwimmerstadt einbrachte, gab es hier doch den ersten kostenlosen Schwimmunterricht für Schulkinder im ganzen Deutschen Reich. Badefrauen machten Emmi auf den Arbeiter-Wassersport-Verein Gladbeck aufmerksam, in dem im Gegensatz zum SV 13 keine bürgerlichen Kinder organisiert waren. Emmi wurde Mitglied, zahlte auch zweimal Beiträge, doch als Karl arbeitslos wurde, fragte sie keiner mehr nach Geld.

Emmi schwamm und sprang immer kühner. Sie trainierte auch weiter, nachdem ihr Verein sich auf Geheiß der neuen Machthaber im Rathaus ab 1933 zwangsweise dem SV 13 eingliedern mußte. Sie nahm es kaum zur Kenntnis. Für sie zählte, daß Herr Schwiers, der Trainer, bleiben durfte und sie in der Sprungstaffel weiter betreute. Eines Tages sprang sie in Anwesenheit ihrer Mutter vom 10-Meter-Sprungturm des Gladbecker Freibades, und Emma wurde es schwarz vor Augen. Sie teilte nicht die Begeisterung ihrer Tochter für diesen Sport, war dennoch stolz auf deren Mut.

Jettchen war 1932 eine kesse Zehnjährige, die mit Freuden zur Lutherschule ging. Obwohl alle Kinder der Familie leicht lernten, unternahm Karl nur bei Jettchen einen Versuch, sie zum Lyzeum zu bringen. Er war Mitglied im »Bund der Kinderreichen«, die begabten Kindern aus armen Familien ein Stipendium zum Schulbesuch verschafften. Hoffnungsvoll sprach er dort vor und erhielt eine Abfuhr. »Sie wird einmal bestimmt eine gute Hausfrau«, wurde ihm beschieden, ohne daß Jettchen geprüft wurde. Voller Zorn beendete Karl seine Mitgliedschaft.

Das Jahr 1932 ging ohne Hoffnung auf eine Besserung der familiären und nationalen Situation zu Ende. Obwohl die NSDAP bei den erneuten

Ruhr-Echo

14. Jahrgang

SPD-Arbeiter für Thälmann

Marsch auf Wladiwostok?

Das »Ruhr-Echo« aus Essen. Die Tageszeitung der Familie Chomontowski von 1920 (Organ der USPD) bis zu ihrem Verbot 1933
Stadtarchiv Essen. *(Foto: Autorin 1984)*

Wahlen reichsweit 2 Millionen Stimmen eingebüßt hatte, blieb sie stärkste Fraktion und forderte abermals die ganze Macht. In Gladbeck fiel die Partei wieder auf den vierten Rang zurück, während die KPD Stimmen hinzugewann. Die Menschen schauten nach Berlin, die einen siegesgewiß, die anderen sorgenvoll. Dort in Berlin erreichte die Radikalisierung der Massen, aufgepeitscht durch die KPD und NSDAP, einen Höhepunkt im gemeinsamen Streik der Berliner Verkehrsbetriebe. Die Lage wurde für einen Betrachter immer undurchsichtiger. Der sozialdemokratische »Vorwärts« kommentierte am 20. Januar 1933 die »Geheimpolitik« der beteiligten Männer so: »Hitler bei Papen, Strasser (NSDAP) bei Schleicher (amtierender Kanzler nach v. Papen), Hugenberg (Führer der NSDAP) bei Hitler, Papen bei Hugenberg, Hugenberg bei Hindenburg, Alvebsleben (Adel) schiebt vorne, Thyssen (Rüstung) schiebt hinten, Strasser wird Vizekanzler, Hitler will das Reichswehrministerium, Schleicher ist für dieses geneigt, Hindenburg für jenes.« Dieses Hin und Her wurde schließlich zugunsten Hitlers entschieden. Am 30. Januar 1933 ernannte Hindenburg Hitler zum Reichskanzler.

Es war das eingetreten, was Karl in endlosen Diskussionen mit Ernst und Freunden vorhergesagt und befürchtet hatte – die Demokratie hatte sich selber aufgegeben.

Am 27. Februar 1933 stand der Reichstag in Flammen, von den Nazis gelegt, vermuteten viele. Hermann Göring, damals preußischer Innenminister, sah die Hintermänner des Anschlages links stehen und verbot die kommunistische und sozialdemokratische Presse; die erste Verhaftungswelle rollte, die »rote Pest« sollte mit Stumpf und Stiel ausgerottet werden.

Auch das »Ruhrecho« in Essen und der Recklinghäuser »Volksfreund« wurden verboten. Von da an las Karl keine Zeitung mehr, »um sich nicht die Hände schmutzig machen zu müssen.«

Ohne die verbotene KPD fand am 5. März 1933 noch eine Reichstagswahl statt, die den beiden Rechtsparteien, NSDAP und DNVP, die absolute Mehrheit brachten. Doch Hitler wollte nicht mit einem Parlament regieren; er legte dem Reichstag das sog. Ermächtigungsgesetz vor, das mit den Stimmen des Zentrums und der kleinen liberalen Parteien, – gegen die Stimmen der SPD – angenommen wurde. »Das bedeutet Krieg!« sagte Karl am Tag nach der Abstimmung zu Emma und den Kindern. Alle blickten ihn verstört an. Von nun an verging kein Tag mehr ohne daran zu denken, und in Emma, Friedel, Ernst, Hedwig und Karl machte sich ein Gefühl der Ohnmacht breit, das sich lähmend auf ihr ganzes Leben auswirkte.

Teil III Im Netz des »braunen Heils«

Jungvolk und Ehestandsdarlehn

Der Schulunterricht wandelte sich nur allmählich. Am Tag der Machtergreifung besuchte Emmi die sechste, Jettchen die fünfte und Mariele die dritte Klasse der Lutherschule. Die Kinder hatten nun samstags schulfrei, mußten aber dafür an den Treffen der Kinder- und Jugendorganisationen des Jungvolkes, der HJ oder des BDM (Bund deutscher Mädel) teilnehmen. Sie wurden auch aufgefordert, sich als Mitglied aufnehmen zu lassen. Karl entschied, daß Emmi und Jettchen die Teilnahme bei den Treffen des Jungvolks als Schulunterricht ansehen sollten, ohne sich aufnehmen zu lassen. Dadurch wurden ihnen Schikanen erspart. Karl hatte gehört, daß Schulkinder aus ganz Gladbeck, die die Teilnahme verweigerten, jeden Samstag auf den Schulhof der Kreuzschule bestellt wurden und demütigenden Schmähungen ausgesetzt waren. Jettchen nahm an den Treffen des Jungvolks gern teil, da viel unternommen wurde. Eine politische Einwirkung blieb ihr verborgen oder glitt an ihr ab.

Emmi und Jettchen bemerkten, daß immer mehr jüdische Mädchen ihrer Jahrgänge »umzogen«. Sie blieben nicht alle auf einmal fort, erzählten auch keinem anderen Kind, warum sie fortgingen. Vermutlich hatten ihnen ihre Eltern den Grund nicht genannt. Es hieß einfach, der Vater habe das Geschäft aufgegeben oder habe woanders eine gute Arbeit gefunden. So verließen Lore Daniels, Selma Haber und Inge Röttgen Emmis Klasse. Das lief so geräuschlos ab, daß Emmi zu keinem Zeitpunkt den Verdacht hegte, daß irgendetwas faul daran sein könnte.

Karl erhielt regelmäßigen Besuch seines Freundes Fritz J. Dieser war ein gläubiger Nationalsozialist. In jeder Diskussion versuchte er, Karl davon zu überzeugen, daß Hitler gegen das Großkapital einen nationalen Sozialismus durchsetzen würde. »Karl«, redete er auf ihn ein, »komm zu uns. Das ist der richtige Sozialismus, wie du ihn immer propagiert hast.«

Jedesmal winkte Karl ab. »Nein, Fritz, das ist nicht der Sozialismus für uns Arbeiter. Guck dir an, wer Hitler finanziert hat, Flick, Thyssen und Krupp, und du weißt, wem er dient.« »Karl, das siehst du falsch. Diese Leute hat er nur als Sprungbrett benutzt. Bald schüttelt er sie ab.« Karl wiegte den Kopf. »Wir werden sehen, Fritz. Deine Zuversicht in Ehren, aber ich kann daran nicht glauben. Das Großkapital läßt sich nicht abschütteln.« Stundenlang stritten sie an Regentagen hin und her. Manchmal sah Fritz J. seinen Freund Karl Chomontowski sinnend an und sagte dann wohl: »Karl, Karl. Wenn man dich so reden hört! Wie gut, daß ich dein Freund bin.« Dann blickte ihn Karl aus seinen grauen Augen ernsthaft an und bestätigte: »Ich weiß, daß du ein guter Freund bist.« Bald lief Fritz J. in der braungelben Uniform der SA (»kackgelb« sagten die Kinder dazu) herum. Karl schwieg dazu.

Überhaupt wurde ein Teil der Deutschen in der Öffentlichkeit recht schweigsam. In der Familie nahm Karl dagegen kein Blatt vor den Mund, so daß Emma ihn manchmal ermahnte, leiser zu reden. Doch niemand behelligte die Familie. Sie wurde auch nicht ermahnt, eine Hakenkreuzfahne zu beschaffen und an wichtigen nationalsozialistischen Gedenktagen zu flaggen. Auch die anderen Familien in der Goebenstraße wurden in Ruhe gelassen.

Um nicht nur auf Mundpropaganda angewiesen zu sein, schaffte Ernst auf Karls drängende Bitte hin einen Volksempfänger an, der mit ganz kleinen Raten abbezahlt wurde. Mit etwas Geschick und Glück gelang es ihnen, ausländische, deutschsprachige Sender zu empfangen, »um nicht ganz zu verblöden.« Für Musik war allerdings der Reichssender in Berlin beliebt und wurde deshalb regelmäßig eingeschaltet.

Obwohl das Jahr 1933 die Stimmung in der Familie Chomontowski niederdrückte, hing für die älteste Tochter Friedel seit dem Neujahrstag der Himmel voller Geigen – sie hatte sich ernsthaft verliebt. In allem, was sie selber tat, erstrebte sie eine gewisse Perfektion, setzte ihre Ansprüche sich und gegenüber ihrer Umgebung hoch an, auch auf die Gefahr hin, enttäuscht zu werden. Heinrich Schröler, den sie auf einem Neujahrstanz in Buer kennengelernt hatte, enttäuschte sie nicht. Er war schlank und hochgewachsen, hatte markante Gesichtszüge, und was für sie besonders wichtig war, er war intelligent, musikalisch und ehrgeizig. Heinrich war noch unter dem Familiennamen Skrotzky 1910 in Masuren zu Welt gekommen, doch auch seine Familie wanderte ins Ruhrgebiet aus, nach Gelsenkirchen. Mit zehn Jahren erhielt er eine Freistelle auf dem Jungengymnasium. Trotz seiner Strebsamkeit gab es spöttische Bemerkungen der Lehrer, wenn eine seiner Arbeiten nicht zur Spitze zählten.

Da er sah, wie schwer es seiner Familie trotz Freistelle fiel, auf seine Arbeitskraft zu verzichten, verließ er mit sechzehn Jahren die Schule, um im Bergbau zu arbeiten. In seiner Freizeit musizierte er bei Hochzeiten und Tanzveranstaltungen, meistens saß er am Klavier und hatte sich fest vorgenommen, Steiger zu werden.

Schon im Frühjahr fand die Verlobung statt, und ein halbes Jahr später wurde geheiratet. Die Hochzeiter profitierten vom neueingeführten Ehestandsdarlehn, das alle bekamen, die berufstätig waren. Für Arbeitslose galt das nicht.

Friedel wurde von mehreren Seiten reich beschenkt, vor allen Dingen von ihrer Chefin, Frau Bieker. Sie konnte die Ehe mit einem zwölfteiligen Kaffeeservice, einem dazu passenden Eßgeschirr, zwölf Rosenthaltellern, Bowle, Bonbonniere, Vasen, einem zwölfteiligen Besteck sowie einem kompletten Topf- und Pfannensatz beginnen. Hedwig nähte ihrer großen Schwester die Gardinen für eine Dreizimmerwohnung in Buer, Emma erübrigte Bettwäsche aus Leinen, und die Oma Katharina Chomontowski schickte ein komplettes Federbett.

Anfänglich arbeitete Friedel noch, um ihre Chefin nicht zu enttäuschen. Frau Bieker hatte sich ihr mit vielen Problemen anvertraut. Besonders die antijüdische Hetze machte ihr Kummer. Um ihr Geschäft nicht zu gefährden, nahm sie vor dem 1. Boykottag, am 1. April 1933, ihren Namen Cahn aus dem Geschäftsschild heraus. Dadurch entging dieses Geschäft den Schmierereien der SA und auch deren Anpöbeleien an Kunden. Insgesamt gesehen hatten die Boykottmaßnahmen in Gladbeck keinen durchschlagenden Erfolg, da die Bevölkerung, unter ihnen sogar NS-Mitglieder, nicht in erhofftem Umfang mitzog.

Frau Biekers Söhne aus ihrer ersten Ehe gingen nach Holland. Wenige Monate nach der Hochzeit beendete Friedel ihr Berufsleben, da ihr Mann sie kaum zu Gesicht bekam. Die Studierenden der Steigerschule mußten voll im Bergbau arbeiten und hatten selten frei. Friedel schied schweren Herzens von ihrer Chefin, die ihr soviel Wissen und Umgangsformen vermittelt hatte.

An Einsamkeit litt sie nicht, da sie oft und gern von ihren jüngeren Geschwistern besucht wurde, am meisten von Hedwig.

Aus dem Nest gefallen

Obwohl Friedel vor der Hochzeit nicht mehr viel Geld zu Hause abgegeben hatte, um für ihren eigenen Hausstand zu sparen, machte sich ihr Fortzug finanziell negativ bemerkbar. Karl schlug Emma deshalb vor, daß Hedwig versuchen sollte, irgendwo als Dienstmädchen zu arbeiten, um für sich allein aufzukommen. Anfänglich wollte weder Emma noch Hedwig auf diesen Vorschlag eingehen, Emma, weil sie fürchtete, die viele Hausarbeit nicht allein zu bewältigen, Hedwig, weil sie vor dem Fremden scheute.

Friedel, Ernst und eine Freundin, die ebenfalls Dienstmädchen war, redeten ihr zu. Anfang März trat Hedwig, neugierig und ängstlich zugleich, ihre erste Stelle bei der jüdischen Familie Kaufmann in Duisburg-Hamborn an.

Dort geriet sie, gewohnt, ständig Menschen um sich zu haben, in eine ungeahnte Isolation. Sie erhielt morgens ihre Arbeitsanweisungen, deren Anzahl sie das Fürchten lehrte. Sonst hatte sie keinerlei Kontakt zu der Familie; sie mußte sogar allein essen. Andere Dienstboten gab es in dem Haushalt nicht. Hedwig, die immer nur gehört hatte, daß jüdische Familien besonders nett seien, litt vor sich hin, ohne zu bemerken, in welchen Schwierigkeiten diese Familie steckte. Nur einmal erlebte sie, wie der elfjährige Siegfried bei einem Fackelzug von SA-Männern an ihrem Haus vorbei, auf den Balkon stürzte und »Freiheit, Freiheit« schrie. Schreckensbleich gelang es seinem Vater, ihn unerkannt ins Zimmer zurückzuziehen.

Abends war Hedwig von der Arbeit so erschöpft, daß sie oft weinend ins Bett kroch und kaum Zeit fand, ihre eigene Kleidung in Ordnung zu halten.

Zwei Monate später wurde sie durch eine Kusine nach Düsseldorf vermittelt. Der Unterschied zu der vorherigen Stelle war gering. Auch hier lag die ganze Hausarbeit bei Hedwig, obendrein die Pflege eines Säuglings; auch hier war sie das einzige Dienstmädchen, mußte wie in Hamborn allein in der Küche essen. Wenn sie nachmittags feine Gebäckstückchen aus der Konditorei holen mußte, lief ihr das Wasser im Mund zusammen. Doch nie wurde ihr eins angeboten. Von ihrem geringen Lohn von 20 Mark mußte sie sogar eine Nippesfigur ersetzen, die ihr beim Putzen heruntergefallen war. Zu Pfingsten endlich durfte sie nach Hause fahren. Dort erfuhr sie, daß ihre Mutter in der Zwischenzeit an einer Lungenentzündung erkrankt war, und die dreizehnjährige Emmi berichtete ihr wortreich, daß sie nun viel im Haushalt helfen müßte.

Nach dem Pfingsturlaub packte Hedwig kurzentschlossen ihre Sachen. Die »Gnädige Frau« hatte über Pfingsten ihr alle Arbeiten liegen lassen – zu Hause aber wartete ihre noch geschwächte Mutter.

So kehrte Hedwig, nach dreimonatiger Dienstmädchenerfahrung, zur großen Erleichterung von Emma und Emmi in den Schoß der Familie zurück.

Mit Freuden plante Emmi ihren ersten großen Ausflug in die Ferne. Mit dem Verein der »Treuen Ost- und Westpreußen« in Gladbeck sollte es auf eine große Rundreise durch Ostpreußen gehen. Die Familie war schon seit mehreren Jahren Mitglied, weniger aus Verbundenheit zur alten Heimat als der Geselligkeit mit vertrauten Menschen wegen. Gemeinsam wurde Erntedankfest gefeiert, gemeinsam gab es Ausflüge, zum Beispiel nach Feldhausen, wo man so herrlich spazierengehen konnte.

Doch nun ging es nach Ostpreußen, mit Emmi, der jüngsten Teilnehmerin. Es wurde eine patriotische Fahrt. Emmi lernte, daß Ostpreußen wichtig für das Deutsche Reich sei und daß wieder ein richtiger Zugang zu diesem Land geschaffen werden müßte. Sie sang patriotische Lieder, besichtigte Schlachtfelder und Ehrenmale und sog die Schönheit der Landschaft in sich ein. Ihre Oma Katharina in Duttken durfte sie nicht besuchen. Begeistert kehrte Emmi heim und erzählte Emma und Karl vom wunderschönen Ostpreußen mit dem Haff und der Stadt Königsberg, von Tannenberg und den masurischen Seen. Das meiste davon hatten weder Karl noch Emma je gesehen, obwohl sie dort einst zu Hause waren. Emmi konnte nicht nur anschaulich erzählen, sondern auch kräftig zupacken. In der Regel schaffte Karl schwere Arbeiten allein, das war eben Männersache.

Doch als es im Sommer 1934 hieß, daß sich Erwerbslose kostenlos Kohlenschlamm von der Zeche Hugo in Buer holen dürften, nahm er einmal Hedwig und dann Emmi für den Rückweg mit. Bis zum Rand wurde der Handkarren mit der zähen Masse vollgeschippt, und dann spannte sich Karl selber in den breiten Zugriemen, während Emmi kräftig schieben mußte. Die Wege waren nicht eben, einige Straßen hatten Kopfsteinpflaster; es war eine echte Schinderei. Doch der Kohlenschlamm wurde gebraucht, da zweimal am Tag, sommers wie winters, warm gekocht wurde. Kartoffeln und Suppe waren wesentlich billiger als belegte Brote.

Eine schöne Beerdigung

Henriette Paraknings war bereits 81 Jahre alt und lebte mittlerweile drei Jahre bei ihrer Tochter Emma. Obwohl ihre Kräfte nach dem Tod von August merklich nachgelassen hatten, half sie auf ihre Weise mit. In der Erntezeit holte sie in dem alten Kinderwagen der Familie das Gemüse von den Feldern sowie die Rübenblätter für die Schweine. Ihre beiden Enkel, Emmi und Jettchen, nahm sie dann mit.

Mit ihrer Tochter zusammen schnibbelte sie Bohnen und döppte Erbsen aus. Ihre Bewegungen waren langsamer geworden, doch sie war arbeiten gewohnt.

Hin und wieder ging sie den weiten Weg zum Friedhof, um die Gräber von August und dem früh verstorbenen Lenchen aufzusuchen. Angetan mit einem Kopf- und Schultertuch sowie ihrer alten, schwarzen Handtasche am linken Arm, schritt sie bedächtig daher, gestützt auf Emmi, die ihre flinken Beine zügeln mußte. Ihre Enkelkinder konnten sich bald gar nicht vorstellen, daß es eine Zeit ohne die ständige Anwesenheit der Oma Paraknings gegeben hatte.

Für Karlchen, den Nachkömmling, wurde sie zur Klümpchenoma, der er treu Groschen um Groschen ablieferte, um dafür Bonbons zu erhalten. Einmal, da war er schon fünf, beschwerte er sich bei ihr: »Bei Allermann kriege ich aber viel mehr für einen Groschen.« Allermann war das nächstgelegene Kolonialwarengeschäft. Doch gegen Henriettes und Emmas Abkommen kam er nicht an. Er durfte seine Bonbons nur bei Henriette kaufen.

Besonders gern fand sich Mariechen bei ihrer Oma ein. Wenn es gewitterte und das elektrische Licht der Kerze weichen mußte, saß Mariechen neben Henriette, die mit einer alten Nickelbrille auf der Nase Worte aus einem Gebetbuch murmelte. Das Buch hatte extra große Buchstaben. Es war abgegriffen mit zerfledderten Seiten, doch Mariechen war beruhigt, ihre Oma daraus lesen zu hören.

Eine besondere Zuneigung verband Henriette und Friedel. Henriette sah in dieser Enkeltochter das Ebenbild von Fritz, hochgewachsen und schlank, mit dem gleichen ernsthaften Blick und der dezenten Haltung, die sie an ihrem ersten Schwiegersohn so bewundert hatte. Friedel wiederum spürte bei ihrer Oma ein Gefühl der Geborgenheit und Tatkraft, die sie besonders nach dem Kriegstod ihres Vaters erfahren hatte.

Nur zu zwei Enkeln hatte Henriette eine schwache Bindung – zu Hedwig und Jettchen. Jettchen war ihr zu unruhig, aggressiv und widerspenstig. Sie sah in ihr den zweiten Schwiegersohn, mit dessen Art sie nichts anzufangen wußte, obwohl er es nie an Respekt ihr gegenüber mangeln ließ.

Bei Hedwig wiederum vermißte sie die Tatkraft, die ihr eigen war. Das Mädchen fiel in keiner Weise auf. Erst nach Hedwigs Intermezzo als Dienstmädchen merkte Henriette, welche Stütze diese Enkeltochter für den Haushalt war. Als Anerkennung versprach sie ihr sogar ihre monatliche Wohlfahrtshilfe in Höhe von 10 RM, die sich Hedwig ab Dezember 1934 abholen sollte, um etwas Aussteuer zu kaufen.

Zwei Monate vorher hatte Henriette sich noch einmal an eine ungewohnte Arbeit gewagt. Ein ehemaliger Kostgänger, Herr Kerber, brachte ihr einen Berg Schafwolle und ein Spinnrad.

Nun saß sie da, wie in früheren Zeiten in Ostpreußen, und spann und kämmte die Wolle fein. Die Arbeit fiel ihr nicht leicht, doch sie gab nicht auf.

Wenige Tage vor Weihnachten wurde Hedwig, die bei Henriette im Zimmer schlief, von derem Stöhnen wach. Karl holte sofort den Arzt. Dr. Wessing kam, gab ihr eine Spritze und verließ bedauernd das Haus, da er nichts mehr machen konnte.

Emma saß von nun an jede freie Minute bei ihrer Mutter am Bett, das Karl für die Kranke im Wohnzimmer aufgestellt hatte.

»Versprich mir eine schöne Beerdigung, Emma«, bat Henriette. »Spar auch nicht an einer Zudecke. Hole jetzt den Pastor Glauert; ich will das Abendmahl nehmen.« »Mutterke«, versprach Emma, »ich werde alles so machen, wie Sie es mir gesagt haben.« Pastor Glauert wurde geholt, und er feierte mit Henriette das letzte Abendmahl. »Emma«, forderte die Kranke dann ihre Tochter auf, »nun ziehe mir mein bestes Schlafhemd an. Darin möchte ich auch beerdigt werden.«

Liebevoll und sorgfältig zog Emma ihre Mutter um und kämmte ihr die dünngewordenen Haare. »Ach, meine kleine Emma«, sagte Henriette, »ich wäre noch so gern bei euch geblieben. Das bißchen Rente hättet ihr auch noch gut gebrauchen können.« »Ja doch, Mutterke, ja.«

Schließlich murmelte Henriette: »Ich bin so müde. Ich werde jetzt schlafen«, und drehte sich zur Seite. Emma wandte sich mit Tränen in den Augen zur Tür und hörte noch die Worte: »Mein gutes, trautes Gottje.«

Am 18. Dezember 1934 starb Henriette Paraknings in der Wohnung ihrer Tochter. Der einzige Spiegel wurde verhängt und die Verstorbene im Wohnzimmer aufgebahrt. Das Zimmer war in Schwarz ausgeschlagen worden, so daß der Eindruck bestand, der Sarg stünde in einer schwarzen

Kammer. Links und rechts des Sarges standen Lebensbäume und am Kopfende Kerzen auf einem Ständer. Emma hatte alle Wünsche ihrer Mutter erfüllt und keine Ausgaben gescheut.

300 Mark Sterbegeld hatte Emma erhalten, gerade soviel, daß die ersten Kosten einschließlich der Trauerkleidung bezahlt und eine erste Anzahlung auf den Grabstein geleistet werden konnten.

Es gab kein Erbe, wie ihr Bruder Ernst vermutete. Kurze Zeit nach der Beerdigung mußte Emma einem Beamten des Wohlfahrtsamtes alle Ausgaben auf Heller und Pfennig vorrechnen, da das Wohlfahrtsgesetz im Falle einer Erbschaft eine Rückzahlung der geleisteten Hilfe vorsah.

Zwei Tage vor dem Heiligen Abend wurde Henriette auf dem Ostfriedhof beigesetzt. Zur Beerdigung kamen auch alle Stieftöchter und deren Kinder sowie die Kinder ihrer bereits verstorbenen Schwestern. Nur Franz aus Mecklenburg fehlte. Gustav, Henriettes erster Sohn, mit dem sie vor 47 Jahren von Kl. Reckeitschen nach Roßthal zu August Paraknings gewandert war, mußte mit dem großen Kranz dem Trauerzug hinterherlaufen, so sehr hatte er sich verspätet. Nach der Beerdigung fragte Karlchen ratlos seine Mama: »Hat die Oma auch den Bonbonladen mitgenommen?« Zum erstenmal mußte Emma wider Willen lächeln. »Nein, den Bonbonladen hat sie uns hiergelassen.« »Dann ist ja alles gut«, meinte Karlchen erleichtert.

Wirklichen Trost hatte Emma aus den Worten Pastor Glauerts bei der häuslichen Trauerfeier erfahren. Als er vor Henriettes Sarg stand, sagte er: »Wir wollen den Sarg bei der Feier nicht schließen. Unsere Schwester Henriette Paraknings sieht so friedlich aus, als habe sie bereits sehen dürfen, woran sie geglaubt hat.«

Wie auf einer Insel

Das Jahr 1935 brachte der Familie Chomontowski eine Fülle positiver Erlebnisse, die ihre Furcht vor den neuen Machthabern in den Hintergrund rückte.

Im Januar traf Hedwig an einer Pfütze auf den 22jährigen Franz Lichtenstein und verliebte sich in ihn, ohne anfänglich zu ahnen, daß er und ihr Bruder Ernst eng befreundet waren. Franz war ein arbeitsloser Bäckergeselle und stammte aus einer katholischen Familie, die vor dem 1. Weltkrieg aus Westpreußen, Kreis Strasburg, nach Gelsenkirchen-Horst gekommen war. Eine Freistelle auf einem Gymnasium hatte sein kränkelnder Vater Johann Lachmanski ausgeschlagen. Franz wurde nur widerstrebend Bäcker. Er hatte sich vergeblich bemüht, Rechtsgehilfe zu werden. Für diese Lehrstellen reichte sein Volksschulabschluß nicht aus. Nach dem Tod seines Vaters 1929 ließ er sich als Einziger seiner vier Geschwister zusammen mit seiner Mutter Anna auf den Namen Lichtenstein umschreiben. Er hoffte, wie viele West- und Ostpreußer mit polnisch klingenden Namen, daß ein deutscher Name seinem Fortkommen dienlich wäre.

Da er nach einer kurzen Wanderzeit und kleineren Hilfsarbeiten nicht arbeitslos bei seiner Mutter herumhängen wollte, meldete er sich freiwillig zum Reichsarbeitsdienst und schied dort aus, bevor dieser ab 1935 für junge Arbeitslose obligatorisch wurde und Uniformen getragen werden mußten. Franz träumte davon, eines Tages Beamter zu werden, und war bereit, für dieses Ziel manche »Kröte« zu schlucken.

Hedwig war zum erstenmal in ihrem Leben wirklich glücklich. Sie war zuversichtlich, daß sie beide zusammen das Leben meistern würden.

Auch Emmi schwebte auf Wolken. Nach einer bescheidenen Konfirmationsfeier und der Entlassung aus der Lutherschule mit einem ausgezeichneten Abschlußzeugnis ging sie erfolgreich aus einem Ausleseverfahren des Geschäfts Bieker hervor. Sie wurde zum Einzelhandelskaufmann, wie ihre große Schwester Friedel in der Porzellan- und Haushaltswarenabteilung, ausgebildet. Frau Bieker, immer noch die Seele des Geschäfts, hielt sich mehr als sonst im Hintergrund, um der nationalsozialistischen Stadtverwaltung und dem Stadtrat keinen Vorwand zu liefern, gegen das Geschäft vorzugehen.

Im Spätsommer des Jahres gerieten besonders Karl und Emma in eine erwartungsvolle Aufregung. Wieder kam Gustav Kerber, Henriettes ehemaliger Kostgänger, zu ihnen. Diesmal brachte er keine Schafwolle, sondern die Nachricht, daß die Mieter der geräumigen Wohnung in dem stattlichen Bauernhof Schulte-Rentrop bereit wären, auf dem Tauschweg in eine andere Zechenwohnung zu ziehen. Nur kinderreiche Familien hätten eine Chance.

Karl war sprachlos. Jahrelang war er um den Bauernhof herumgeschlichen, hatte sehnsüchtig auf die große Wiese mit den Kirsch- und Birnenbäumen gestarrt, auf das viele Ackerland dahinter und den prächtigen Garten. Das schwarz-weiße Fachwerkhaus mit Stallungen und Scheune lag zwischen der Zeche Graf Moltke I/II und der Zechensiedlung auf der Landstraße, eingerahmt von mehreren hohen Bäumen, die im Sommer das Haus nur erahnen ließen. Es stand da wie auf einer Insel.

Karl beeilte sich. Plötzlich war alles so einfach. Obwohl er noch immer arbeitslos war, durfte er den Mietvertrag unterschreiben, da die Wohnungsverwaltung, wie bisher, die Miete durch den Arbeitslohn von Ernst garantiert sah.

Obwohl der Umzug erst im Herbst stattfand, da die Vormieter noch alles abernten wollten, schaute Karl wieder zuversichtlicher in die Zukunft. Vor dem Bearbeiten der großen Anbauflächen und der Wiese war ihm nicht bang. Er setzte auf seine eigene Kraft und hoffte, daß auch Ernst und sein Freund Franz, der als Selbstverpfleger miteinziehen sollte, ihm helfen würden.

Der Umzugstag war aufregend, da er beinahe am mangelnden Geld scheiterte. Der Fuhrunternehmer Mann erbot sich, den Umzug beider Familien für nur 10 RM durchzuführen; er bestand auf sofortige Auszahlung. Da auch noch tapeziert werden mußte, fehlte das Geld. Mit hochrotem Kopf bat Emmi ihren Chef, ihr ihre Lehrlingsvergütung schon früher auszuzahlen, da sonst die Möbel nicht abgeladen würden. Herr Bieker hatte ein Einsehen.

Die Familie bezog das Erdgeschoß des weiträumigen Fachwerkhauses. Oben, in den ehemaligen Schlafkammern der Knechte und Mägde sowie in der Wohnung des Altbauern wohnten zwei weitere Familien – Kerber und Koller mit je zwei Kindern.

Am Eingang zum Haus, mitten auf dem Hof, stand eine riesige Linde, die mit ihrem Wipfel den First des Hauses überragte. Die Haustür öffnete sich auf eine großzügige, fast quadratische Diele, die durch ein Fenster linker Hand im Erdgeschoß und ein weiteres Fenster in halber Höhe rechts an der Treppenseite schwach erhellt wurde. Die Treppe ins Obergeschoß war aus Holz mit gedrechselten Stäben.

In der Diele stand an der hinteren linken Wand ein großer Herd, auf dem an heißen Sommertagen das Essen und im Winter die große Wäsche gekocht wurde. Sonst wurde die Diele selten genutzt; manchmal spielten die Kinder dort, oder Karl flickte Schuhe. Von der Diele aus führten fünf Türen in die Wohn- und Schlafräume, in den Keller und auf der linken Seite eine in die Waschküche mit der einzigen Wasserzapfstelle des Hauses. Durch die Waschküche hindurch gelangte man in die Scheune und zu den Plumpsklosetts. Außerdem gingen auf der linken und rechten Seite zwei weitere Türen zu einem Schweinestall und einem kleineren Stall für Haustiere. Das Schmutzwasser der Familien wurde in der Waschküche ausgegossen und floß von dort in einen Abwassergraben.

Die riesige Scheune, die sich in südöstlicher Richtung dem Wohnge-

Das westfälische Bauernhaus »Schulte-Rentrop« in Gladbeck, gelegen zwischen der Zeche Graf Moltke I/II und der Bergarbeiterkolonie auf der Landstraße, von den Bewohnern »Kotten« genannt.
Emma und Karl Chomontowski wohnten dort von 1935 bis 1971.
(Foto: Jette Chomontowski, 1938)

bäude anschloß, betraten alle Bewohner am liebsten nur tagsüber. In der Nacht wirkte sie unheimlich, und hier und da raschelte es im Heu und Stroh. In den Tagen des Großbauern Schulte-Rentrop, dessen Vorfahren nach dem dreißigjährigen Krieg das Gebäude errichtet hatten, standen Pferde und Kühe in der Scheune. Von solchen Tieren konnten Karl und Emma nur träumen.

Sie kauften sich sofort nach ihrem Einzug eine Ziege. Die stand im Stall neben der Waschküche. Da die Ziege sich als zu »schmengerisch« herausstellte, besorgten sie sich an ihrer Stelle ein Milchschaf, und bald gab es die ersten Lämmchen. Weder Karl noch Emma verstanden sich aufs Schafemelken. Zuerst versuchte es Karl, der nicht nur ins Schwitzen kam, sondern auch furchtbar fluchte. Emma schwitzte nur, ohne zu fluchen, also molk sie das Schaf. Karl und Emma wurden wegen des Schafes Mitglied in einem Schafzuchtverein, wo sie Schafswolle gegen Strickwolle eintauschen konnten. Günstiger war es natürlich, die Wolle selber zu bearbeiten, zu kämmen und zu spinnen. Emma hatte es noch nie selber versucht, nur bei ihrer Mutter zugeschaut. Karl besorgte ihr ein Spinnrad, und Emma lernte im Alter von 45 Jahren, Schafwolle zu bearbeiten. Der Anfang war schwer. Ihre Beine verkrampften sich beim Treten des Rades, ihre Finger wurden steif, der Schweiß floß in Bächen von ihrer Stirn. Eines Tages ging es wie von selber. Seitdem waren Emma und das Spinnrad aus der Küche nicht mehr fortzudenken.

Volksbefragung und »Judenschickse«

Am 29. März 1936 wurde das deutsche Volk zum zweitenmal aufgerufen, über Hitlers Politik abzustimmen. Die Wähler konnten mit Ja oder Nein stimmen, es gab sogar Wahlkabinen. Die Teilnahme an der Volksabstimmung war Pflicht. Menschen, die nicht zur Wahl erschienen, wurden von HJ-Jungen oder SA-Männern abgeholt. Karl beriet sich eine Woche vor der Wahl mit Emma, Ernst, Hedwig und Franz. Für die jungen Leute war es die erste Wahl. In einer längeren Diskussion sagte Karl: »Wir könnten mit Ja stimmen, da Hitler sowieso an der Macht bleibt, und uns mögliche Scherereien erspart bleiben. Da Emma und ich ihn bisher nie gewählt haben, werden wir ihm jetzt auch keinen kleinen Finger reichen, damit er nie sagen kann, er hätte die ganze Hand des deutschen Volkes erhalten. Wir werden also alle mit »Nein« stimmen und die Wahlkabinen aufsuchen.«

Das Stimmlokal war in der Wirtschaft Bals, Ecke Land- und Kiebitzheidestraße. Hedwig war es vor Aufregung und Angst schlecht. »Was wäre, wenn die Nazis merkten, daß wir mit »Nein« stimmen«, dachte sie. Dennoch nahm sie den Zettel, betrat die Kabine und kreuzte mit zitternder Hand »Nein« an. Kurz nach der Abstimmung, die Hitler mit 99 % für sich verbuchen konnte, kam Karls Freund Fritz J. in SA-Uniform zu Besuch. Er strich das großartige Ergebnis heraus, doch dann veränderte sich der Klang seiner Stimme. »Stellt euch vor, im Wahlbezirk Bals wurden sechs Neinstimmen gezählt. Habt ihr eine Ahnung, wer das gewesen sein könnte? Wenn wir diese Hunde erwischen, geht es ihnen an den Kragen!« Hedwig wurde es bei seinen Worten übel und heiß im Gesicht. Karl dagegen schaute seinen Freund ruhig an und meinte: »Woher sollten wir das wissen, wer es gewesen sein könnte? Wir kennen kaum Leute hier, nur die Familien in diesem Haus, und die waren es bestimmt nicht.« Fritz J. lenkte ein: »Schon gut Karl, war nur so eine Frage.«

Nach seinem Besuch blieben Unsicherheit und auch Angst zurück. Es war tatsächlich eine überwachte Abstimmung gewesen. An vermeintliche

Gegner, wie Vertrauensleute der Gewerkschaften, Kommunisten und Sozialdemokraten wurden geschickt gekennzeichnete Briefumschläge herausgegeben. Vermutlich war dieser Wählerkreis vorher gewarnt worden und stimmte mit »Ja«. Erst einen Monat vor der Abstimmung war in Gladbeck die Widerstandsgruppe der Sozialdemokraten zerschlagen worden, und auch der Widerstand der KPD bis 1936 weitgehend ausgeräumt. Karl sprach die Namen von Mathias Jakobs, dem ehemaligen preußischen Landtagsabgeordneten der SPD, und Wilhelm Olejnik nur mit Hochachtung aus.

Nach außen gaben sich die Machthaber in diesem Frühjahr fast liberal – sie wollten die Olympischen Spiele in Berlin nicht gefährden, die das Ausland und die eigene Bevölkerung beeindrucken sollten. Karl nannte die Spiele einen geschickten Propagandazug, doch Franz und Ernst, sogar Hedwig, hockten stundenlang vor dem Volksempfänger und ließen sich von den Berichten gefangennehmen. Obwohl die deutschen Sportler Weltspitze waren, überstrahlte ein Name das Sportereignis – Jesse Owens. Ein schwarzer Amerikaner durchkreuzte Hitlers Rassenwahn von der Überlegenheit der »arischen« Rasse.

Die sportliche Jette hatte mit einem prächtigen Abschlußzeugnis die Lutherschule beendet und war stolz, trotz Lehrstellenmangels eine Lehre als Bürokaufmann bei der Fa. Zeidler beginnen zu dürfen. Sie nahm es gelassen hin, daß sie im ersten Lehrjahr auch als Kindermädchen eingesetzt wurde. Im Sommer schlug sie deshalb häufig den Weg zum Kotten ein, wo die beiden Kinder spielten und Jettchen sich sonnte.

Emmi dagegen erhielt andere Aufträge. Für ihre Chefin ging sie des öfteren zur Post, um Pakete für deren Söhne im Exil in Holland aufzugeben. Nach langer Zeit des Ausharrens in Gladbeck folgte Frau Bieker ihren Söhnen. Viele Angestellte des Geschäfts weinten.

Weder Emmi noch Jettchen merkten, daß sich die zwölfjährige Mariele mit Sorgen herumquälte. Nach den Sommerferien war sie hochbeglückt aus der Kinderlandverschickung der NSV (NS-Volkswohlfahrt) zurückgekehrt, da sie bei einer Frankfurter Lehrerfamilie untergebracht worden war, in der sie fürsorglich wie ein eigenes Kind behandelt und ein wenig verwöhnt worden war. Doch nun lebte sie in Sorge, möglicherweise ihren Vater durch ihre Spontanität gefährdet zu haben. Mitten im Schuljahr mußte sich plötzlich Senta Krenzler, ein jüdisches Mädchen, allein in die hintere Bank setzen, abgesondert von dem Rest der Klasse. Eine Begründung seitens des Lehrers erfolgte nicht. Sentas Vater war ein ausgesprochen armer Jude, der als fliegender Händler arbeitete und von

Zuwendungen der Jüdischen Gemeinde abhängig war. Mit seinen vier Kindern wohnte er beengt in der Glück-auf-Straße in der Nähe der Moltkeschule. Mariele fand die Maßnahme ungerecht und gesellte sich in den Pausen zu Senta. Das sollte ihr schlecht bekommen. Zwei HJ-Jungen ihrer Klasse lauerten ihr auf dem Heimweg durch die Felder auf und verdroschen sie furchtbar. Schlimmer noch als die Schläge empfand Mariechen das Schimpfwort »Judenschickse«. Von dem Tag an traute sie sich nicht mehr zu Senta. Wenige Wochen später war die Familie Krenzler fortgezogen, wohin, wußte keiner zu sagen. Die beiden HJ-Jungen hatten im Gefühl gehandelt, daß das Recht auf ihrer Seite stand. Am 1. August 1935 nämlich hatte der Gladbecker Stadtrat einen 11-Punkte-Katalog zur »Bekämpfung des Judentums« erlassen, ein Vorläufer der »Nürnberger Gesetze«. Punkt 5 lautete: Jüdische Kinder dürfen nicht gemeinsam mit deutschen Kindern die Schule besuchen. Offensichtlich wurde dieser Beschluß nicht an allen Schulen durchgeführt. Vielleicht haben sich sogar einige Lehrer geschämt wie Mariechen. Noch mehr als dieser Vorfall ängstigte Mariele ihr unbedachter Ausspruch in einer Familie einer Mitschülerin. Dort wurde diskutiert, wer wohl ein Nazi sei. Da sagte sie: »Mein Papa ist auch kein Nazi. Er hat immer zu den Sozis gehalten.«

Hinterher bereute sie die Worte, da sie wußte, daß Männer, die als Gegner der Nazis galten, einfach abgeholt wurden. Die nächsten zwei Monate im Sommer 1936 war sie mittags nach der Schule heilfroh, ihren Vater draußen bei der Arbeit zu erblicken, bis sie ihre Angst vergaß.

Hitlers »Mein Kampf« als Hochzeitsgeschenk

Im Frühjahr 1937 wurde rigoros jegliche Zahlung von Arbeitslosenunterstützungen eingestellt; alle arbeitslosen Männer in Gladbeck mußten an der Autobahn arbeiten, gleichgültig, welchen Beruf sie gelernt hatten. Obwohl seit 1936/37 die Zeche Graf Moltke wieder verstärkt Bergleute einstellte, gehörte Karl nicht dazu. Er und Franz wurden aufgefordert, sich an der Baustelle Gladbeck einzufinden, der ein schlechter Ruf vorauseilte. Arbeiter, die dort schon arbeiteten oder seit 1935 gearbeitet hatten, nannten die Baustelle »Reichsmordbahn«, da die Arbeiter drangsaliert wurden. Franz, in Feldarbeit mit Karl geübt, ließ sich nicht scheuchen. Die anstrengende und ungewohnte Arbeit wurde schlecht bezahlt, dennoch war es spürbar mehr Geld als vorher die Arbeitslosenunterstützung.

Franz überließ Hedwig das Geld, um notwendige Dinge für einen geplanten, gemeinsamen Haushalt anzuschaffen.

Mit besonderer Erleichterung registrierte Ernst, daß Karl endlich wieder verdiente. Jetzt konnte er ans Heiraten denken. Er hatte seine Verlobte, Hildegard Rutenbeck, bereits im Sommer 1934 kennengelernt, als sie mit seiner Schwester Hedwig spazierengehen wollte. Die beiden Mädchen kannten sich von der Volksschule. Hilde war gelernte Schneiderin. Sie stammte aus einer sauerländischen Steiger- und Bauernfamilie. Ihre Eltern hätten es lieber gesehen, wenn Hilde wieder einen Steiger geheiratet hätte, doch Hilde hatte nur Augen für den lustigen Ernst mit dem dichten braunen, naturgewellten Haar und seinen graublauen Augen, in denen der Frohsinn wohnte. Sie war nicht so unbeschwert wie er, trug sie doch als älteste von zehn Kindern seit Jahren eine große Verantwortung. Ernst schaffte es dennoch, sie immer wieder zum Lachen zu bringen.

Am 16. November 1937, drei Tage vor seinem 25. Geburtstag, war die standesamtliche Hochzeit. Für eine große Hochzeit fehlte das Geld, dennoch wurde ein wenig auf dem Kotten gefeiert. Hilde, die Braut, backte allen Kuchen selber, und Hedwig, nun ihre Schwägerin, kochte das Essen für die kleine Hochzeitsgesellschaft. Die Jungvermählten erhielten die letzte freie Wohnung der neuen Zechensiedlung »Auf dem Luftschacht« jenseits des Wittringer Waldes. Auch mit einem Ehestandsdarlehen hatten sie Glück, das nur erteilt wurde, wenn beide Eheleute berufstätig waren. Hildes Hausarbeit wurde wegen der vielen Geschwister und nach einer Untersuchung ihrer Mutter als Berufsarbeit anerkannt.

Mit den Ehestandsdarlehen, den Kinderbeihilfen und den Ausgaben für das Ferienwerk »Kraft durch Freude« wurde bei Abstimmungen zur Politik Hitlers Propaganda gemacht:

»Der Führer gab euch Ehestandsdarlehen – von August 1933 bis Ende 1937 wurden 878.000 Ehestandsdarlehen im Gesamtbetrag von weit über einer halben Milliarde RM ausgezahlt. Dadurch stieg die Zahl der Eheschließungen von 500.000 im Jahr 1932 auf 620.000 im Jahr 1937.

Der Führer gibt euch Kinderbeihilfen – 1938 werden für 2 Millionen Kinder Beihilfen gezahlt. Die Zahl der Geburten stieg von 970.000 im Jahr 1932 auf 1.270.000 im Jahr 1937.

Der Führer gab euch Freizeit und Erholung – mit »Kraft durch Freude« reisten seit 1934: 22,5 Millionen Schaffende.

Alle Schaffenden Deutschlands bekennen sich zu ihm und stimmen am 10. April mit JA!«

Ernst war ausgezogen. In dem Eckzimmer, wo sich Franz und Ernst ein Bett geteilt hatten, war Platz geworden. Da faßte sich Hedwig ein Herz. Warum sollte sie nicht auch heiraten, auch wenn kaum Geld da war? Die gemeinsame Zeit unter einem Dach mit Franz war für beide eine schwere Zeit gewesen, da Emma keine engere Beziehung duldete. Emma war erbost, als Hedwig ihr ihren Heiratswunsch vortrug. Sie erklärte heftig: »Ich habe kein Geld, um eine Hochzeit auszurichten. Von uns kannst du nichts erwarten.« »Darum kümmere ich mich eben allein«, erklärte Hedwig, ungewohnt kämpferisch. Sie ließ Lebensmittel für eine ganz einfache Hochzeitsfeier in Höhe von 8 RM beim Kaufmann Rasfeld anschreiben. Emma und Karl, die gerade zwei Schweine geschlachtet hatten, spendierten den Hochzeitsbraten, Kartoffeln und Gemüse. Am 7. Dezember 1937 heirateten Hedwig und Franz auf dem Gladbecker Standesamt. Ernst und Karl fungierten als Trauzeugen. »Bruder und Vater«, sagte der Standesbeamte, Herr Schölven, der schon Emma und Karl 1920 getraut hatte, »wie schön«.

Blumen erhielt Hedwig zur Hochzeit nicht, da keine mehr im Garten blühten, aber dafür Hitlers »Mein Kampf« von dem Standesbeamten mit vielen guten Wünschen, sowie das »Deutsche Einheits-Familienstammbuch mit Sippen- und Ahnentafel«, in dem auf den Seiten fünf und sechs ein Aufsatz zur Rassenhygiene stand, dessen Schlußsatz lautete: »Wenn unser Volk einsieht, daß eine gute Erbmasse, eine tüchtige Rasse, die Grundlage aller anderen nationalen Güter ist, und wenn diese Einsicht wirklich zur inneren Überzeugung der Volksgenossen wird, dann – aber auch nur dann – wird die Gefahr des Untergangs unseres Volkes überwunden werden. So ist mein Wunsch (Autor Prof. Dr. F. Lenz), den ich dem Deutschen Einheits-Familienstammbuch mit auf den Weg gebe, der, daß es an der Rettung unseres Volkes, seiner Rasse und Kultur, zu seinem Teile mitwirken möge.«

Weder Hedwig noch Franz haben je diesen Aufsatz und ein weiteres Geleitwort gelesen. Auch »Mein Kampf« wurde beiseitegestellt.

Mit ihren Hochzeiten hatten Ernst und Franz endgültig ihre Idee, nach Rußland auszuwandern, ad acta gelegt. Der Moskauer Sender, den sie im Volksempfänger regelmäßig hörten, warb immer wieder um deutsche Einwanderer. Ihnen wurde ein guter Lohn und ein eigenes Haus versprochen. Doch Hedwig und Hilde wollten nicht mit. Einmal drohten sie sogar ihren Verlobten, die Beziehung aufzulösen, zumal sie von Rückkehrern erfahren hatten, unter welchen primitiven Umständen die Deutschen angesiedelt worden waren. Da wollten sie lieber in Deutschland bleiben.

Marieles Konfirmation 1938
v.l.n.r.: 1. Reihe: Kalla, Emma, Mariele, Karl, seine Schwester Marie Urban, Inge Paraknings (Adoptivkind), Hilde und Ernst sowie Jette. 2. Reihe: Friedel, Ernst und Mia Paraknings, Franz Lichtenstein und Hedwig, Adolf Urban. 3. Reihe: Emmi und Heinz Schröler

Reichsberufswettkampf und »Edelweißpiraten«

Der Winter 37/38 war vorüber, die Arbeit an der Gladbecker Autobahn beendet, da durfte endlich auch Karl am 2. April 1938 auf der Zeche Graf Moltke wieder einfahren. Obwohl er ahnte, daß er seine Wiedereinstellung den Kriegsvorbereitungen des Dritten Reiches verdankte, stieg sein Selbstwertgefühl beträchtlich. Deshalb lud er bereits wenige Wochen später seine Verwandschaft zu Marieles Konfirmation ein. Es wurde ein heiteres Fest und ein heiteres Gruppenbild vor dem Giebel des Kotten. Nur Karlchen blickte mürrisch, hatte er sich doch nur wegen der Konfirmation die Haare schneiden lassen müssen!

Karls Schwester Marie Urban nahm mit ihrem Mann Adolf Abschied, »um für den Rest ihres Lebens nach Masuren zurückzugehen«. Ihr Mann hatte mit Beginn der großen Arbeitslosigkeit frühzeitig in Rente gehen können, außerdem hatte sich ihre Tochter Emmi durch die Vermittlung von Katharina Chomontowski nach Masuren verheiratet. Karl begrüßte die Idee seiner Schwester. Dadurch würde ihre Mutter im Alter eine Stütze haben, nachdem sie zum drittenmal Witwe geworden war.

Zu der Idee seiner Tochter Emmi dagegen schwieg er lieber, da er ihr die Freude nicht verderben wollte, ihr Können unter Beweis zu stellen. Diese hatte nämlich nach Abschluß ihrer Ausbildung zum Einzelhandelskaufmann am Reichsberufswettkampf ihrer Ausbildungssparte teilgenommen und war Siegerin des Gaus Westfalen geworden. Nun hoffte sie, auch im Endwettkampt der Gausieger gut abzuschneiden. Wie selbstverständlich beherrschte sie die offizielle Geschichtsversion des Nationalsozialismus und Hitlers bisherigen Lebenslauf als Retter der deutschen Rasse und Nation. Es war für sie kein Glaubensbekenntnis, sondern Teil einer sportlichen Veranstaltung.

Doch ihrem ersten Triumph folgten Zorn und Niedergeschlagenheit. Eine vorgesetzte politische Stelle hatte Emmi auf Platz Zwei mit dem Vermerk zurückgestuft: »Gehört keiner NS-Organisation an«. Das war das Aus im Wettkampf auf Reichsebene. Deshalb lehnte sie es auch ab, an der Siegerehrung auf Kreisebene am 1. Mai 1938 im Gladbecker Stadion teilzunehmen. Sie ging einfach nicht hin und hörte später, daß sie mehrfach vergeblich aufgerufen worden sei.

Nach wenigen Tagen erhielt sie einen Brief mit der Bitte, sich zu melden, um ihr die Urkunde in einem würdigen Rahmen auf dem Parteijugendamt zu überreichen. Da sie auf dieses Schreiben ebenfalls nicht reagierte, erhielt sie eines Tages Urkunde und Buchgeschenk formlos zugesandt.

Die sechzehnjährige Jette gehörte ebenfalls nicht dem BDM an. Sie hatte durch Freunde eine Gruppe Jugendlicher kennengelernt, die mit den offiziellen Jugendgruppen wenig im Sinn und eigene Vorstellungen von Freizeitgestaltung hatten. Von ihrer Herkunft her waren sie ein bunt gemischter Haufen. Einige von ihnen gehörten vor deren Verbot zu den Naturfreunden und Falken, andere lehnten jede Form von Organisation ab. Jettchen gefiel es, wenn sie mit den Jungen und Mädchen auf Rädern in die Schwarze Heide nach Kirchhellen fuhren, dort herumalberten, sangen, und Viktor zeigte, was er auf der Gitarre konnte. Eilfertig suchte Jette nach der verstaubten Gitarre, auf der Friedel bei den Falken spielen gelernt hatte, und lernte bei Viktor einige Grundbegriffe.

Die Gruppe nannte sich die »Edelweißpiraten«. Anti-Nazi-Aktivitäten gingen von dieser Gruppe nicht aus, obwohl in umgedichteter Form des Liedes: Hohe Tannen weisen die Sterne das Edelweißlied gesungen wurde, dessen letzte Strophe lautete: »Hör Rübezahl, was wir dir jetzt sagen, unsere Heimat ist nicht mehr frei. Schwing die Keule wie in alten Tagen, schlag HJ, SA den Schädel entzwei.«

Die Gruppe wurde observiert, da den Machthabern jede Gruppenbildung außerhalb der Nazistruktur verdächtig erschien. Eines Tages wurde die gesamte Gruppe in Grafenmühle in der Schwarzen Heide festgenommen und mit der »Grünen Minna« samt ihren Rädern ins Gestapo Quartier nach Bottrop gebracht. Nach Aufnahme der Personalien fanden Verhöre statt, und erst spät abends durfte Jettchen mit ihrem Rad nach Hause fahren.

Kurze Zeit später erhielten Emma und Karl den Besuch einer Mitarbeiterin der Jugendfürsorge. Sie erklärte den erschreckten Eltern ohne Umschweife, daß Jettchen zu verwahrlosen drohe. Falls sie von der »wilden« Gruppe nicht abließe, müßten die Behörden sie leider in ein Erziehungsheim geben. Diese unverhüllte Warnung wirkte. Karl beschwor seine Tochter, keine Fahrten mehr mit dieser Gruppe zu unternehmen, am besten jeglichen Kontakt zu meiden. »Wer weiß, wozu diese Menschen sonst fähig sind. Du stürzt die ganze Familie ins Unglück.« Schweren Herzens stellte Jettchen ihre engen Kontakte ein, da sie ihre Familie nicht gefährden wollte.

Mariele und Karlchen konnte Karl dagegen nicht den vorgeschriebenen Kinder- und Jugendorganisationen entziehen. Das Gesetz über die Hitlerjugend vom 1. Dezember 1936 bot unwilligen Eltern kein Schlupfloch mehr. Die Rechtsverordnungen zu diesem Gesetz von 1939 belegten die Eltern mit Geldstrafen von 150 RM pro Kind oder Haftstrafen, wenn sie Töchter und Söhne nicht selber anmeldeten. Kein deutsches Kind sollte der Erziehung zum blinden Gehorsam und der Anerkennung einer absoluten Autorität entkommen. Der Weg war über Jungvolk, HJ, Arbeitsfront, SA oder SS und Wehrmacht für die Jungen vorgezeichnet, die Mädchen liefen über Jungvolk, BDM und Arbeitsdienst bis zur Heirat. Dann erwartete der Nationalsozialismus Kinder von ihnen.

Mariele trat erst nach Schulabschluß dem BDM bei, da sie sonst ihren Berufswunsch, Kinderkrankenschwester zu werden, nicht hätte anstreben können. Die nicht preiswerte Uniform mußte Karl zu seinem Ärger auch noch bezahlen.

Karlchen gehörte zu den Pimpfen. Von allen Kindern der Familie wurde er am stärksten von der braunen Ideologie beeinflußt. Die Diskussionen zu Hause interessierten ihn kaum, dagegen begeisterten ihn und die anderen Kinder seiner Klasse Geländespiele und Lagerfeuer. Dennoch stellte er sich nie gegen seine Eltern, wie es durchaus bei Pimpfen und HJ-Jungen vorkam, die ihre Eltern anzeigten.

Isidor Kahns Schuldenerlaß

Seit der großen Arbeitslosigkeit 1932 beglich Emma ihre Schulden für Herrenkleidung bei Herrn Kahn mit frischen Eiern. Nach dem Attentat des Herschel Grynspan auf den Gesandtschaftsrat Ernst von Rath in Paris wurden in der Nacht vom 9. auf den 10. November 1938 in einem zentral gesteuerten »Volkszorn« jüdische Geschäfte und ihre Inhaber von SA und Nazianhängern angegriffen. So auch in Gladbeck.

Karl und Emma erfuhren erst am nächsten Abend davon, als Emmi und Jettchen von der Arbeit nach Hause kamen. Sie hatten eingeschlagene Fensterscheiben der Geschäfte Kahn und Zwillenberg gesehen. Außerdem berichteten sie, daß sie gehört hätten, daß ein alter Mann mit schönem weißen Haar durch die Straßen Gladbecks geführt und mißhandelt worden sei. Emma war entsetzt und meinte, daß dieser Mann nur der alte Herr Perl gewesen sein könnte, bei dem ihre Mutter, aber auch sie noch, eingekauft hatten, bis sie Kunden bei seinem ehemaligen Geschäftsführer Isidor Kahn wurden.

Herr Isidor Kahn kam nach der »Reichskristallnacht« zu Emma auf den Kotten. »Liebe Frau Chomontowski«, begrüßte er sie, »ich bin gekommen, um Ihnen zu sagen, daß Sie mir ab sofort keine Eier mehr als Abzahlung auf Ihre Schulden bringen lassen sollen. Ich habe Ihre Schulden, aber auch die von anderen Kunden, gestrichen, damit ihr Name den jetzigen Herren nicht in die Finger fällt. Ich möchte nicht, daß meine Kunden dadurch in Gefahr oder Verruf geraten, bis jetzt bei mir gekauft zu haben. Wie Sie gewiß wissen, ist das schon seit drei Jahren in Gladbeck verboten. Deshalb komme ich auch selber zu Ihnen und lasse Sie nicht im Ungewissen.« Emma war gerührt und fragte ängstlich: »Was werden Sie denn jetzt machen?« »Ich werde mich zurückziehen, und wenn es noch schlimmer kommt, mich verstecken.«

»Ach«, flüsterte da Emma unglücklich, »wenn ich Ihnen nur helfen könnte«, und fing an zu weinen. Isidor Kahn tröstete sie: »Lassen Sie's nur gut sein, liebe Frau Chomontowski. Sie haben mir schon geholfen, indem Sie mir all die Jahre die Treue hielten«, und nahm von Emma Abschied.

Isidor Kahn hatte das seltene Glück, in Gladbeck, trotz Fahndung, zu überleben.

Hedwig und Franz erhielten kurze Zeit nach dem Pogrom eine Aufforderung aus Buer, künftig ihre Möbelschulden an den neuen, nun arischen Besitzer weiterzuzahlen. Nach ihrer Hochzeit war ihnen der Möbelhändler durch einen jüdischen Reisenden vermittelt worden, so daß sie nicht selber das Geschäft aufsuchen mußten. Von der Schuhhalle in Gladbeck, in der Nähe des Marktplatzes, wo sie ebenfalls noch Schulden hatten, hörten sie nichts mehr. Sie wußten nicht, daß der Inhaber, Herr Stern, als polnischer Staatsbürger, zusammen mit über zwanzig anderen Juden aus Gladbeck, am 29. 10. 1938 über die polnische Staatsgrenze abgeschoben worden war.

Das Jahr war ohne Krieg zu Ende gegangen. Karl zeigte sich darüber verwundert, daß die anderen europäischen Staaten den Anschluß Österreichs am 13. März und den Anschluß der sudetendeutschen Gebiete am 29. September einfach hingenommen hatten. Nachgiebigkeit gegen Hitler, davon war Karl überzeugt, konnte den Krieg nur verzögern, aber nicht verhindern. Was würde das Jahr 1939 bringen?

Tränen zum Frühstück

Jettchen sprühte vor Lebensfreude und Optimismus. Sie legte im Frühjahr 1939 vorzeitig ihre Prüfung ab und erhielt zwei Auszeichnungen. Nur mit der Lohnerhöhung ließ ihr Chef auf sich warten. Endlich, im Juni war es soweit. Nach den Lehrjahren mit 13,50 RM, 21 RM und 27 RM verdiente sie nun 56 RM monatlich. Sofort kaufte sie eine Kamera und begann, ihre Umwelt abzulichten, sehr oft ihre Familie, den Kotten und die Haustiere. Ohne ihre Leidenschaft zum Fotografieren besäße die Familie kaum Bilder aus jener Zeit.

Da Jettchen noch mehr verdienen wollte, wechselte sie kurzfristig als Sekretärin zur Arbeitsfront, wo sie nach einer Leistungsprüfung schließlich 170 RM erhielt, für ein junges Mädchen von siebzehn Jahren ein Traumgehalt. In der Arbeitsfront waren alle »schaffenden Deutschen der Stirn und der Faust« nach der Verordnung Adolf Hitlers vom 24. Oktober 1934 zwangsweise organisiert, nachdem er die Gewerkschaften am 2. Mai 1933 hatte zerschlagen und ihr Vermögen konfiszieren lassen. Karl hielt nichts von der Arbeitsfront, zumal Lohnkämpfe verboten waren, doch Jettchen hatte durchaus den Eindruck, daß sich die Arbeitsfront um einen Interessenausgleich zwischen Arbeitgebern und »Schaffenden der Stirn und Faust« bemühte.

Auch Franz machte einen finanziellen Sprung nach vorn – er wurde Schaffner bei den Essener Straßenbahnen und mußte für seine Jungfernfahrt alle Haltestellen zwischen Buer-Horst-Essen auswendig können. Dennoch hatte er sein Ziel, Beamter zu werden, nicht aufgegeben und schickte unverdrossen Bewerbungen zum Polizeidienst ab. Karl konnte darüber nur den Kopf schütteln.

Mit Besorgnis verfolgte er weitere Erfolge Adolf Hitlers –

am 15. März den Einmarsch deutscher Truppen in Böhmen und Mähren;

am 23. März den Einmarsch deutscher Truppen ins Memelgebiet;

am 22. Mai den Abschluß eines deutsch-italienischen Militärpaktes (Stahlpakt) mit Mussolini;

am 23. August den Abschluß eines deutsch-sowjetischen Nichtangriffspaktes. Seitdem war Karl überzeugt, daß Stalin, der vorgab, sozialistische Ideen in der Sowjetunion in die Wirklichkeit umzusetzen, keinen Deut besser war als Hitler.

Bereits eine Woche später, am Morgen des 1. Septembers, erklärte der Nachrichtensprecher: »Ab heute morgen um 5.45 Uhr wird zurückgeschossen«. Nach wochenlangen verbalen Kraftakten und Grenzprovokationen u. a. einem fingierten polnischen Angriff auf den deutschen Sender Gleiwitz in Schlesien, marschierte die deutsche Wehrmacht zusammen mit der SS in Polen ein.

Emma und Hedwig weinten aufs Frühstücksbrot, und Emma sagte zitternd: »Gott möge unsere Familie schützen. Wir haben weder diesen Hitler noch seinen Krieg gewollt.«

Am 1. September 1939 kam es in Gladbeck zu Panikkäufen. Die Kunde, daß es bald keine Waschmittel mehr gäbe, drang bis in den Kotten vor, und die große Wäsche war geplant! Sofort eilte Hedwig mit dem verfügbaren Geld zum Lebensmittelhändler Rasfeld, der ihr als treuer Kundin einige Pakete Waschpulver, Mehl, Zucker und andere Nahrungsmittel verkaufte. Bürger, die mehr Bargeld besaßen, kauften in der Stadtmitte Schuhläden, Bekleidungshäuser und Lebensmittelläden fast leer. Am Nachmittag wurden die Geschäfte nicht mehr geöffnet – Anweisung der Partei.

Von da an war das Angebot nur noch spärlich. In Gladbeck hielt sich eine Weile das Gerücht, Geschäftsleute hätten ihre Waren, mit Billigung der Zechenleitung und der Parteileitung, in stillgelegte Stollen eingelagert, da Plünderungen befürchtet wurden.

Mit Beginn des Krieges wurden Lebensmittel- und Kleidungskarten ausgegeben. Das bedeutete, daß jeder nur auf die vorgedruckten Waren Anspruch hatte. Das Herumlaufen von Geschäft zu Geschäft brachte nichts ein; das Beste war, man blieb einem Lebensmittelhändler und einem Metzger treu.

Obwohl Göring, Generalfeldmarschall der Luftwaffe, versichert hatte, daß kein feindliches Flugzeug dazu käme, auch nur eine einzige Bombe aufs Ruhrgebiet zu werfen, mußte die Bevölkerung für den Ernstfall üben. Dazu gehörte, die Fenster zu verdunkeln, Feuerbekämpfung mit Patschen und Wassereimer und den Umgang mit Brandbomben zu lernen. Für den Kotten mußte Hedwig an den Übungen in der Kreuzschule teilnehmen. Zu Demonstrationszwecken wurde auf dem Schulhof ein Feuer abgebrannt, und jeder Teilnehmer, überwiegend Frauen, übten mit der Patsche.

Die neunzehnjährige Emmi wurde im Geschäft Bieker zur Feuerwache eingeteilt. Hin und wieder mußte sie sogar im Geschäft übernachten. Abends war es in Gladbeck bei mondlosen Nächten so dunkel, daß die Menschen ineinanderliefen, und der Kotten kaum zu finden war. Emmi lernte auch, mit einer Gasmaske umzugehen – waren chemische Waffen nicht durch den Völkerbund nach dem ersten Weltkrieg verboten worden? Doch Hitler hatte den Völkerbund bereits am 19. Oktober 1933 verlassen.

In Gladbeck wurden Stollen und 54 Luftschutzräume gebaut, weitere in Schulen, Kirchen, Kindergärten, öffentlichen Gebäuden und im Krankenhaus eingerichtet; außerdem wurden Löschteiche angelegt. Es sah alles danach aus, als ob Göring die Bevölkerung belogen hätte.

Tag für Tag ertönten die Siegesfanfaren; am 1. Oktober 1939 war der militärische Widerstand Polens gebrochen. Die bürgerliche Regierung ging ins Exil nach London und rief von dort zum Partisanenkampf auf. Deutsche Mütter aber, die mit ihren Geburten dafür gesorgt hatten, daß Deutschland nun so viele tapfere Männer und Frauen besaß, wurden mit dem Mutterverdienstkreuz in Bronze, Silber oder Gold ausgezeichnet. Emma erhielt das Abzeichen in Gold, da sie acht Kinder geboren hatte.

In einer Feierstunde vor Weihnachten in der Aula der Aloysiusschule regnete es Lob und Beifall auf die Mütter herab. Emma war gerührt und fühlte sich dadurch für ihre Mühe und Arbeit als Mutter anerkannt. Ihr kam keinen Augenblick in den Sinn, daß diese Ehrung durch die Nationalsozialisten den Frauen nur eine bestimmte Bedeutung in ihrem Herrschaftssystem zuwies. Karl dagegen, dem bereits am 28. Februar 1935 das Ehrenkreuz für Frontkämpfer des 1. Weltkrieges verliehen worden war, sah die Verleihung von Mutter- und Ehrenkreuzen als Propaganda für das Regime an.

Im Winter 39/40 schienen die Menschen in Deutschland auf irgendetwas zu warten – sollte Hitler sein Friedensangebot an die Westmächte

Emma mit Mutterkreuz 1939, eingerahmt von ihren Töchtern Hedwig und Emmi
(Foto: Jette Chomontowski)

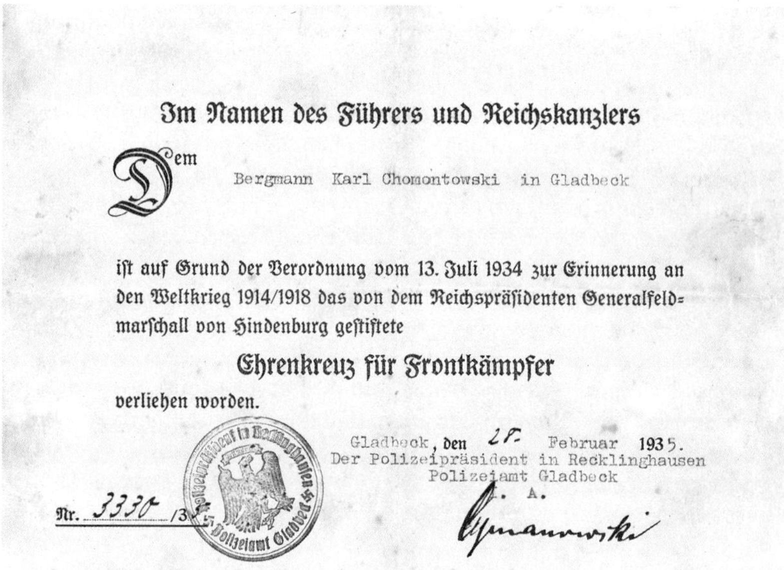

Im Namen des Führers und Reichskanzlers

Dem Bergmann Karl Chomontowski in Gladbeck

ist auf Grund der Verordnung vom 13. Juli 1934 zur Erinnerung an den Weltkrieg 1914/1918 das von dem Reichspräsidenten Generalfeldmarschall von Hindenburg gestiftete

Ehrenkreuz für Frontkämpfer

verliehen worden.

Gladbeck, den 28. Februar 1935.
Der Polizeipräsident in Recklinghausen
Polizeiamt Gladbeck
I. A.
Chomontowski

Nr. 3330/35

Polizeipräsident in Recklinghausen Polizeiamt Gladbeck

Urkunde von Karl Chomontowski »Ehrenkreuz für Frontkämpfer«

ernst gemeint haben? Oder war es nur die Scheinruhe vor dem großen Sturm? Karl wunderte sich über das Zögern Englands und Frankreichs. Nur mit ihrer Hilfe, glaubte er, könnte Deutschland von dem Naziregime befreit werden.

Familie und Krieg

Franz Lichtenstein, Hedwigs Mann, wähnte sich am Ziel seiner beruflichen Träume, als er am 1. März 1940 eine Ausbildung zum Gendarm in Bad Ems beginnen durfte, obwohl er nicht der NSDAP angehörte. Er übersah das Stirnrunzeln seines Schwiegervaters ebenso wie das leichte Unbehagen seiner Frau. Hedwig schien versöhnt, nachdem er ihr die ersten 200 RM seines Gehaltes zum Geschenk gemacht hatte, von dem sie sich etwas Schönes kaufen sollte.

Friedel und Heinz Schröler warteten voller Vorfreude auf ihr erstes Kind, und mit ihnen wartete die ganze Familie Chomontowski. Die Eheleute wohnten seit 1938 in Ahlen in Westfalen, wo Heinz als Reviersteiger auf der Zeche »Westfalen« arbeitete, die damals die nördlichste Zeche des Ruhrgebiets war. Noch in 1.000 Metern Tiefe wurde Kohle abgebaut.

Friedel und Heinz bewohnten eine Hälfte eines Doppelhauses mit einem großen Garten, in dem viele Obstbäume standen. Am 24. März wurde ein Mädchen geboren, das an seiner Nabelschnur vor den Augen ihrer Mutter erstickte. Friedel schien sich von dem Schock gar nicht zu erholen. Hedwig und eine Schwester von Heinz lösten sich in ihrer Pflege ab.

Die Trauer der ganzen Familie war groß. Niemanden kümmerte es, daß am 9. April 1940 der deutsche Überfall auf Dänemark und Norwegen begann und wieder die Siegesmeldungen mit Fanfarenklang verlesen wurden.

Am 19. April 1940 starb Ernst Paraknings mit einem Blutsturz in seiner Wohnung – allein. In Folge seiner harten Arbeit vor Stein hatte er früh eine Steinstaublunge und in Folge davon eine Tbc bekommen. Aus dem einst so starken Mann war ein Wrack geworden. Kurz nach ihm starb seine Adoptivtochter Inge an Tbc. Sie hatte sich bei ihrem Vater, den sie sehr liebte, angesteckt. Mia war nun ungebunden.

Emma trauerte sehr um ihren vergötterten, jüngsten Bruder und registrierte kaum, daß am 10. Mai 1940 der Westfeldzug mit dem Angriff der Wehrmacht auf Holland, Belgien, Luxemburg und Frankreich begann.

Auch Mariele, die am 20. Mai sechzehn Jahre alt wurde, kümmerte dieses Datum nicht. Sie dachte überwiegend an einen jungen Mann namens Heinz Modler, den sie kurz nach der Beerdigung ihres Onkels kennengelernt hatte. Heinz Modler war 19 Jahre alt und hatte bei Bieker Dekorateur gelernt. Abends besuchte er Kurse für Grafik und Kunstmalen auf der Folkwang-Schule in Essen. Er war groß, mit schlaksigen Gliedmaßen, trug eine Brille und hatte rotblondes Haar. Sein Vater war ein schlesischer Bauernsohn, der im Bergbau arbeitete und mit seinem Erbteil in Gladbeck ein Haus bauen konnte. Mariele, die Heinz, auf sein Drängen hin, durch Emmi kennenlernte, fand ihn sehr charmant und aufregend. Leider mußte sie nach Frankfurt zurück, wo sie bei der Familie Bonnet ein Haushaltsjahr absolvierte. Dort erkrankte sie, sei es aus Sorge um ihre Familie in Gladbeck, von wo die ersten kleineren Bombenangriffe gemeldet wurden, oder aus Sehnsucht nach Heinz Modler. Wie dem auch sei, der behandelnde Arzt stellte fest, daß die Krankheitssymptome vom Heimweh herrührten. Glücklich kehrte Mariele nach Hause zurück.

Tatsächlich war der erste Luftangriff auf Gladbeck am 16. Mai 1940 erfolgt. Zwölf Bomen fielen an der Bülser Straße aufs Feld, von denen sieben nicht explodierten. Viele Gladbecker machten einen Spaziergang dorthin. Am 5. Juni fielen Bomben auf die Meerstraße am Luftschacht und fegten ein paar Kaninchenställe weg. Gleichzeitig wurde Ingo geboren, das erste Kind von Hilde und Ernst. Die Hausbewohner nannten ihn deshalb den »Bomber«. Und wieder eilten Neugierige herbei, um die getroffenen Kaninchenställe zu besichtigen. Hedwig hatte für die Wöchnerin gekocht und gemeinsam mit Emma aus einem alten Bettlaken Windeln zurechtgeschnitten, da die Versorgung der Neugeborenen mit Windeln und Babysachen äußerst mangelhaft war. Dennoch wurde den Frauen und Männern eingeredet, für zahlreichen, arischen Nachwuchs zu sorgen. »Gesunde und begabte Ehepaare sollten mehr als drei Kinder aufziehen ... Sie brauchen nicht zu befürchten, daß für diese Kinder kein Lebensraum vorhanden sein werde ...« schrieb Prof. Dr. F. Lenz im Einheits-Familienstammbuch. Hilde fragte für ihren Sohn nicht nach Lebensraum, sondern nach Windeln.

Ingo wurde schnell der Liebling der Familien Rutenbeck und Chomontowski. Sogar Franz erwärmte sich allmählich für den Gedanken, mit Hedwig ein Kind zu haben, obwohl die Zeiten eigentlich nicht dazu einluden.

Am 22. Juni 1940 mußte Frankreich in einen Waffenstillstand einwilligen. Kurz darauf wurde Emmi in die Rüstungsfabrik Schmöcker & Co.

nach Menden im Sauerland zwangsverpflichtet. Dort wurden, natürlich streng geheim, Instrumente für die U-Boote hergestellt, die die Versorgung Englands massiv stören sollten.

Mariele belegte derweil Kurse in Steno, Schreibmaschine und Buchführung, die von der Arbeitsfront angeboten wurden, und erhielt anschließend eine Stellung als Schreibkraft bei der NSV, der Nationalsozialistischen Sozialvereinigung in Gladbeck. Die NSV organisierte Mütter- und Kinderverschickung bis nach Ostpreußen und Österreich und nahm Funktionen eines Jugend- und Sozialamtes wahr. Ihre Freizeit verbrachte Mariele überwiegend mit Heinz Modler. Ihre Freundschaft zu ihm hielt sie vor ihren Eltern geheim, da sie unsicher war, wie diese darauf reagieren würden.

Jettchen, die nach ihrer erfolgreichen Arbeitsplatzüberprüfung bei der Arbeitsfront einige Neider mit Handelsschulbildung hatte, meldete sich vorzeitig zum sechsmonatigen Arbeitsdienst fort. Im September 1940 kam sie nach Neudorf bei Bramsche. Mit hunderten anderen weiblichen Arbeitsdienstlerinnen lebte sie in einem Barackenlager. Anfangs arbeitete sie im Freien, dann in der Küche, bald im Büro. Die Lagerleitung versuchte, Jettchen zum Bleiben als Führerin zu bewegen, doch sie lehnte das Angebot nachdrücklich ab. Sie hatte sich zwar in der Arbeitsuniform fotografieren lassen, liebte aber kein Leben mit Reglementierungen. Es mochte auch unbewußt der elterliche Einfluß nachgewirkt haben, sich nicht von den Herrschenden einspannen zu lassen.

Nach dem Arbeitsdienst erhielt sie eine Stelle bei den Kruppschen Krankenanstalten auf der Unfallambulanz und fuhr ab Mai 1941 jeden Tag nach Essen.

Der deutsche Angriff auf Jugoslawien und Griechenland mit den Siegesmeldungen fand »dort irgendwo hinten statt, wo die Völker aufeinanderschlagen«.

Karl feierte krank, da er nach einer Lungenentzündung, die er mit viel eigener Schafmilch behandelte – Penicillin war den verletzten Soldaten vorbehalten – noch nicht wieder arbeitsfähig war. Nun sollten seine Lungen im Teutoburger Wald auskuriert werden. Emma und Hedwig standen mit Garten, Tieren und Wiesen allein da. Bereits im Juni schrieb Emma einen Brandbrief nach dem anderen an Karl: Das Gras stehe sehr hoch, bald wäre es zum Heumachen unbrauchbar, was sollten dann die Schafe im Winter fressen?

Karl brach die Kur ab, um die große Wiese hinter dem Haus zu mähen und das wichtige Heu für die Schafe zu machen. Emma und er fuhren das gut gelungene Heu ein. Während Karl das Heu auf einer Forke vom Leiterwagen aus anreichte, nahm Emma es an und verteilte es auf dem Heuboden der Scheune. Doch dann verfehlte sie beim Heruntersteigen die erste Sprosse der Leiter, stieß sie dadurch unter sich fort und stürzte aus drei Metern Höhe mit dem Vorderleib auf die gepflasterte Tenne. Ihr Sturz wurde nur von der Leiter abgefedert, die durch die Wucht des Aufpralls zerbrach. Emma erhob sich wie in Trance und wurde von ihrem verwirrten Mann ins Wohnzimmer geführt, wo sie auf dem Sofa in eine langandauernde Ohnmacht fiel. Die hinzueilende Hedwig brach ebenfalls zusammen.

Karl setzte sich ratlos zu den Frauen. Sein Denken war wie ausgelöscht. Ihm kam es gar nicht in den Sinn, einen Arzt zu holen. Am nächsten Morgen stand Emma aus eigener Kraft wieder auf, und Karl wußte nicht mehr zu sagen als: »Mama, du kannst ja wieder laufen.« Emmas Körper färbte sich allmählich blau, grün und gelb, doch sie dachte gar nicht daran, einen Arzt aufzusuchen.

Am 22. Juni 1941 begann der deutsche Angriff auf die Sowjetunion. Jetzt wurde es ernst. Karl kommentierte spöttisch: »Das ist der nächste Blödsinn von unserem Feldherrn Adolf Hitler. Er wird ihm bestimmt das Genick brechen und den Herren Generälen dazu. Ich habe noch nicht vergessen, wie nach dem letzten Krieg über den Unsinn eines Zweifrontenkrieges nachgedacht wurde. Jetzt haben wir sogar einen Vierfrontenkrieg. Wißt Ihr, was das heißt? Die Nazis werden die Russen nach Deutschland locken, die sich eisfreie Häfen wünschen. Ihr werdet es erleben!«

Karls Worte stürzten Hedwig in eine große Unruhe. Seit April 1941 war Franz von seinem angenehmen Gendarmerieposten in Reken, im tiefsten Münsterland, in das Rechnungsbüro der Gendarmerie nach Warschau versetzt worden. Kurz darauf wußte sie, daß sie schwanger war. Dadurch war ihr in mehrfacher Hinsicht ein Stein vom Herzen gefallen. Nicht nur, weil ihre Mutter behauptet hatte, sie sei wegen ihrer schweren Rachitiserkrankung als Kleinkind unfähig, ein Kind zu haben, oder weil die drohende Ankündigung der Partei ins Haus stand, daß alle verheirateten Frauen ohne Kinder in die Rüstungsindustrie zwangsverpflichtet würden, sondern weil sie sich ein Kind gewünscht hatte.

Ihre Angst um Franz in Warschau schien unbegründet. Wieder dröhnten die Siegesfanfaren. In raschem Tempo stießen die deutschen Truppen ins Innere Rußlands vor – es war, als ob ihnen ein Durchmarsch bis Moskau gelingen sollte.

Trotz der Siegesfanfaren im Osten bekamen immer mehr Zivilisten im Reich zu spüren, daß ihnen aus der Luft Verderben drohte. Anfang August erlebte Jettchen den ersten schweren Luftangriff in der Nähe der Kruppschen Krankenanstalten mit. Sie löffelte gerade in der warmen Sonne draußen im Garten ihren Henkelmann während der Mittagspause, als sie Fluggeräusche hörte. Da die Sirenen stumm blieben, schenkte sie ihnen keine Aufmerksamkeit. Plötzlich fielen aus heiterem Himmel Bomben auf Krupp und Umgebung. Die nächsten Stunden wurden für Jettchen Alptraum und Feuertaufe zugleich, da fast alle Ärzte der Chirurgie zum Essen nach Hause gefahren waren. Sie telefonierte verzweifelt nach Ärzten und Sanitätern, derweil ein Schwerverletzter nach dem anderen in die Ambulanz getragen wurde, unter ihnen Frauen mit Kindern, insgesamt über fünfzig Menschen. Jettchen stillte provisorisch blutende Wunden, tröstete Kinder, nahm Personalien auf. Nach Stunden der Hektik klappte die Neunzehnjährige zusammen. Nach diesem Angriff hätte sie es nicht für möglich gehalten, daß es bald noch viel schlimmer kommen würde.

Fast wie ein Weihnachtsfest im Frieden

Der Winter des Jahres 1941 kam überraschend früh, zu früh für die deutschen Truppen in der Sowjetunion, deren Vormarsch zum Erliegen kam. Über das Winterhilfswerk wurde im ganzen Reich eine große Kampagne in Gang gesetzt, um Winterkleidung für die Soldaten zu erhalten. Gleichzeitig sollte mit dieser Sammlung ein Solidarisierungseffekt mit dem Krieg gegen die Sowjetunion erzielt werden.

»Keiner soll hungern oder frieren«, war der Slogan des Winterhilfswerks. Einmal monatlich, an einem vorher festgelegten Sonntag, sollte es in jeder Familie anstelle eines Sonntagsbratens einen Eintopf geben. Das so gesparte Geld wurde in Haussammlungen eingefordert. Karl vermutete, daß das Geld in die Rüstung flösse. Bei ihm gab es nichts zu sammeln, da sie viele fleischlose Tage in der Woche einlegen mußten. Der Volksmund spottete insgeheim über den Wahlspruch und wandelte ihn leicht ab:

»Keiner soll hungern, ohne zu frieren.« Dank ihres Kinderreichtums erhielten Karl und Emma sogar eines Tages eine Sonderration an Mehl und Zucker, ohne darum gebeten zu haben. Gewertet wurde nur die Kinderzahl, nicht die Tatsache, daß alle Kinder, Karlchen ausgenommen, bereits etwas zum gemeinsamen Haushalt beisteuerten.

Weihnachten 1941 waren fast alle Familienmitglieder auf dem Kotten am Weihnachtsbaum versammelt. Franz hatte die Rückversetzung aus Warschau erhalten und überraschte alle mit Gänsebraten und Alkoholica. Mariele durfte ihren Heinz endlich ihren Eltern vorstellen. Als Geschenk überreichte ihnen Heinz Modler eine Portraitzeichnung Marieles in Pastellfarben. Das Bild fand einen festen Platz im späteren Wohnzimmer und sollte dort dreißig Jahre lang hängen bleiben. Karl musterte die feinen Hände des Künstlers und knurrte später Emma an: »Hoffentlich muß mein Mädchen bei diesem Mann keinen Hunger leiden.«

Emmi sorgte für eine ungewöhnliche Verlobung ohne Verlobten. Fernverlobungen oder Ferntrauungen mit Soldaten waren in Mode gekommen. Junge Menschen, die sich kaum kannten, sich oft nur wenige Stunden oder Tage gesehen hatten, wollten jemanden haben, wenn sie in die nächste Schlacht zogen.

Emmi hatte Fritz M. während seines Heimaturlaubs in Gladbeck kennengelernt und fand eine Fernverlobung aufregend. Da Fritz aus Schlesien nicht fort durfte, vielleicht bald nach Rußland verlegt würde, vertraten ihn Mutter und Schwester. Nach einem Besuch in Schlesien im März 1942 löste Emmi das Verlöbnis wieder auf.

Jettchen brachte ihre große Liebe nicht mit zu den Eltern, da ihre Eltern einen SS-Mann bestimmt nicht akzeptieren würden. Nur ihre Schwestern wußten von ihm, dem Toni aus Süddeutschland, den sie während eines Besuches in Ahlen kennengelernt hatte. Dennoch war sie fröhlich und guter Dinge, fotografierte, sang und freute sich mit den anderen. Am liebsten machte sie Bilder vom kleinen Neffen Ingo unter dem Weihnachtsbaum. Nur das Mädchen, das Franz sich so sehr wünschte, ließ auf sich warten, obwohl es um Weihnachten ausgerechnet worden war.

Am 30. Dezember 1941 war es soweit. Die alte Hebamme, Frau Riesener, wurde eilends geholt, doch Hedwig bestand darauf, auch den Arzt und Geburtshelfer Dr. Gymnich dazuzuholen. In ihr steckte nämlich die Angst, ihr könnte es ähnlich wie Friedel ergehen. Es wurde tatsächlich eine aufregende Geburt, da das Fruchtwasser bereits grünlich verfärbt war. Hedwig hatte das Gefühl, wie Rumpelstilzchen mitten entzwei gerissen zu werden, als der Kopf und die Schultern des Kindes zu sehen waren. Das Mädchen atmete nur schwach, doch es lebte. Emma, die es als erste der Familie im Arm halten durfte und in das ernste Gesicht schaute, meinte nur: »Mein Gott, ganz der Franz.« Der fast dreizehnjährige Kalla hatte sich draußen im Schnee getummelt und von der ganzen Aufregung gar nichts bemerkt. Bevor Hedwig erschöpft einschlief, hörte sie die Stimme Marika Rökks mit dem ermutigenden Lied: »Im Leben geht alles vorüber ...«

Gudrun, so hieß das Mädchen, war das letzte Kind, das auf dem dreihundertjährigen westfälischen Bauernhof Schulte-Rentrop zur Welt gekommen war. Ihr Vater, der Feldwebel Franz, ließ an seinem Dienstort in Reken die Postbeamten solange nach dem Telegramm fahnden, bis er sicher war – er hatte tatsächlich eine Tochter bekommen.

Emmi, Jettchen und Mariele fuhren am nächsten Tag, es war Sylvester, nach Ahlen zu Friedel, um ihr die frohe Botschaft zu überbringen und bei ihr zu feiern. Da wußte Friedel bereits, daß sie endlich wieder schwanger war. Die Zeit der Depressionen und Trauer war der Hoffnung gewichen, daß diesmal das Kind leben würde. Und es lebte! Am 25. Juli 1942 kam Gisela im Ahlener Krankenhaus zur Welt. Der Arzt wollte nichts dem Zufall überlassen. Diesesmal besuchte Hedwig eine strahlende, große Schwester. Dem Schwager Heinz kochte sie einen riesigen Eintopf, der bis zur Entlassung von Friedel mit Tochter ausreichte.

Jettchen zückte begeistert ihre Kamera und fotografierte Gudrun und Gisela als Babies, ihren Neffen Ingo mit Glatze, Rhabarber essend. Sie fotografierte nur eine heile, liebenswerte Welt, die es 1942 weniger denn je gab. Immer häufiger warnten die Sirenen, auch in Gladbeck, die Menschen, daß sie in den Schutzbunkern Zuflucht suchen müßten. Das große Erwachen begann.

Giselas erster Geburtstag. Kusine Gudrun darf hinter dem Kinderwagen stehen, Juli 1943

(Foto: Jette Chomontowski)

Angst vor jedem Abschied

Mariele bekam es als erste in der Familie zu spüren – die Angst, eine geliebte Person an die Front verabschieden zu müssen. Da trösteten keine flotten Soldatenlieder, die von einem wunderschönen Wiedersehen sangen. Mariele besuchte Heinz Modler im März 1942 im Sennelager vor seinem vorgesehenen Einsatz an der Ostfront. Heulend saß sie nach ihrer Rückkehr bei Emma und Hedwig. Zu ihrer Erleichterung kam er nach Norwegen, weil seine Einheit noch nicht kampferfahren war. Der ursprüngliche Marschbefehl an die Ostfront war zurückgenommen worden, nachdem mehrere unerfahrene Einheiten dort »verheizt« worden waren. Heinz blieb daher in relativer Sicherheit in Norwegen, wo er dem Zeichnerstab zugeordnet wurde.

Emmi hatte sich aus der Rüstungsfabrik zur Ausbildung als Rote-Kreuz-Schwester fortbeworben. Das Rote-Kreuz war unter Hitler zwar wie alle Organisationen gleichgeschaltet worden, mußte aber seine internationale Mitgliedschaft nicht aufgeben. Die Rote-Kreuz-Schwestern leisteten nach ihrer Ausbildung einen Eid auf den Führer Adolf Hitler wie die Soldaten der Wehrmacht.

Kurz vor dem Weihnachtsfest 1942 überraschte Emmi ihre Eltern und Geschwister mit einem Adventskranz. Es war zum erstenmal, daß die Familie mit einem Adventskranz bekannt wurde. Das Aufstellen eines Adventskranzes wurde der Familientradition beigefügt. Im Januar 1943 erhielt Emmi den Marschbefehl nach Smolensk in der Sowjetunion. Doch sie erreichte nicht mehr ihren Bestimmungsort – die Niederlage bei Stalingrad begann sich abzuzeichnen, so daß Emmis Lazarett samt Personal nach Orscha in Weißrußland, an der Bahnlinie Minsk-Moskau, verlegt wurde. Ihre Hinfahrt geriet zum Alptraum – zuerst die Soldaten, die verlangend ihre Nähe suchten, so daß sie Angst hatte, die Augen zu schließen; dann plötzlich der Krach von explodierenden Minen, von Partisanen gelegt, auf die der Zug auffuhr. Noch unter Schock stehend leistete Emmi erste Hilfe. Der Ernstfall war eingetreten. Nach ihrer Ankunft in Orscha packte sie der Anblick der Massen von Schwerkranken, deren Schreie und Flüche und das ständige Sterben derart, daß es Emmi unverständlich erschien, wenige Tage zuvor mit ihrer Familie ahnungslos Weihnachten gefeiert zu haben.

Anfang 1943 mußte Emma auch von ihrer Tochter Hedwig und ihrem Enkelkind Gudrun Abschied nehmen. Insgeheim grollte sie ihrem Schwiegersohn Franz, der nach einer weiteren Ausbildung in Wien das

Glück hatte, in Hamm-Bossendorf bei Haltern eine Stelle als Gendarm mit einer Dienstwohnung zu erhalten. Emma beruhigte sich erst, als Franz ihr versprach, daß Hedwig sie jederzeit besuchen fahren könnte, außerdem seien alle Familienmitglieder, auch ohne Anmeldung, bei ihnen in der neuen Wohnung willkommen.

Auch Karlchen sollte von Emma und Karl Abschied nehmen, um die LBA (Lehrerbildungsanstalt) in Petershagen an der Weser zu besuchen. Er würde dort im Internat leben. Karl hatte dem Vorschlag der Schule nur widerstrebend zugestimmt. Er konnte sich nicht mit der Idee anfreunden, eines Tages einen nationalsozialistisch ausgebildeten Lehrer als Sohn zu haben. Er lebte in der Hoffnung, daß der Krieg, und damit das Regime, nicht mehr lange andauern würde. Der vierzehnjährige Kalla dagegen lebte ungetrübt von Anfechtungen im Bannkreis der braunen Ideologie. Für ihn war es auch selbstverständlich, sich nicht konfirmieren zu lassen.

Die Zahl der Bombenangriffe auf Gladbeck stieg. Am 27./28. Mai traf eine Sprengbombe das Isolierhaus des Krankenhauses voll. 99 Menschen starben. Immer mehr Häuser wurden zerstört, die Zahl der Verletzten und Evakuierten nahm beträchtlich zu. Im Juli 1943 wurden alle Schulen geschlossen, viele Klassen wurden mit ihren Lehrern in nicht betroffene Gebiete wie Bayern, Sudeten und Ostpreußen verlegt.

Hilde, die erlebt hatte, wie sich eine Stabbrandbombe durch ihr Bett bohrte, kurz nachdem sie aufgestanden war, fühlte sich in der neuen Siedlung mit ihrem dreijährigen Sohn Ingo nicht mehr sicher. Sie machte von der Möglichkeit Gebrauch, sich nach Bayern, in die Nähe von Pfaffenhofen, evakuieren zu lassen. Ernst sah seine Familie nur ungern gehen und fand sich wieder häufiger bei Emma ein und diskutierte mit Karl wie in alten Zeiten.

Er arbeitete seit einigen Monaten nicht mehr im Bergbau, da die Arbeit immer zermürbender geworden war. Die fehlenden deutschen Arbeitskräfte wurden durch Kriegsgefangene ersetzt, die oftmals mörderisch angetrieben wurden. Ernst meldete sich zur Helaba in Scholven, die Wachmänner suchten. Alle kriegswichtigen Betriebe lebten in der ständigen Furcht vor Sabotageanschlägen und Angriffen aus der Luft. Bereits nach sechs Monaten am neuen Arbeitsplatz erhielt Ernst seine Einberufung zur Kurlandarmee nach Lettland. Am 22. Dezember 1943 mußte er von Emma und Karl Abschied nehmen. Emma schimpfte auf Hitler und seinen Krieg, dann weinte sie.

Die Antwort aus der Luft

Am 18. Februar 1943 hatte Goebbels im Sportpalast in Berlin unter frenetischem Beifall der Menge ins Mikrofon geschrieen: »Ich frage euch: Seid ihr und ist das deutsche Volk entschlossen, wenn es der Führer befiehlt ... vierzehn und sechzehn Stunden täglich zu arbeiten und das Letzte herzugeben für den Sieg? ... Ich frage euch: Wollt ihr den totalen Krieg? Wollt ihr ihn, wenn nötig, totaler und radikaler, als wir ihn uns heute überhaupt noch vorstellen können?« Die entfesselten Massen brüllten ihm ein begeistertes »Ja« entgegen. Karl, der die Rede hörte, wurde blaß. »Das ist der Freibrief für die Alliierten, uns mit gleicher Münze heimzuzahlen«, meinte er zornig. »Ich glaube, Hitler will unser Volk zerstören lassen. Er haßt uns.«

Besonders Jettchen fühlte sich von den Bombenangriffen auf ihren Fahrten zum Arbeitsplatz nach Essen bedroht. Am 5. März 1943 war die Essener Innenstadt heftig bombardiert worden. Kein Zug konnte in den Hauptbahnhof einfahren. Unverdrossen kletterten die Menschen auf freier Strecke aus den Zügen und machten sich auf den Weg zu ihren Arbeitsplätzen. Über der Stadt hingen Rauchwolken und Feuerschein. Den Näherkommenden strauchelten und wankten schluchzende und schreiende Menschen entgegen. Sie bluteten, ihre Augen blickten verzweifelt, von ihren Körpern hing zerfetzte Kleidung. Jette schaute ungläubig auf die fliehenden Kinder und Frauen, auf alte Leute; sie sah die zerbombten Häuser und aufgerissenen Straßen – doch am schlimmsten war das nicht enden wollende Jammern und Schreien.

Mühsam erreichte sie ihren Arbeitsplatz und stürzte blind vor Tränen in den Umkleideraum, wo sie sich hinkauerte. Plötzlich stand Bourdechon neben ihr, ein gefangener, französischer Arzt. »Du mußt nicht weinen«, erklärte er ihr mit weichem Akzent. »Isch abe nicht geweint, als Stukka kommen, machen bum, bum, bum, und mein Haus kaputt.«

»Aber warum muß das alles sein«, schluchzte Jette. »Keiner in meiner Familie will den Krieg.« »Auch der Krieg geht vorbei«, sagte der Arzt freundlich und strich über sein Monjou-Bärtchen. Er und sein mitgefangener Kollege Rochlin halfen in der Unfallambulanz noch des öfteren mit Trost aus, obwohl ihre eigene Lage, trotz des Privilegs, in ihrem Beruf arbeiten zu dürfen, nicht beneidenswert war. Aber anderen Gefangenen, besonders denen aus Osteuropa, ging es wesentlich schlechter als ihnen. Auf sie schlug Hitlers Ideologie des »Untermenschentums« voll durch. Menschliche Achtung blieb ihnen verwehrt, war ihnen gegenüber sogar verboten. Es gab wenige offene Beispiele der Hilfsbereitschaft. Die beiden französischen Ärzte hatten keine Angst. Sie behandelten alle Verletzten gleich gut, auch die Zwangsarbeiter und Kriegsgefangenen, dic nach einem Arbeitsunfall bei Krupp zu ihnen gebracht wurden, obwohl die Solidarität zwischen Gefangenen verschiedener Nationalität keineswegs selbstverständlich war. Ernst hatte unter Tage erlebt, wie ein französischer einen russischen Kriegsgefangenen beim »Buttern« demütigte. Dieser hing mit hungrigen Augen an dem Weißbrot des Franzosen, der Pakete über das französische Rote Kreuz von daheim empfangen durfte, während die russischen Gefangenen äußerst mangelhaft verpflegt wurden. Der Franzose musterte geringschätzig den bettelnden Russen und warf ihm schließlich eine Scheibe Brot in den Kohlenstaub, auf die sich der junge Mann stürzte.

Deutschen Kumpels war jede Art von Zuwendung an Gefangene untersagt, doch Ernst wußte von sich und einigen anderen, daß sie wie aus Versehen Brot liegen ließen, welches sich die Ostgefangenen in einem unbeobachteten Augenblick holten. Es reichte natürlich nicht aus, um vielen von ihnen den langsamen Hungetod zu ersparen.

Es war nicht einfach, Hilfe im Verborgenen zu leisten. Heinz Schröler in Ahlen bestellte sich als Steiger nach »Herrenart« Russen für die Gartenarbeit im Sommer, fürs Schneeräumen im Winter. Friedel kochte dann für sie einen Eintopf. Essen mitnehmen durften sie nicht, da sie im Lager kontrolliert wurden.

In der Schule, die ihrem Steigerhaus gegenüber lag, waren junge Zwangsarbeiterinnen aus Osteuropa untergebracht. An Sommerabenden saßen die Frauen draußen und versuchten, sich gegenseitig von Ungeziefer zu befreien. Sobald die kleine Gisela laufen und auf Anweisung handeln konnte, überbrachte sie ihnen Butterbrote, von Friedel geschmiert. Kein Aufpasser verscheuchte das Kind. Nach dem Kollaps des Hitlerreiches wurde den dreien vielfältig gedankt. Heinz blieb von den freigesetzten Gefangenen und Zwangsarbeitern unangetastet, im Gegensatz zu anderen Steigern, die man krankenhausreif verprügelte. Gisela erhielt von ehemaligen Zwangsarbeitern aus den ersten Rote-Kreuz-Paketen Schokolade.

Doch noch tobte die Luftschlacht über Deutschland. Nacht für Nacht kamen die britischen Bomber, Nacht für Nacht heulten die Sirenen. Mal traf es die eine Revierstadt, mal die andere. Wenn die Bomber weiter nach Berlin oder Hannover flogen, verließen die Menschen aufatmend die Stollen oder Bunker. Die Stollen in den Abraumhalden der Zechen wurden den Gladbeckern in den Jahren 1943 bis Kriegsende zum zweiten Zuhause.

In der Regel wurden die Luftangriffe der Engländer von einem englischen Sender angekündigt. Die Leute nannten ihn den »Tacker« oder »Tick-Tack-Sender« wegen seines Geräusches, wenn er auf Sendung ging. Viele Deutsche hörten ihn, obwohl es verboten war, da er die Bevölkerung oftmals schneller und präziser vorwarnte als die deutsche Abwehr. Ohne Vorwarnung wurden im Mai 1943 die Möhne- und Edertalsperre zerstört, und eine Flutwelle brach über Menschen, Tiere, Häuser und die Landschaft herein. In der Nacht sollte auch das Wasserkraftwerk des Haltener Stausees zerstört werden, um das Ruhrgebiet endgültig von der Wasserversorgung abzuschneiden.

Wenn einer der tieffliegenden Bomber von der Flak getroffen wurde, riegelte Franz das Gelände ab, bis die Piloten tot oder lebendig geborgen worden waren. Es blieb nicht bei dem einen Angriff, doch das gut getarnte Wasserwerk fanden die britischen Bomber nicht.

Die vielen Bombenangriffe schreckten Hedwig nicht davon ab, regelmäßig mit der kleinen Gudrun nach Gladbeck zu fahren. Fast jedesmal ertönten nachts die Sirenen, und Gudrun gewöhnte sich daran, aus dem Schlaf hochgenommen, angezogen und von Mariele oder Jettchen in den Stollen getragen zu werden. Nur dort fühlte sie sich sicher. Sie verstand nicht, daß der Warnung manchmal eine Entwarnung folgte und alle auf dem Kotten blieben. Sie stand dann in ihrem Kinderbett und brüllte: »Ich will in Stollen, ich will in Stollen.«

Karl war nachts meistens nicht daheim, da er überwiegend Nachtschicht hatte. Tief unten fühlte er sich zwar sicher, doch ihn beschlich jede Nacht die Sorge, er würde nach Hause kommen und nichts mehr vorfinden. Durch die harten Druckwellen der detonierenden Bomben wurde das Dach des Kottens immer wieder abgedeckt. Einmal schickte die Zechenverwaltung Ersatz. Die Arbeiter ließen Karl eine Menge Ziegel da. Von da an saß er in jeder freien Minute auf dem Dach und flickte die Löcher bei. Ihn trieb die Furcht um, eine Brandbombe könnte den Dachstuhl und das für die Fütterung so wichtige Heu und Stroh entzünden. Bald flogen die Alliierten, mittlerweile Engländer und Amerikaner, tagsüber Angriffe, ohne die deutsche Abwehr ernsthaft fürchten zu müssen. Dann saß Karl manchmal noch auf dem Dach, wenn Alarm gegeben wurde. »Papa«, schrie Emma jedesmal in Panik, »komm sofort herunter!« »Geht schon vor«, war in der Regel die feste Antwort. »Ich komme gleich nach«, und flickte ruhig weiter.

Nicht nur die Menschen zitterten beim Klang der Sirenen und den Bombenabwürfen. Die Schweine quiekten ängstlich, die Katzen fauchten und verkrochen sich, und Marieles Purzel nahm Reißaus, Richtung Stollen. Purzel war ein noch junger, dunkelhaariger Dackel mit glattem Fell, den Mariele geschenkt bekommen hatte. Er lernte schnell, daß die Sirenen eine Gefahr ankündigten und er in den Keller gesperrt wurde, da Hunde und andere Haustiere nicht in den Bunker mitgenommen werden durften. Manchmal war Purzel schneller als Mariele und Jettchen und entwischte ihnen. Traf die Familie keuchend am Stolleneingang ein, saß Purzel schon dort und sah sie mit bettelnden Dackelaugen an. Es kam auch vor, daß er in den Stollen hineinrannte, und der Aufpasser schrie: »Holen Sie sofort den Hund da raus!«

Jettchen zog sich im Herbst und Winter extra weite Capes an, holte Purzel schimpfend aus dem Stollen, steckte ihn draußen unbemerkt unter den Arm und flüsterte drohend: »Wehe dir, wenn du dich muckst!« und ging mit ihm durch den nächsten Stolleneingang hinein. Purzel wagte dann noch nicht einmal zu schniefen und schleckte ihr nach der Entwarnung dankbar das Gesicht.

Nicht alle hatten es so gut wie Purzel. Zwangsarbeitern, Gefangenen, Zigeunern und Juden war der Weg in den schützenden Stollen versperrt. Doch Juden gab es 1944/45 in Gladbeck nicht mehr, bis auf Isidor Kahn, der sich versteckt hielt.

Auch Jettchen suchte hin und wieder trotz Bombenwarnungen den Stollen nicht auf, da sie jeden Morgen früh nach Essen fuhr und Schlaf Mangelware war. Einmal, bei einem besonders heftigen Abwurf, verließ sie der Mut, und sie verkroch sich im Keller, den bebenden Purzel neben sich. Doch der nächste Tag ohne Bomben war so schön, daß sie ihre Kamera zückte und Mariele mit Purzel, Gudrun mit Purzel, ihre Mama und Geschwister mit den Schafen auf der Wiese, Gudrun stehend, sitzend, lachend und weinend sowie Giselas ersten Geburtstag fotografierte. Am 31. Oktober knipste sie ein strahlendes Paar – Mariele und Heinz Modler hatten sich verlobt. Angesichts der alltäglichen Bedrohung schienen nur solche Augenblicke wichtig gewesen zu sein. Jeder Augenblick ohne Bedrohung wurde genossen.

Konzerte, Opern, Theater – Jettchen hatte für alle Vorstellungen eine Vormiete in Essen. Sie besuchte die Aufführungen mit Leidenschaft, und als die Oper und das Theater in Schutt und Asche fielen, fuhr und lief sie nach der Arbeit bis Essen-Verden, wohin die Ensembles ausgewichen waren. Hin und wieder wurde sie von Mariele begleitet. Sehr begehrt waren die Filme der reichsdeutschen Filmindustrie, Ufa. Sie produzierte Heimat-, Berg-, Revue- und Lustspielfilme en gros – und die Kinos waren immer voll. Bis auf Emma und Karl ließ sich die ganze Familie von der Leinwand faszinieren. Alle bewunderten die tanzende Marika Rökk, Zarah Leander, Rudolf Prack, Heinrich George, Hans Albers, Rühmann, Louis Trenker und viele andere.

Die Zahl der Filme mit einer politischen Tendenz war wesentlich geringer. Hedwig sah den Film »Jud Süß«, in dem die rassische Botschaft des »Schmeißfliegendaseins der Juden« vermittelt werden sollte. Hedwig allerdings vermochte in dem Juden nur den vom Fürsten (hervorragend gespielt von H. George) mißbrauchten Menschen erkennen, der sich der absoluten Macht unterwerfen mußte, in der Hoffnung zu überleben. Als die Kinovorstellungen immer häufiger durch Alarm unterbrochen wurden, ging Hedwig nicht mehr, da sie Sorge um Emma und ihre Tochter hatte, doch Jettchen und Mariele nahmen auch in Kauf, im Luftschutzbunker des Kinos zu sitzen.

Vorboten des Niedergangs

Weihnachten 1943 zeigten sich deutlich Versorgungsmängel, die alle in der Familie zu spüren bekamen, zumal sie kaum Beziehungen hatten. Sogar Kerzen waren Mangelware. Dennoch schlug das Herz der zweijährigen Gudrun auch beim Anblick von nur drei Kerzen und wenigen Kugeln an einem Tannenzweig hoch. Obendrein saß unter dem Zweig eine einfache Puppe mit einem schweren Kopf. Am 2. Weihnachtsfeiertag saß Gudrun mit der Puppe strahlend in der Wohnstube der Großeltern auf dem Kotten. Es waren kostbare Tage ohne Fliegeralarm. Ob es bald Frieden geben würde, ob Emmas inständiges Flehen Gottes Ohr erreicht hatte?

Karl betete nicht. Er sehnte die Niederlage Hitlerdeutschlands herbei, da nur so das Volk von der Gewaltherrschaft befreit würde. Zum Glück sprach er diese Gedanken nicht am Arbeitsplatz aus, da er sonst wegen Defätismus hätte belangt werden können. Jede, auch die kleinste Form der Kritik am Regime, sogar das Erzählen eines politischen Witzes, konnte mit dem Tod geahndet werden. Selbstverständlich war das Abhören eines »Feindsenders« und die Verbreitung seiner Nachrichten verboten. Karl stellte den Sender immer nur sehr leise ein. Oft saßen die Anwesenden im Halbkreis, und jeder horchte angestrengt mit einem Ohr auf die Neuigkeiten. Nach Abschluß der Sendung wurde peinlich darauf geachtet, daß wieder die Frequenz des Berliner Senders eingestellt wurde, sogar in der Hektik eines Fliegeralarms, falls doch einmal eine Kontrolle erfolgen sollte. Doch der Kotten war wie eine Insel in stürmischer See. Seine Bewohner blieben unbehelligt.

Noch vor Ostern 1944 wurde Franz erneut an die Ostfront zur Feldgendarmerie abkommandiert. Hedwig war nun mit Gudrun allein. Es entwickelte sich eine rege Besuchstätigkeit zwischen Hamm-Bossendorf und Gladbeck. Gudrun wäre am liebsten jeden Tag nach Gladbeck gefahren, da sich dort ihre beiden Tanten, Jette und Mariele, mit ihr beschäftigten. Die Oma sang ihr Lieder vor, schaukelte sie auf ihren Füßen und nahm sie mit zu Schafen, Hühnern und Schweinen. Sobald Gudrun den Kotten sah, rannte sie ihrer Mutter auf und davon.

Im Juli 1944 verlebte Jettchen ihren Urlaub nördlich von Berlin, wo der SS-Mann Toni nach seiner Verwundung Dienst versah. Obwohl die Hauptstadt ständig bombardiert wurde, erlebte Jette einen Krieg aus der Ferne. Nur bei einigen Theaterbesuchen in Berlin, u. a. am Schiffbauerdamm, sah sie das vertraute Bild der Zerstörung wie in Essen und Gladbeck. Ansonsten genoß sie den Urlaub, ging schwimmen, ließ sich beschenken und schmiedete zusammen mit Toni Zukunftspläne. Die Politik ließen die Verliebten völlig außen vor, auch als am 20. Juli 1944 eine Gruppe Offiziere und Zivilisten um Stauffenberg und Goerdeler versuchten, Hitler durch ein Attentat in der Wolfsschanze in Ostpreußen zu beseitigen. Jettchen bemerkte an ihrem Freund an dem Tag keinerlei Aufregung.

In Gladbeck kommentierte Karl den Fehlschlag mit bitteren Worten: »Noch nicht einmal der Teufel will den Kerl haben!« Und: »So, jetzt merken auch endlich die Herren Generäle, woher der Wind weht. Solange sie mit Hitler siegen konnten, haben sie seine Wahnsinnspläne unterstützt.« Dennoch war er entsetzt, mit welcher Brutalität und Verachtung das Regime gegen seine Verschwörer vorging – in seinen Augen ein Zeichen des Machtzerfalls.

Die Nerven der Menschen waren zum Reißen gespannt. Da war die Angst vor Luftangriffen, der mangelnde Schlaf, die schlechte Versorgungslage und die Gerüchte über Greuel im Osten. Hedwig erhielt davon bei einem Besuch ihrer Schwester Friedel eine Ahnung. Der Vater einer Nachbarin, der zu der Wachmannschaft eines Konzentrationslagers eingezogen worden war, hatte während eines Heimaturlaubs nur dumpf vor sich hingebrütet und erst auf Befragen gesagt: »Wehe uns Deutschen, wenn wir den Krieg verlieren sollten.« Mehr war aus ihm nicht herauszuholen. Die Schwiegertochter von Emmas Halbschwester Bertha kam ins KZ, nachdem ihre Liebesbeziehung zu einem französischen Kriegsgefangenen bekannt geworden war. Dieser arbeitete mit ihr auf einem Gutshof in Düsseldorf-Unterbach. Die Frau wurde vor den Augen ihrer beiden kleinen Kinder brutal abgeschleppt, mißhandelt und kam im KZ zu Tode. Was wollte der NS-Staat damit beweisen, seine Stärke?

Karl hörte auch das Gerede von Pgs (Parteigenossen) unter Tage: »Wenn wir erst den Krieg gewonnen haben, dann schnappen wir uns die, die sich nicht mit Taten unserer Sache verschrieben haben.« Karl glaubte ihnen aufs Wort.

Im September 1944 kam Mariele aufgelöst von einem Besuch ihrer zukünftigen Schwiegereltern zurück. Aufgebracht berichtete sie von der Hinrichtung Martha Modlers in Berlin. Martha Modler war eine Tante von Heinz, die er sehr schätzte. Sie arbeitete in Berlin als freie Schwester und pflegte hauptsächlich alte Leute, unter ihnen jüdische Frauen und Männer. Sie mußte miterleben, wie seit 1941 ihre jüdischen Patienten systematisch erfaßt und abtransportiert wurden – Martha Modler war sicher, es waren Todestransporte. Sie heiratete später einen Herrn Speer, mit dem sie nach Schlesien zog, wo die Familie Modler herstammte.

Eines Tages zeigte sie ihr Mann bei der Gestapo an, da er es nicht ertragen konnte, daß seine Frau immer wieder von den Juden erzählte und behauptete, daß Juden genauso gute Menschen seien wie die Deutschen. Martha Modler wurde verhaftet, verhört und gedrängt, ihre Aussage zu widerrufen. Doch sie widerrief nicht und kam deshalb vor den Volksgerichtshof mit dem Vorsitzenden Freisler nach Berlin. Freisler verurteilte sie zum Tode. Auch ein Gnadengesuch der Familie schlug fehl. Nun war Martha Modler hingerichtet worden – für Karl ein untrügliches Zeichen, daß die Nazis um ihr Ende wußten und zum Rundumschlag ausholten, der noch vielen Menschen gefährlich werden sollte.

Karls letzte Reise nach Masuren

Im Spätherbst 1944 erhielt Karl ein Telegramm seiner Schwester Marie aus Masuren, die ihm mitteilte, daß Katharina Chomontowski im Sterben läge. Auf Grund der Nachricht erhielt er einige Tage Urlaub und eine Fahrt mit der Deutschen Reichsbahn zugebilligt. Die Strecke nach Masuren über Berlin zählte zu den sogenannten Frontstrecken, auf der nur kriegswichtige Personen befördert werden durften. Daß die Reichsbahn gleichzeitig Kapazitäten freistellte, mit denen Menschen aus ganz Europa in Güterwagen in Vernichtungslager transportiert wurden, hatte Karl nur vage gehört.

Karl fuhr nach fast fünfundzwanzig Jahren wieder nach Masuren. Mehrmals wurde die Fahrt durch Fliegerangriffe unterbrochen, doch er erreichte sein Ziel. Seine schwer kranke Mutter erkannte ihren Sohn und versuchte, ihm noch etwas zu sagen. Sie quälte sich ein Wort ums andere heraus, und Karl verstand sie nicht. Für ihn war es ein unauflösbarer Wirrwarr von masurischen Wortfetzen. Auch seine Schwester Marie vermochte die Worte nicht zu deuten. Katharinas Kehlkopfkrankheit war für eine Verständigung zu weit fortgeschritten.

Karl erlebte noch eine weitere Enttäuschung. Er hatte gehofft, aus Masuren Speck und Gänse mit nach Gladbeck zu bringen, doch seine Schwester gab ihm nichts, weder für Geld noch für gute Worte. Er erinnerte sie daran, daß ihm seine Mutter jedes Jahr eine Gans geschickt habe, ohne Erfolg. Da ging Karl zum Hof seiner Vorfahren, den mittlerweile eine Kusine mit ihrem Mann bewirtschaftete. Sie wies ihn mit den Worten ab: »Ich habe immer so viele Wehrmachtsoffiziere zur Einquartierung hier. Deshalb kann ich dir unmöglich etwas verkaufen.«

Schließlich wurde Karl doch noch fündig. Seine Nichte Emmi, Maries Tochter, die mit einem wohlhabenden Bauern verheiratet war, zeigte sich großzügiger. Karl kaufte bei ihr eine Gans und Speck. Eine weitere Gans holte er für einen Kumpel von dessen Verwandten ab. Bedrückt nahm er Abschied von seiner fünfundachtzigjährigen Mutter, die im Sterben lag. Sein Abschied galt auch Masuren. Er war sicher, sein Geburtsland nie mehr wiederzusehen. Ob seine Schwester Marie mit dem guten Vorrat an Speck, Schinken und Würsten die Rote Armee füttern wollte? Bereits am 24. Januar 1945 würde Lyck von sowjetischen Truppen besetzt sein.

Abgespannt fuhr Karl Richtung Ruhrgebiet. In Berlin war ein Teil der Bahnhöfe bereits zerstört. Mühsam erreichte Karl den Anhalter Bahnhof, begleitet von einem Mann, der kurz vor Berlin zu ihm ins Abteil gestiegen war und ihn in ein Gespräch verwickelte. Angeblich wollte er auch Richtung Ruhrgebiet fahren. Als Karl auf den nächsten Zug wartete, schlief er auf dem Bahnhof ein. Sein Bekannter hatte sich erboten, auf sein Gepäck aufzupassen ... Das Erwachen war bitter. Der Bekannte war mit Karls Speck und Gänsen verschwunden. Karl war auf einen üblen Trick hereingefallen. Er zeigte den Diebstahl an und hörte bei der Bahnpolizei, daß nicht nur er so dumm gewesen war.

Abgeschlafft und wütend kam er auf dem Kotten an und mußte seinem Kumpel auch noch die gestohlene Gans bezahlen, der ihm den dreisten Diebstahl kaum glauben wollte.

Einen Tag vor seinem 32. Geburtstag, am 18. November 1944, kam für wenige Stunden Ernst zu Besuch. Er war überzeugt, daß er zum letztenmal an die Front nördlich von Ostpreußen müßte, da die Ostfront nicht mehr lange halten würde. »Die ostpreußische Bevölkerung wird für die Sauereien der SS, Gestapo, Feldpolizei, Feldgendarmerie, aber auch unserer Wehrmacht, bezahlen müssen, die auf russischem und polnischem Boden an der Zivilbevölkerung begangen worden sind. Ich habe mit eigenen Augen gesehen, wie ein deutscher Landser ein kleines russisches Mädchen mit den Worten erschlagen hat: ‚Den Pelz nehme ich für meine Tochter mit. Die ist genauso groß.‘« Ernst war auch Zeuge von Erschießungen geworden, an der nicht nur die SS, sondern auch Landser beteiligt gewesen waren, die dafür Extrarationen Zigaretten, Schnaps und sogar Sonderurlaub erhielten.

»Bleibt, wo ihr seid«, beschwor er Emma, Karl und Hedwig. »Hier habt ihr ein Dach über dem Kopf und kennt euch aus. Auf der Straße zu ziehen, bedeutet Elend. Ich habe davon unterwegs genug gesehen.« Am 20. November 1944 stand plötzlich Franz auf dem Kotten, dem Tränen der Enttäuschung kamen, als er hörte, wie knapp er seinen Freund verfehlt hatte. Franz hatte eine Irrfahrt auf dem Balkan hinter sich, immer auf der Suche nach seiner Einsatztruppe, die er zu seiner Erleichterung nicht gefunden hatte. »Ich kam mir vor wie auf den Spuren von Karl May«, erzählte er. Mitbringsel packte er auch aus – Olivenöl und Speck.

»Das wird hoffentlich meine letzte Fahrt Richtung Osten sein«, meinte er beim Abschied. Von seiner Sammelstelle in Mecklenburg wurde Franz ins tschechische Böhmen, unweit von Prag, versetzt. Dort mußte er, wie vorher im Münsterland als Gendarm, Bauern bei der Erfüllung ihrer Ablieferverpflichtungen für die deutsche Wehrmacht überwachen. Oft hing er trüben Gedanken nach. Wann würde er endlich wieder mit seiner Frau und seiner Tochter leben dürfen?

Eine möglichst rasche Heimkehr wünschte sich auch Heinz Modler, nachdem er am 16. und 17. Dezember 1944 mit Mariele Chomontowski standesamtlich und kirchlich getraut worden war. Mariele trug Jettchens schwarzes Kleid, ein Geschenk des Freundes Toni. Jettchen ulkte: »Na, da werden die lieben Mütter bestimmt tüchtig Tränen vergießen.« Es war dann aber Mariechen, die bei ihrer Trauung in der ev. Kirche zu Gladbeck-Zweckel weinte. Träumend folgten Jettchens Blicke den Sonnenstrahlen,

Ein strahlendes Paar – Mariele und Heinz Modler

(Foto: Jette Chomontowski)

die in dem Augenblick auf ihre Schwester fielen, als diese sich niederkniete, um den Segen durch Pfarrer Meyer zu empfangen. Wie schwer dem frischvermählten Paar der rasche Abschied wurde! Heinz mußte nach Norwegen zurück.

Hausschlachtung mit Hindernissen

Am 24. Dezember 1944 waren Emma und Karl zum erstenmal an einem Heiligabend allein. Kalla war noch nicht von der LBA aus Petershagen eingetroffen; Mariele verlebte den Tag mit den Schwiegereltern, und Jettchen hatte sich wenige Tage zuvor mit einem gefälschten Berechtigungsschein auf den Weg zu ihrem Freund nach Berlin begeben. Emmi feierte Weihnachten in Herrmannsbad in Posen mit den kranken Soldaten im Lazarett und Hedwig mit der dreijährigen Gudrun in Hamm-Bossendorf.

Franz verlebte ruhige Weihnachtstage bei Prag, während Ernst mit einer Truppe der Kurlandarmee die sowjetische Offensive erwartete, wohl wissend, daß seine Frau Hilde und sein Sohn Ingo in Bayern in Sicherheit lebten. Friedel feierte mit Heinz und Tochter Gisela wie immer in Ahlen im Steigerhaus.

Bereits voriges Jahr Weihnachten hatten alle diese Menschen gehofft, daß Weihnachten 1944 die Waffen schweigen würden und sie alle wieder beisammen wären. Karl tröstete die weinende Emma: »Mamchen, wirst sehen, bald hat der Wahnsinn ein Ende. Guck, die Alliierten haben am 16. Dezember mit der Ardennenoffensive begonnen, weißt, dort, wo die Eifel ist. Jetzt kann es nicht mehr lange dauern.« »Ach, Papa«, erwiderte Emma müde. »Wer weiß schon, was morgen ist.« »Morgen«, entgegnete er schlagfertig, »fahren wir zu Hedwig und Gudrun. Die werden dich schon auf andere Gedanken bringen.«

Stolz tischte Hedwig am 1. Weihnachtstag eine eingekochte Pute auf, doch Karl konnte das königliche Essen nicht mehr vertragen. Von Magengeschwüren geplagt, mußte er sich bereits fünf Tage später ins Knappschaftskrankenhaus nach Recklinghausen begeben. Ihm war wirklich in den letzten Monaten einiges auf den Magen geschlagen – die Masurenfahrt mit den unerfreulichen Begleitumständen, Jettchens Weigerung, sich von ihrem SS-Freund in Berlin zu trennen, und der langsame Vormarsch der Alliierten im Westen. »Wenn sie sich nicht beeilen, werden wir noch alle draufgehen. Jeder Tag ist für uns wichtig.« Dennoch hatte er all die Zeit unverdrossen das Dach des alten Bauernhauses nachgebessert, auch wenn ihn die Müdigkeit und die Verzweiflung zu übermannen drohten.

Nun konnte er wirklich nicht mehr und mußte Emma mit der Verantwortung für den Hof allein lassen.

Was Karl am 1. Weihnachtstag nicht mehr essen konnte, aß wenige Stunden später mit Genuß Karlchen auf, sogar mehr, als es Hedwig recht war. Er wirkte sehr aufgeregt und berichtete, daß sie auf der LBA mehr militärische Übungen als Unterricht gemacht hätten. Er erwartete, ebenfalls eingezogen zu werden. Der Gedanke erschreckte nur die Eltern und Hedwig, ihn nicht.

Wenige Tage nach seinem 16. Geburtstag, am 3. Januar 1945, mußten sich alle Schüler der LBA Petershagen auf dem Schulhof im Karree aufstellen. Ein Untersturmführer der SS hielt eine Ansprache: »Unser Führer, Adolf Hitler, setzt auf Euch seine ganze Hoffnung. Verhindert das Eindringen des Feindes in unser geliebtes Vaterland. Denkt daran – auch Ihr tragt den Marschallstab in Eurem Tornister.« Dann befahl er: »Alle, die sechzehn Jahre und älter sind, hervortreten!« Erwartungsvoll trat Kalla mit vor. »Ihr werdet dem HJ-Bataillon ‚Widukind' zugeordnet!«

Das Bataillon lag in Haltern. Die Jungen wohnten dort in der Jugendherberge und erhielten eine kurze Ausbildung. Vor allen Dingen lernten sie, mit der Panzerfaust umzugehen. Ihre persönliche Habe hatten sie im

Internat zurücklassen müssen – nach dem »Endsieg« könnten sie sich wieder darum kümmern.

Alle Jungen erhielten einen Kurzurlaub, um ihren Eltern Bescheid zu geben. Emma hielt sich tapfer, obwohl sich ihr Herz verkrampfte. Jetzt holten die Nazis schon Kinder! Gleichzeitig wurden die älteren Männer zum Volkssturm eingezogen. In dem Augenblick war Emma froh, daß Karl im Krankenhaus lag, obwohl er ihr zu Hause sehr fehlte.

Auf dem Rückweg zu seinem Bataillon hatte Kalla noch einen wichtigen Familienauftrag auszuführen. Hedwig mußte zur Hausschlachtung des letzten Schweines kommen, ließ Emma ihrer Tochter mitteilen. Jettchen und Mariele hatten ihre Mutter überzeugt, daß es Unfug sei, ein fettes Schwein im Stall zu haben und gleichzeitig Hunger zu leiden. Obendrein hatte das Schwein sich bei einem Bombenangriff selbständig gemacht, nachdem die Druckwellen die Stalltür geöffnet hatten. Zum Glück erkannten sie es sofort, als es ihnen im Vollmond, wie ein grunzendes Ungeheuer, entgegenkam.

Es wurde eine Schlachtung mit Hindernissen. Der ehemalige Nachbar Flöth von der Goebenstraße, der zweimal im Jahr bei Chomontowskis schlachtete, schaffte es gerade noch, das Schwein auszunehmen, bevor der nächste Fliegerangriff gemeldet wurde. Anschließend wurde fieberhaft eingekocht. Emma, die sich sonst immer krank ins Bett legte, da sie nicht ertragen konnte, daß ein Tier, das sie gefüttert hatte, geschlachtet wurde, hatte diesesmal keine Zeit dazu, denn Eile tat Not.

Sobald ein Satz Fleisch auf dem Kohleofen stand, gab es Fliegeralarm, und Emma und Hedwig rannten in den Stollen. Nach der Entwarnung wurde der zweite Satz vorbereitet und aufgesetzt – wieder gab es Alarm, wieder hasteten die Frauen in den Stollen. Auf diese Weise schafften sie das Einkochen in Rekordzeit. Da keine Zeit blieb, die Schinken zu räuchern, wurden sie eingepökelt.

Es sollte das letzte Schwein sein, das Emma und Karl großgezogen und geschlachtet hatten. In den nächsten Jahren konnten sie sich diesen Luxus nicht mehr leisten.

Nach drei arbeitsreichen Tagen kehrte Hedwig zu ihrer Tochter zurück, die von der Nachbarin gehütet wurde, im Gepäck die versprochene Wurst.

Wie ein Murmeltier schlafen wollen

Anfang Februar 1945 kam überraschend Emmi auf Heimaturlaub. Sie hatte in den Monaten davor mit dem Kriegslazarett 918 den Rückzug der deutschen Wehrmacht in der Sowjetunion mitgemacht. Von Orcha ging es nach Wilna, wo das Lazarett bis Juli 1944 an Seuchen erkrankte Soldaten versorgte.

Von Wilna hatte es einen chaotischen Aufbruch gegeben. Der Chefarzt, Stabarzt Dr. Mayer, hatte zwar alle Kranken rechtzeitig abtransportieren lassen können, doch seine Leute gerieten bei einem Luftangriff der Roten Armee auf dem Bahnhof Wilna in Bedrängnis. Emmi erlebte nervenzerfetzende Stunden bei der ersten Hilfeleistung zahlreicher Verwundeter mit. Oftmals war jede Hilfe zu spät gekommen. Vor dem Aufbruch in Wilna hatte Emmi noch ihre Küche, der sie als Diätköchin vorstand, auf Hochglanz poliert. Ein evangelischer Pfarrer, Werner Schneider, hatte sich darüber amüsiert. Das russische Hilfspersonal des Lazaretts, allesamt Zwangsarbeiter, hatten dem Abzug der Deutschen und dem Nahen der Roten Armee mit Bangen entgegengesehen. Sie fürchteten, man könnte es ihnen verübeln, für die Deutschen, wenn auch unfreiwillig, gearbeitet zu haben, und sie nach Sibiren schicken.

Emmis Sanitätseinheit kam nach Herrmannsbad bei Posen. Dort wurden nur noch Schwerverletzte gepflegt. Bei vielen der Männer saß Emmi gemeinsam mit dem evangelischen Pfarrer am Sterbebett. Beide hofften, eines Tages, nach seiner Scheidung, heiraten zu können.

Im Dezember 1944 war auch dieser Standort vor der heranrückenden Roten Armee aufgegeben worden. Die Einheit wurde nach Lübben, südlich von Berlin, verlegt. Der Chefarzt schickte das meiste Personal in Urlaub, wohl in der Annahme, daß es nicht mehr zurückkehren müßte. Über Berlin, wo Emmi Werners Eltern kennenlernte, kam sie nach Gladbeck. Sie erzählte und erzählte. Das Ende ihres Berichtes ging im Heulen der Sirenen unter.

»Mein Gott«, sagte Emmi ungläubig, »das hier ist ja schlimmer als in Frontnähe. Wie haltet ihr das nur aus?« Im Stollen spielte sie mit ihrer Nichte Gudrun, die die Angst vor ihrer Schwesterntracht dabei verlor, zumal Emmi ihr einen kleinen Teddybär schenkte. Schnell ging der Urlaub vorbei, ohne daß das Kriegsende in Sicht war. Am Abend des 12. Februars stand Emmi auf dem Bahnhof in Essen, um wieder Richtung Osten zu fahren. Eine unvorstellbare Menschenmenge in Uniformen wogte um sie herum. Der Zug war so voll, daß Emmi sich durch ein Fenster hereinheben lassen mußte. Beklommen schauten die Menschen zum Himmel. Hoch oben brummten, wie riesige Moskitos, eine nicht endenwollende Anzahl feindlicher Flugzeuge gen Osten. In dieser Nacht ging Dresden in Flammen auf. Die Anzahl der Toten wurde nie ermittelt, da es keinen Überblick mehr gab, wie viele Flüchtlinge sich in der Stadt aufgehalten hatten.

Emma war nicht mit zum Bahnhof gefahren, sie war zu erschöpft. Wegen des ständigen Fliegeralarms und den Entwarnungen fand sie keinen Schlaf mehr. Hohlwangig, wie eine Schlafwandlerin, tappte sie durch das Haus, unfähig zu arbeiten. Jettchen, die das Leiden ihrer Mutter nicht mehr mit ansehen konnte, packte am letzten Sonntag im Februar Eßwaren zusammen und brachte Emma zu Hedwig. »Dort wirst du schlafen wie ein Murmeltier«, versprach sie fest.

In den Nächten in Hamm-Bossendorf dröhnte zwar die Flak, doch Emma schlief tief und fest. Hedwig brachte es nicht übers Herz, ihre erschöpfte Mutter zu wecken. Sie wachte lediglich angezogen an ihrem Bett. Emma wurde von Tag zu Tag gesprächiger. Mitten in einer Unterhaltung klingelte es, und Karl stand vor den Frauen. Er suchte Emma. Auf Drängen seiner Bettnachbarn im Krankenhaus war er zum Kotten gefahren, um für sie etwas eingekochte Wurst vom Schwein zu holen, auch wenn er selber davon noch nicht essen durfte. Er hoffte, bald entlassen zu werden. Außerdem müsse er an die Frühjahrsbestellung und ans Umgraben denken. Auf Emmas Gesicht stahl sich ein zaghaftes Lächeln.

Tage und Nächte im Stollen

Der Bahnhof in Haltern wurde von der Wehrmacht als Ausweichbahnhof für Munitionszüge benutzt. Anfang März, Karl und Jettchen waren gerade bei Hedwig zu Besuch, flog ein Munitionszug in die Luft. Die Druckwellen waren so stark, daß sogar im entfernten Hamm-Bossendorf Scheiben zu Bruch gingen. Zwei Tage zuvor hatten sogenannte Rückflieger auf eine Gruppe mittagessender HJ-Jungen ihre restlichen Bomben abgeworfen. Alle waren auf der Stelle tot. Hedwig, die das erschütternde Schauspiel auf kurze Entfernung mitansehen mußte, war wie gelähmt gewesen; ihre Beine wollten ihr nicht mehr gehorchen.

Jettchen hörte sich Hedwigs Schilderungen an und meinte energisch: »Nächstes Wochenende hole ich dich und Gudrun mit dem Fahrrad ab. Überlege genau, was du alles mitnehmen mußt. Am liebsten würde ich euch beide auf der Stelle mitnehmen.« Hedwig nickte erleichtert. Auch ihre Nachbarn hatten das Haus bereits verlassen.

Eine Woche später war Jettchen wieder da. Gudrun wurde bei ihr auf dem Gepäckträger festgeschnallt, das Gepäck gleichmäßig verteilt. Die

Wohnung mußte unverschlossen bleiben (kein Volksgenosse bestiehlt einen anderen), und ab ging es Richtung Gladbeck.

Die Alliierten hatten im Deutschen Reich die Lufthoheit errungen. Nichts hielt sie auf, auch am Tag Ziele anzugreifen; sie schossen im Tiefflug auf alles, was sich bewegte. Jettchen und Hedwig fuhren zunächst am Lippe-Seiten-Kanal entlang. Jedesmal, wenn Tieflieger die Schiffe auf dem Kanal angriffen, zerrten die beiden Frauen Gudrun vom Rad und warfen sich mit ihr in einen Straßengraben. Nach dem dritten Mal meinte Jettchen trotzig: »Wir fahren durch. Sonst kommen wir nie an. Wenn die da es gut finden, zwei Frauen mit einem Kind abschießen zu müssen, haben wir eben Pech gehabt.« Und sie fuhren weiter. Die Tiefflieger brausten bedrohlich über sie hinweg, sie spürten sogar ihren Winddruck, doch beschossen wurden sie nicht.

Die dreijährige Gudrun umklammerte Jette und hatte müde ihren Kopf auf den Rücken ihrer Tante gelegt. »Ach, Gudrun«, seufzte ab und zu Jette, »leg dich nicht so auf. Mir wird das ganze Kreuz steif.« »Ja, ja, Tante Jettchen«, erwiderte jedesmal die Kleine und setzte sich wieder gerade. Doch wenn nach einer Weile ihr Kopf zu sehr wackelte, legte sie ihn wieder vertrauensvoll auf Jettchen Rücken. Nach endlos erscheinenden Stunden hatten sie die Strecke geschafft. Emma nahm ihren kleinen Sonnenschein Gudrun und wiegte ihn auf ihrem Schoß. Mochte da kommen, was wollte, Hedwig und Gudrun fühlten sich auf dem Kotten in Sicherheit.

Und es kam knüppeldick auf Gladbeck herunter. Ein Fliegeralarm löste den anderen ab. Die Vorwarnzeiten wurden immer kürzer. Rücksichtslos bahnten sich die verängstigten Menschen den Weg zum Stollen, dabei wurden Emma und Gudrun von einem Radfahrer einfach umgefahren. Gudrun meinte mitfühlend zu Emma: »Ja, ja, Oma, wir beiden.«

Im Stollen war Gudruns Angst fort. Sie spielte zufrieden mit den anderen Kindern. Nur wenn der Bombenhagel das spärliche Licht zum Flackern brachte, verkroch sie sich auf Hedwigs oder Emmas Schoß. Besonders schwere Angriffe trafen Gladbeck vom 21. bis 24. März 1945. Die Ortsteile Ellinghorst, Rentfort, Schultendorf und die Innenstadt waren die Hauptziele der Halifax- und Lancaster-Bomber. Mehrere Kirchen wurden zerstört, darunter St. Lamberti und die Christuskirche.

Bei einem Stollenaufenthalt erstickten fast die Schutzsuchenden. Hedwig bemerkte, wie Gudrun sich plötzlich schlaff hängen ließ und ihr Atem seltsam flach ging. Es war merkwürdig still geworden. Da wurde Hedwig von Panik erfaßt. Sie stürzte zu einem der Ausgänge und schrie die Wachen an: »Lassen Sie mich raus, mein Kind erstickt sonst!« Sie zeterte so lange, bis sie mit Gudrun an die frische Luft durfte. Als auch die Kerzen, die zur Kontrolle angesteckt worden waren, erloschen, wurde der Stollen zwangsweise geräumt. Emma mußte von Karl und Jette getragen werden. Nach Luft ringend, keuchend und verschreckt, standen die Menschen draußen, dem Höllenlärm der detonierenden Bomben ausgesetzt, und hatten dennoch Glück – keine Bombe fiel in die Nähe der Ausgänge. Sie kamen mit dem Schrecken davon.

War die Bedrohung noch steigerungsfähig? Bei einem der letzten Angriffe auf Gladbeck erschütterten so heftige Druckwellen das stabile, westfälische Bauernhaus, daß fast alle Türen und Fenster aus den Angeln fielen und teilweise zerstört waren. Gudrun lief verstört herum und klagte: »Oma, alle Scheimen putt.« Zwischen Graf Moltke I/II und dem Kotten lag ein Bombentrichter neben dem anderen, auch ein Blindgänger, doch das Haus stand.

Emma und Karl nahmen Frau Leyendecker mit ihren Kindern auf, deren Vater beim Volltreffer eines Erdbunkers in der Herrmannstraße tödlich verletzt worden war, da Mariele und Jettchen mit der Tochter Teta eng befreundet waren. Teta, Leiterin des Zechenkonsums, sorgte dafür, daß Emma und ihre Familie auch wirklich das erhielt, was ihr nach den Lebensmittelkarten zustand.

Todeszone Ruhrgebiet

Am 23. März 1945 setzten die Briten bei Wesel über den Rhein. Von da an herrschte stundenlang Ruhe. Es gab keinen Fliegeralarm mehr. Die Bomber zogen hoch oben am Himmel Richtung Norden und Osten. Dann begannen die Kanonen von allen Seiten zu donnern. Da einige Kugeln ungezielt einschlugen, entschied Karl, es wäre sicherer, den eigenen Keller als den Stollen aufzusuchen. Von nun an schlief die Familie in den Kartoffelbuchten, eng aneinandergedrückt. Wenn der Lärm vom Wummern der Kanonen, von dem Pfeifen und Jaulen der Geschosse unerträglich wurde und die Luft vibrierte, suchten sie dennoch den Stollen auf, um dem Lärm zu entgehen.

War alles ruhig, spielte Gudrun draußen. Zerplatzten Schrapnells in der Luft, rannte sie nur zur Kellertür und horchte angestrengt nach draußen. Blieb alles ruhig, spielte sie auf dem Hof weiter.

Das Bunkerleben, das seltene Wechseln der Kleidung, förderte eine unangenehme Krankheit – die Krätze. Bis auf Karl, der sich jeden Tag duschen konnte, wurden alle in der Familie davon befallen. Am schlimmsten litt Gudrun darunter. Ihr half auch nicht Jettchens Creme aus den Kruppschen Anstalten. Deshalb mußte sie zweimal im Krankenhauskeller mit einer kalten Lösung abgewaschen werden, wobei sie furchtbar schrie.

Jeden Tag rechneten die Gladbecker mit dem Eintreffen der Engländer oder Amerikaner. Teta L. versorgte Emma mit Lebensmitteln über die Lebensmittelkarten hinaus, da sie befürchtete, daß der Zechenkonsum entweder von den alliierten Soldaten oder Deutschen ausgeraubt werden würde. Emma mußte nur den normalen Preis zahlen, damit die Kasse stimmte. Die Butter wurde sofort mit Salz in einem Butterfäßchen verarbeitet. Karl hob im Schafstall eine Mulde aus, in der die kostbaren Waren Platz fanden.

Die Alliierten hatten das Ruhrgebiet zur Todeszone erklärt und in einem Flugblatt die Bevölkerung aufgerufen, das Gebiet, wegen der zu erwartenden Kämpfe, vorsorglich zu verlassen. Auch die Stadtverwaltung unter Dr. Hackenberg, einem SS-Mann, gab grünes Licht. Auf der Ringeldorfer Straße, in der Nähe des Kottens, zogen viele Gladbecker Richtung Buer und weiter. Es wurde erzählt, daß besonders viele Parteigenossen und Parteibonzen sich unter den Menschen befunden haben sollten. Vom Kotten zog niemand fort.

Am Abend vor Gründonnerstag saß die Familie auf der kleinen Wiese vor dem Haus – die Abendluft war schon erstaunlich mild – und betrachtete den rot-schwarz brennenden Himmel im Westen. Das Ruhrgebiet, die Heeresgruppe B, war umzingelt.

In dieser Nacht schlief außer Gudrun niemand im Haus. Im Schutz der Dunkelheit fing ein emsiges Hantieren an. Die Familie brachte ihre Vorräte in Sicherheit. Alles Eingekochte an Fleisch, Wurst, Gemüse und Obst, bis auf wenige Stachelbeergläser, schoben Jette und Mariele unter die tiefen Kartoffelbuchten. Davor nagelte Karl alte Bretter. Die Buchten sahen geschlossen aus.

Das eingepökelte Fleisch wickelte Hedwig in Laken und Kopfkissen und legte es in einen großen Waschkessel, den Karl unter den dichtstehenden Stachelbeersträuchern im Garten vergrub. Am Morgen des 29. März schossen auf der Schützenstraße die heranrückenden Amerikaner die ersten Warnschüsse in die Luft, während Jette und Teta noch einmal Lebensmittel aus dem Zechenkonsum davontrugen.

Wenige Stunden später, die Familie frühstückte übermüdet in der Küche, polterten Stiefeltritte gegen die Haustür, und gleichzeitig wurden die Fensterflügel aufgestoßen.

Emma war zur Haustür geeilt. »Hands up!« kommandierte eine Stimme, und ein Soldat richtete seine Waffe auf Emma. Verschreckt hob sie ihre Arme hoch, und Hedwig überkam ein nervöses Kichern.

Einen Soldaten, der sich durch das Küchenfenster schwang, fuhr Jette an: »There is the door!« »Shut up!« war die finstere Antwort. Wirklich, ihre Befreiung vom Naziregime hatten sich alle weniger dramatisch vorgestellt. »Werwolf?« fragten die Soldaten. Ratlos schüttelten die Chomontowkis ihre Köpfe.

Die Soldaten durchkämmten das ganze Haus, stocherten sogar im Heu herum, doch sie fanden nichts Verdächtiges. Schließlich löste sich das Rätsel. Der alte Opa Kerber hatte aus der Dachluke des Kottens ein weißes Tuch gehängt; für die Amerikaner ein Zeichen, daß sich in dem Haus Soldaten ergeben wollten. Sie hatten sogar eine Falle vermutet. Inzwischen waren sie von der Harmlosigkeit der Bewohner überzeugt und wollten schon wieder abziehen, als ihnen der alte Kerber unbedacht selbstgegorenen Wein anbot.

»Nun kommen sie wieder«, mutmaßte Karl, und richtig, nachts wurden sie alle von einer Schar Soldaten aus dem Schlaf gerissen, die Einlaß begehrten und die gesamten Weinvorräte auftranken.

Zu der Panzereinheit der 9. UA-Armee gehörten auch Schwarze, die ersten schwarzen Männer, die Mariele und ihre Freundinnen zu Gesicht bekommen hatten. Erschreckt lief sie nach Hause, und die Soldaten lachten dröhnend hinter ihr her.

Die Panzereinheit rückte Richtung Buer weiter, wurde aber nach wenigen Tagen zurückgeworfen und nisteten sich im Kotten ein. Alle Bewohner mußten den Kotten verlassen. Die Familie hatte kaum Zeit, das Notwendigste zu packen. Jette versteckte das Schifferklavier unter einem Stoß schmutziger Wäsche; ihren Fotoapparat hatte sie schon vorher versteckt, da auch unter den Nationalsozialisten ein Fotografierverbot bestanden hatte, obwohl sich viele Deutsche nicht daran hielten. Mariele packte ein Radiogerät ein, das sie von der NSV ausgeliehen hatte, und Gudrun trug schwer an einer Puppe mit Holzkopf, einer Gemeinschaftsarbeit von Mariele, Heinz und Jette. Sie zogen mit der Familie Leyendecker in eine Wohnung, die ein Parteigenosse verlassen hatte. Die amerikanischen Soldaten erlaubten Karl und Emma, morgens und abends zu kommen, um die Tiere zu füttern und die Schafe zu melken.

Einige Soldaten schauten Emma beim Melken zu und probierten die Milch. Zum Glück entsprach sie nicht ihrem Geschmack, und Emma konnte die Milch behalten.

Nach ungefähr sechs Tagen waren die Amerikaner fort. Erst mehrere Stunden später drang die Nachricht zu Emma und Karl vor. Hastig eilten sie zum Kotten, um zu sehen, ob die Amerikaner ihnen etwas Schokolade oder Kaffee zurückgelassen hatten, wie es bei Einquartierungen woanders vorgekommen war. Doch diesesmal hatten sie nur jede Menge Zigarettenkippen und schmutziges Geschirr zurückgelassen. Das Akkordeon war verschwunden, die wenigen Gläser mit Eingemachtem waren geöffnet und verschmäht worden, da sie ohne Zucker nicht schmeckten. Von den Hühnern, die in ehemaligen Schweineboxen hockten, hatten die Soldaten abwechselnd eines von Kerber und dann eines von Emma genommen. Jettchen war zufrieden, wenigstens ihren Fotoapparat im Versteck vorzufinden.

Leyendeckers waren nicht mehr mitgekommen. Sie behielten auch das Radiogerät der NSV, da »es sowieso Beutegut aus Holland ist. Ist doch gleich, wer es behält.«

»Bewertung der Milchschafe«. Emma vertritt ihren Mann bei der Vorstellung ihrer Milchschafe im Schafzuchtsverein 1941.

Am 19. April wurde jeglicher Widerstand der Heeresgruppe B im Ruhrkessel eingestellt. Für Gladbeck war der Krieg vorbei. Rund 40.000 Bomben hatten 5.122 Wohnhäuser mit 16.000 Wohnungen, das Krankenhaus, viele Kirchen, 28 Schulen und Verwaltungsgebäude sowie 25 Wirtschaftsbauten zerstört oder schwer beschädigt, wie Harald Neumann in seinem Buch »Gladbeck« (Düsseldorf, 1986) aufgelistet hat. Weiter heißt es dort: »827 Zivilisten waren durch Beschuß umgekommen; am Ende des Krieges lebten nur noch 38.000 Einwohner in Gladbeck, die anderen waren evakuiert, manche vermißt.« Am 20. April mußte am Geburtstag Adolf Hitlers in Gladbeck nicht mehr geflaggt werden. Die Hakenkreuzfahnen waren vorsorglich verbrannt, vergraben oder zerschnitten worden. Karl und Emma, die nie eine Fahne besessen hatten, brauchten sich deswegen keine Gedanken zu machen.

Karl hatte recht behalten. Adolf Hitler war nie wieder nach Gladbeck gekommen; einmal, 1932, war genug.

Sofort nach der Kampfeinstellung begannen sich demokratische Wiederanfänge zu regen, sogar ohne Zustimmung der Besatzungsmächte. Karls Gewerkschaft, die spätere IG Bergbau, hielt die erste Versammlung ab. Als Eintrittsdatum für die unerschütterlichen Bergleute galt der 1. Mai 1945. Das Datum ließ Karl mit Genugtuung in seinem neuen Ausweis vermerken.

Teil IV Unter Vormundschaft der Alliierten

Fraternisierungsverbot und deutsche Volkslieder

Für Emma und Karl, Mariele und Jette sowie Hedwig und Gudrun war der Krieg vorbei – doch wo waren die anderen der Familie? Noch wurde in weiten Teilen Deutschlands und Europas gekämpft.

An ihrem 54. Geburtstag, am 28. April, erhielt Emma eine Feldpostkarte von Ernst, datiert von Anfang Februar. Er schrieb, er sei in der vierten Kurlandschaft verwundet worden und warte im Ostseehafen Libau auf seinen Abtransport über die Ostsee. Emmas Augen begannen zu glänzen. Ein schöneres Geburtstagsgeschenk konnte sie sich nicht vorstellen.

Eines Abends kamen einige Italiener nach der Sperrstunde auf den Kotten und forderten die Herausgabe der Hühner. Die Italiener waren ehemalige Kriegsgefangene, die von den Amerikanern und Briten aus einem Lager entlassen worden waren. Auch andere Lager und Unterkünfte von Zwangsarbeitern und Häftlingen waren aufgelöst worden, ohne daß sich die Sieger anfänglich Gedanken um die Zukunft dieser Menschen noch um ihre Verpflegung machten.

Karl reagierte böse. »Ich bin kein großer Bauer, ich bin Bergmann und habe keinem von Euch etwas getan. Ich muß selber zusehen, wie ich meine Familie ernähren kann.« Da schüttelten die Italiener ihre Fäuste und brüllten: »Wir gehen zu Amerikaner. Der nimmt dir dann alles weg.« »Das werden wir ja sehen!« schrie Karl aufgebracht. »Ich schlage jedem, der mir die Hühner wegnimmt, mit der Axt den Schädel ein!«

Die Italiener zogen in Richtung Gartenstraße ab, wo vor den beschlagnahmten Steigerhäusern amerikanische Wachen patrouillierten. Jette und Mariele glaubten den Drohungen ihres Vaters aufs Wort. Sie hatten seinen Jähzorn kennengelernt. Vor zwei Jahren hätte er in einem Wutanfall beinahe Marieles Dackel erschlagen, der alle Junghühner totgebissen hatte, wenn seine Tochter nicht wagemutig dazwischengegangen wäre.

Trotz Sperrstunde und Jettchens nasser Haare, die sie mit einem Handtuch zu einem Turban verschlungen hatte, eilten die Schwestern zu dem Wachposten an der Ecke Land- und Gartenstraße, während die Italiener auf die andere Wache einredeten. Mit viel Geschick und einigen Brocken Englisch überzeugte Jette die beiden Soldaten, daß »die Männer dort« kein Recht auf ihre Hühner hätten. Die beiden Wachen berieten sich kurz und bedeuteten den Italienern, sie sollten abhauen. »Wir kommen wieder!« brüllten die Männer wütend. Jettchen faßte die Gelegenheit beim Schopf und bat die beiden Wachen, bei ihren Patrouillen auch den Kotten mit einzubeziehen.

Das Fraternisierungsverbot ihrer Armee mißachtend kamen sie tatsächlich. Sie brachten ihre Waffen, aber auch Weißbrot, Zigaretten, Nescafe und Butter mit und ließen sich häuslich nieder. Dan, Bob und ein dritter Soldat wollten »German folk songs« hören, und Jette, Mariele und Teta sangen und spielten auf der Gitarre, was ihnen in den Kopf kam.

Dennoch kamen die Italiener in der Nacht wieder. Fluchend stürzte Karl mit der Axt hinterher und sah, wie die Männer mit Kerbers Hühnern davonliefen. Beim nächsten Versuch, mit Anbruch der Dunkelheit, waren gerade Dan und Bob anwesend. Sie erschreckten die Diebe und drohten: »Hier amerikanisch besetzt. Haut ab, quick. Sag auch den andern.« Von da an hatten die Familien Chomontowski und Kerber Ruhe. Andere Bauernhöfe kamen nicht so glimpflich davon.

Anfänglich legten die drei Soldaten arglos ihre Waffen im Hausflur ab, bis Karl sie mit seinen geringen Englischkenntnissen zurechtwies. »Okay, Dad«, meinten sie nur und stellten ihre Gewehre im Wohnzimmer ab. Nach zweieinhalb Wochen kamen die drei amerikanischen Soldaten zum letzten Mal auf den Kotten, um sich zu verabschieden und noch einmal den heißbegehrten Kaffee, Zigaretten und Weißbrot zu bringen. »Paßt gut auf euch auf« und »Vergeßt uns nicht« meinten sie, bevor sie nach Süddeutschland abrücken mußten.

Ein schönes Frühjahr

So ein schönes Frühjahr wie 1945 hatten die Menschen im Ruhrgebiet schon lange nicht mehr erlebt. Es milderte trübe Gedanken, machte die beginnenden Aufräumungsarbeiten erträglich, verlockte Mariele und

Jette zum Sonnenbaden und trieb Emma und Karl in den Garten. Sofort nach Beendigung der Kampfhandlungen durften die Milchschafe mit ihren Lämmern wieder draußen weiden. Die vielen Bäume auf den Wiesen und um den Hof herum blühten in voller Pracht – es war eine Lust zu leben. »Alles wird gut«, erklärte Emma den anderen. »Alle werden nach Hause zurückkehren.« Doch noch hieß es warten, auf Emmi, Ernst, Heinz, Kalla und Franz.

Karl bastelte der kleinen Gudrun einen Puppenwagen aus den Rädern eines alten Kohlekastens und einer Puppenwiege. Endlich hatte er Zeit dazu und mußte nicht mehr das hohe Dach flicken.

Hedwig und Jettchen holten mit zornigem Mut Möbelstücke aus fremden Haushalten in Hamm-Bossendorf, die einst in der Dienstwohnung von Franz gestanden hatten. Die Wohnung war von Entlassenen der Lager zerstört worden, die ein Gendarmeriewohnhaus als ein Symbol der verhaßten Nazis angesehen hatten. Hedwig sehnte Franz herbei, von dem sie seit Januar 1945 keine Nachricht mehr hatte.

Am 15. Mai, Jette wurde dreiundzwanzig Jahre alt, traf überglücklich Emmi ein. In den letzten drei Monaten hatte sie mehr erlebt als je zuvor.

Auf der Suche nach dem Kriegslazarett 918 war Emmi am 14. Februar bis Jüteborg, südlich von Luckenwalde am Fläming, gekommen. Dort endete der Zug; nichts ging mehr. Aus einem Zug aus Berlin stieg Werner Schneider, der Pfarrer, der sie trotz des Gewühles auf dem Bahnhof entdeckte. Für Emmi ein Zeichen des Himmels!

An der Frontstelle, jeweils an Bahnhöfen mit Frontnähe eingerichtet, erfuhren sie, daß ihr Lazarett nun in Zeithain, nördlich von Riesa, am rechten Elbufer lag. Nach einem Querfeldeinmarsch sagte Stabsarzt Dr. Mayer: »Ich hätte nicht gedacht, euch wiederzusehen.« Dort blieben sie bis zum 25. April 1945, Emmi kochend und pflegend, Werner predigend und Trost spendend.

Die Rote Armee rückte so schnell heran, daß das Lazarett samt Material bei Riesa über die Elbe in Richtung Wurzen an der Mulde ausweichen mußte. Die Verwundeten waren rechtzeitig abtransportiert worden. Die Rote Armee beschoß Torgau an der Elbe, die Amerikaner Eilenburg an der Mulde. Das Kriegslazarett 918 saß so richtig in der Patsche. Während sich die amerikanischen und sowjetischen Truppen in Torgau an der Elbe die Hände schüttelten, verhandelte Dr. Mayer über einen Kurier mit den Amerikanern, um zu ihnen in die Gefangenschaft zu gelangen. Die Belegschaft des Lazaretts durfte ohne ihr Material kommen.

Am 27. April jonglierten die Schwestern über die zerstörte Brücke über die Mulde bei Wurzen. Die Männer mußten ein Stück flußaufwärts hinüberwaten. Werner hatte Emmi ans Herz gelegt, sich um die schwangere Mitschwester Edith zu kümmern. Schon bald erfuhren die Schwestern, daß die Rote Armee sie als Pflegepersonal von den Amerikanern angefordert hatte. Mit Hilfe eines deutschen Arztes, der das Vertrauen der Amerikaner genoß, gelang es den Schwestern, sich rechtzeitig abzusetzen.

Das bedeutete aber keineswegs, daß sie nun in Sicherheit waren. Richtung Westen hieß ihre Parole, vorbei an Leipzig, Halle, Sangershausen, weiter durch den Harz nach Kassel. Der Fußmarsch war besonders für die Schwangere sehr anstrengend. Abends massierte ihr Emmi die Füße. Meistens wurden sie freundlich aufgenommen, nur selten hatten sie keine Bleibe für die Nacht. In der Regel hielten sie sich von den Hauptstraßen fern. Einmal nahm sie ein Jeep mit schwarzen Soldaten mit, deren Bemerkungen immer eindeutiger wurden. Die Schwangere bemerkte: »Mir kann ja nicht allzu viel passieren.« Als Emmi einen jauchefahrenden Bauern auf einem Feld sah, brüllte sie: »Stop, stop!« und deutete auf den Bauern. Der Bauer begriff sofort die Situation, nahm die Schwestern auf seinen stinkenden Wagen – erst da fuhr der Jeep davon.

Hinter Kassel machte Edith schlapp. Leute wiesen sie zum Schloß des Fürsten, der hätte Platz genug. Dort waren sie tatsächlich willkommen, weil den Fürsten von und zu Fürstenberg heftige Ischiasschmerzen quälten und ihm niemand die vorhandenen Mittel spritzen konnte. Edith kam wie gerufen. Nach wenigen Tagen der Ruhe und des guten Essens fuhr sie der Fahrer des Fürsten mit einem Mercedes nach Lippstadt. Emmi hoffte, von dort einen Zug nach Ahlen/Hamm besteigen zu können. Doch ihr Optimismus war verfehlt. Am 8. Mai 1945 fuhren keine Züge. Ohne um Erlaubnis zu fragen, fuhr sie der Fahrer des Fürsten bis Ahlen. Friedel und Heinz staunten, als Emmi in einem Mercedes vorfuhr.

Heinz Schröler wollte dafür sorgen, daß Edith mit einem Kohlenlastwagen nach Lübeck zu ihren Schwiegereltern transportiert würde, so daß Emmi ohne Sorgen auf seinem Herrenrad nach Gladbeck weiterfuhr. Sie benutzte die leere Autobahn. Nur die vielen gesprengten Brücken verhinderten, daß sie noch vor der Sperrstunde auf dem Kotten ankam. So traf sie zwar erst am 15. Mai, aber pünktlich zu Jettes Geburtstag ein.

Noch einer fand den Weg zum Kotten, Erich, ein Pfleger aus Essen. Er sagte: »Der Chef läßt dir gratulieren und meint, daß er dich dringend braucht. Dein unfreiwilliger Urlaub hätte lang genug gedauert.« »Willst du mir mal verraten, wie ich nach Essen kommen soll? Es fährt doch noch nichts.« »Mit dem Fahrrad. Für die Behelfsbrücke über den Rhein-Herne-

Kanal erhälst du einen Passierschein, der Chef hat an alles gedacht.« So fuhr Jettchen jeden Tag die von Schutt, Geröll und Glassplittern übersäte Strecke zu den Kruppschen Krankenanstalten, die nach ihrer Ausbombung behelfsmäßig in der Nähe der Gruga untergebracht worden waren. An manchen Tagen hatte sie drei Pannen und mehr, doch sie flickte unverdrossen die Löcher und lachte dabei. Es war wirklich ein schönes Frühjahr.

Die Geige des Zigeuners

Mitte Juli stand der sechzehnjährige Kalla in der Stube, lachend, braungebrannt und hungrig. Beim Essen erzählte er seine Geschichte, die mehr einer Räuber- und Gendarmjagd ähnelte, als der Schilderung eines furchtbaren Krieges. Er berichtete selbstbewußt, daß es ihm tatsächlich einmal gelungen sei, einen amerikanischen Panzer in die Luft zu sprengen. Ansonsten bestand sein Einsatz aus dem Rückzug seines Bataillons Widukind zusammen mit der deutschen Armee bis zur Porta Westfalica, wo sie alle von der 9. amerikanischen Armee gefangengesetzt wurden. Die HJ-Jungen wurden in einer Schule von Belgiern bewacht. Kalla schaffte gemeinsam mit seinem Freund Manfred die Flucht. Bei einem Bauern wechselten sie die Kluft und warfen ihre Uniformen ins Feld. Keck marschierten sie an amerikanischen Panzern vorbei, bis ein Sergeant ihr Alter wissen wollte, und ob sie schon gekämpft hätten. Sie logen ihn an. Da zeigte der Sergeant auf ihre Wehrmachtsstiefel und rief halb lachend, halb drohend: »Go on!«

Die Weserbrücke hing gesprengt in der Mitte durch. Die Potonbrücke der Engländer zu benutzen, wurde ihnen verwehrt. Da balancierten, kletterten und krochen sie über die zersprengte Brücke auf die andere Weserseite. Bei Manfreds Mutter in Oeynhausen durfte Kalla erst einmal bleiben. Er genoß das Nichtstun, die ausreichende Verpflegung, das Schwimmen in der Weser und die Begegnungen mit englischen Soldaten, von denen er Zigaretten schnorrte. Ende Juni hatte er das Glück, mit dem Vater eines LBA-Schülers, einem Schnapsfabrikanten aus Wuppertal, im Auto nach Hamm mitgenommen zu werden. Von dort lief er zu Friedel und Heinz nach Ahlen. Die handelten schnell, da sie von Emmas Sorgen um ihren Jüngsten wußten. Schon am nächsten Tag setzte Heinz den Vagabunden auf einen Kohlentransport nach Recklinghausen. Von dort fuhren tatsächlich schon wieder Züge nach Oberhausen über Gladbeck. Kalla war mit sich sehr zufrieden.

Was aber war mit seinen Sachen im Internat, der Kleidung, den Büchern, der Geige geschehen? »Alles weg«, mutmaßte Kalla unbeschwert. Den Büchern, voll mit brauner Ideologie, trauerte niemand nach. Um die Kleidung war es zwar schade, doch sie ließ sich irgendwann ersetzen. Anders verhielt es sich mit der Geige. Sie war die Geige des Zigeuners, die dieser 1922 der Familie, nach zähen Verhandlungen, für ihre rissige Geige überlassen hatte. Emmas Bruder Ernst hatte 1919 diese Geige, bei der Hochzeit ihres Bruder Franz in Parchim, geschenkt bekommen; damals war sie noch heil und hatte einen wunderbaren Klang. Dann passierte Ernst ein Mißgeschick – auf der Rückfahrt von Rumänien, wohin er und Mia eigentlich auswandern wollten, es sich aber nach einer enttäuschenden Stippvisite anders überlegt hatten, geriet er mit seiner Geige in eine Schlägerei. Der wundervolle Klang war hin. Traurig gab er die Geige an Emma weiter, um sie nicht mehr vor Augen zu haben.

Eines Tages kam der Zigeuner in Emmas Wohnung und sah die Geige. Er bot an, sie zu reparieren, doch das hätte Emma nicht bezahlen können. Der Zigeuner barmte und wühlte in seinen schwarzen Haaren. Es wäre ein Jammer um diese Geige, meinte er unglücklich. Er verfiel ins Grübeln. Schließlich nahm er seine eigene Geige vom Rücken und überreichte sie Karl und Emma im Tausch. Zuerst lernte der elfjährige Ernst auf ihr, bis er die Lust verlor. In den nächsten Jahren entlockte ihr manchmal Karl Melodien, obwohl seine Hände und Finger schwielig waren. Schließlich nahm sie Kalla mit zur LBA, da ein zukünftiger Lehrer Geige spielen können sollte. Er tat es nur ungern. Sein Lieblingsinstrument war das Schifferklavier, auf dem er ohne Noten Lieder und Schlager nachspielte. Und ausgerechnet das war gestohlen worden.

So verlor die Familie in den letzten Kriegsmonaten auch noch die Geige des Zigeuners; nur die Gitarre war ihr geblieben.

Silberhochzeit und Hiroshima

Am 8. August 1945 fuhr morgens ein britischer Soldat auf einem Krad am Kotten vor und überreichte der verdutzten Emma eine riesige Dose mit Nescafe sowie eine Stange Zigaretten »for the Silver Wedding«. Dieser unverhoffte Schatz war Kalla zu verdanken, der die unfreiwillige Bekanntschaft mit der britischen Besatzungstruppe in Gladbeck geschlossen hatte. Wenige Tage nach seiner Heimkehr war er mit einem Freund am Quartier der Briten entlanggeschlendert, zu denen auch Schotten gehörten. Ein wachhabender Soldat mit Schottenrock und langen, dünnen Beinen reizte die Jungen zum Lachen. Er fühlte sich gekränkt. Zur Strafe mußten die beiden in der Lagerküche spülen. Einige Soldaten verulkten die Jungen, bis ihnen Kalla auf Englisch antwortete. Ein englischer Soldat wollte mehr über Kalla und seine Familie wissen und erfuhr dadurch von der bevorstehenden Silberhochzeit der Eltern.

Emma lud den großzügigen Spender zu der kleinen Feier am Nachmittag ein. Dank der Vorräte der Familie, Hedwigs Bäckereiwerke und der Kaffeespende war der Tisch für die karge Nachkriegszeit gut gedeckt. Werner, der Pfarrer, der mittlerweile zur Familie zählte, hielt eine Hausandacht. Nach dem Kaffeetrinken spielte eine Bekannte auf ihrem Akkordeon Musik zur Unterhaltung und zum Mitsingen. Zwischen der Familie, sogar Friedel und die kleine Gisela waren gekommen, saß der Soldat aus Yorkshire und sang jupp-hei-di, jupp-hei-da mit, den Refrain des Liedes vom »Pastor sin Kau«.

Emma und Karl nahmen es gelassen hin, im Mittelpunkt der Feier zu stehen. Ab und zu suchte Karl Emmas Hand und drückte sie. Es waren wahrhaft dornige 25 Jahre geworden, mit Not, Arbeitslosigkeit, Krankheiten, Krieg und politischer Bedrohung. Dennoch – sie hatten sie gemeinsam gemeistert. Nach Emmas Wechseljahren stand auch ihre körperliche Liebe nicht mehr unter einem Vorzeichen von Angst und Schuldgefühlen. Emma und Karl waren keine Träumer. Ihre Wünsche für sich und ihre Familien blieben bescheiden – im Frieden leben und arbeiten zu dürfen, ausreichend Essen und Kleidung zu haben und in Freiheit wählen zu können. Alles andere würde sich dann finden, meinten sie. Würde sich wirklich alles finden?

Am nächsten Tag hörten sie ungläubig von den verheerenden Folgen des ersten Abwurfs einer Atombombe auf Hiroshima in Japan, dann von einer zweiten auf Nagasaki. Diese Bomben verursachten mehr Leid, als die Bomben, die sie miterlebt hatten. Über die Auswirkungen der Strahlungen redete zu dem Zeitpunkt noch niemand. Das heroische Bild der Amerikaner, die dazu beigetragen hatten, daß Deutschland von einem verbrecherischen Regime befreit worden war, geriet bei Emma und Karl ins Wanken. Waren die Abwürfe der Atombomben nicht auch Verbrechen?

Auf Krücken nach Hause

Trotz einer guten Ernte an Obst, Kartoffeln und Gemüse waren Emma und Hedwig um jedes Stückchen Brot und Fett froh, das sie auf Lebensmittelkarten erhielten. Die monatliche Ausgabe dieser Karten wurde scharf überwacht. Karl erhielt eine Zusatzkarte als Bergarbeiter, auf Gudruns Karte für Kleinkinder gab es Milch, die im Winter für die ganze Familie wichtig war. Die anderen erhielten eine Karte für Normalverbraucher.

Gudrun durfte auch an der Schwedenspeisung teilnehmen, die es sporadisch gab. Für die Kinder der mittleren Landstraße fand die Ausgabe des Essens in der Wirtschaft Duhme statt. Dort aß Gudrun zum erstenmal Knäckebrot. Auch für die Bergarbeiter gab es eine Extramahlzeit vor Schichtbeginn. Karl aß dann gut die Hälfte seiner Portion aus dem Henkelmann auf, ließ sich einen Nachschlag geben und reichte ihn an Hedwig weiter. Das Henkelmannessen wurde immer begehrter, weil die Vorräte dahinschmolzen und die nächsten Jahre schlechte Ernten brachten.

Anfang September 1945 kehrte Hilde mit dem fünfjährigen Ingo aus ihrem bayerischen Evakuierungsort nach Gladbeck zurück. Sie brachte die Nachricht mit, daß Ernst in einem Lazarett in Schwenningen läge, als Kriegsgefangener der Franzosen. Über die Art seiner Verwundung oder über einen möglichen Entlassungstermin wußte sie nichts, da ihr nicht erlaubt worden war, ihn zu besuchen.

Am 13. September stand plötzlich Heinz Modler in der Tür und suchte Mariele. Als er hörte, daß Mariele im Haus seiner Eltern eine Wohnung eingerichtet hatte und sich oft dort aufhielt, meinte Heinz: »Seid mir bitte nicht böse, daß ich sofort wieder losgehe. Wir waren ja so lange getrennt.« Freundlich winkend, offensichtlich heil und guter Dinge, eilte er schwungvoll zu seiner Frau.

Vielleicht eine Woche nach Heinz Modlers Rückkehr aus Norwegen, nur Emmi, Hedwig und Gudrun waren im Haus, näherten sich klackende, abgehackte Schritte dem Küchenfenster, und eine Gestalt humpelte mühsam um die Hausecke. »Ernst«, schrie Emmi auf und prallte in der Hoftür fast mit ihrem Bruder zusammen. »Schwesterchen«, meinte Ernst, »Unkraut vergeht nicht. Trotzdem muß ich mich setzen.« In der Küche legte er die Krücken ab und ließ sich behutsam auf einen Stuhl nieder. »Meine Beine«, sagte er und zeigte auf sie, »sind voller Splitter gewesen. Ich kann von Glück sagen, sie überhaupt noch zu haben.« »Komm,

Änne«, redete ihm Emmi zu, »laß mich mal nachsehen. Ich werde dich frisch verbinden.«

Sie stellte alles bereit, wickelte die weiten Hosenbeine hoch und entfernte sanft und sehr konzentriert die Verbände. »Mein Gott«, flüsterte sie erschüttert, »das sieht ja wüst aus.« Emmi säuberte vorsichtig die eiternden Wunden. Vor Schmerz schloß Ernst die Augen. Gudrun stand die ganze Zeit atemlos daneben; nur ihre Augen wanderten von Emmis gebückter Gestalt zu Ernsts offenen Beinen und seinem grauen Gesicht hin und her. Der Verbandswechsel hatte ihm sichtlich gut getan. Er lächelte seine Schwester an und streichelte seine Nichte.

Ernst war überrascht zu hören, daß Hilde und Sohn Ingo schon in Gladbeck waren. Einige Stunden später saßen sie gemeinsam in der Küche mit Ernst als Mittelpunkt. Er war richtig aufgeblüht und erzählte und erzählte ...

»Das Schlimmste war das Warten auf den nächsten russischen Angriff. Bei einem dieser Angriffe rannten ihre Soldaten mit Sprengsätzen an den Leibern auf unsere Linien los. Wir schossen unsere Maschinengewehre heiß, bis sicht nichts mehr regte. Am anderen Morgen blickten wir auf eine weiß-rote leere Fläche. Kein einziger Körper lag mehr dort, richtig unheimlich. Ich habe den Mut dieser Männer bewundert, obwohl sie wahrscheinlich nicht alle freiwillig auf unsere Linien losgestürmt waren. Am Heiligen Abend 1944 ertönte, wie aus dem Himmel, Zarah Leanders Stimme mit dem Lied: »Heimat, deine Sterne«. Dann meldete sich ein Nationalkomitee »Freies Deutschland« und forderte uns zum Überlaufen auf, da wir sonst wahrscheinlich die Sterne der Heimat nicht wiedersehen würden. Im Schutz der Dunkelheit fielen Propagandazettel auf uns herab. Darauf wurde uns eine faire Behandlung zugesichert, wenn wir uns bald zum Überlaufen entschlössen. Auf Befehl mußten wir diese Zettel abgeben. Wer dennoch damit erwischt wurde, galt schon fast als Deserteur.

Ungefähr von Mitte Januar an bekamen wir nur noch über die Ostsee Nachschub. In Ostpreußen fiel Ortschaft um Ortschaft. Offensichtlich umging uns die große Stoßrichtung der Roten Armee. Ihr Durchbruch war weiter südlich erfolgt. Ende Januar begann die nächste Schlacht. Allein das Geräusch der »Stalinorgel« konnte einen zermürben. Wir spotteten anfänglich über die roh zusammengeschweißten Panzer, doch sie ließen sich nicht aufhalten. Erdloch um Erdloch, in denen unsere Soldaten hockten, zermalmten sie. Dann zerplatzte direkt vor mir eine Granate. Ich spürte noch einen wahnsinnigen Schmerz in den Beinen und in der Brust und dachte »Aus«. Von meinen eigenen Schreien wurde ich wach. Kameraden schleppten mich zum Sani. Die Ärzte konnten nicht operieren. Sie stillten nur das Blut und gaben mir Morphium gegen die Schmerzen. Mit dem nächsten Lazarettschiff wurde ich über die Ostsee abtransportiert. Immer wieder erhielt ich Morphium. Das Schiff kam durch, und ich wurde in das Lazarett Donau-Eschingen eingeliefert. Dort dämmerte ich anfänglich vor mich hin; Splitter wurden herausoperiert. Mittlerweile war ich süchtig nach Morphium. Zu allem Überfluß bekam ich Wundfieber, die Ärzte wollten mir beide Beine bis zu den Knien amputieren. Ich weigerte mich beharrlich. Auf Bitten einer katholischen Schwester nahm ich die »Letzte Ölung«. Ich tat es ihr zuliebe und stellt euch vor, anschließend sank das Fieber. Auf eigenen Wunsch wurde ich nach Schwenningen verlegt. Ich denke, daß ich es den dortigen Orthopädiespezialisten zu verdanken habe, daß ich wieder laufen kann. In dem Lazarett habe ich es auch geschafft, mich von der Morphiumabhängigkeit zu befreien. Ihr könnt euch gar nicht vorstellen, wie schlimm das war. Doch ich war stärker.« Stolz blicke Ernst alle an.

Er schaffte auch die Rückkehr ins Arbeitsleben. Nach einer Umschulung im Frühjahr 1947 zum Verwaltungsfachmann wurde er mit guten Beurteilungen am 15. Januar 1948 bei der Stadtverwaltung Gladbeck eingestellt. Am 16. Januar brachte seine Frau Hilde Ute zur Welt, ein Kind ihrer Hoffnung auf eine bessere Zukunft.

»So eine Ironie«, sagte Ernst einmal. »Erst muß ich mir im Krieg die Beine zerschießen lassen, um das lernen zu dürfen, was ich schon immer lernen wollte, eine Büroarbeit.«

Auch Kalla war nicht unzufrieden. Er wäre gern technischer Zeichner geworden, aber die Lehrstellen waren noch äußerst dünn gesät, da das wirtschaftliche Leben sich nur zögernd entwickelte. Karl drängte seinen Sohn, schnell eine Lehre zu beginnen, um ihn vom Gammeln abzuhalten und ihn in die Realität zurückzuholen. Bei Brausteiner auf der Horsterstraße fand er schließlich einen Ausbildungsplatz als Betriebsschlosser und schloß im Herbst 1948 die Lehre mit einem Facharbeiterbrief ab.

Enttrümmerung und Rattenplage

Nach einem herrlichen Frühjahr, einem Sommer mit strahlendem Blau und einem goldenen Herbst mit fliegenden Spinnenweben wurde der Monat November garstig. Jettchen wurde morgens und abends auf ihren Radfahrten naß, mußte im Regen die Schläuche flicken und hatte keine angemessene Regenbekleidung. Von Dezember an wohnte sie bei einer Kollegin in Essen und kam nur an den Wochenenden heim.

Weihnachten 1945 wurde fast ausgelassen gefeiert. Gudrun spielte selbstvergessen mit einer Puppenstube, die Karlchen und Ernst gebastelt und Emmi und Hedwig bemalt und dekoriert hatten. Für Ingo hatten die Männer Bleifiguren gegossen und eine Ritterburg gebaut. Nur Hedwig mußte weinen. Sie hatte bisher noch nicht einmal etwas über den Verbleib ihres Mannes erfahren, aber gehört, daß an deutschen Soldaten und auch Zivilisten in Böhmen sich die Wut der tschechischen Bevölkerung ausgetobt hatte.

Am 1. Weihnachtstag zogen Kalla, Emmi, Jette und Hedwig mit Gudrun in den Kasperlefilm »Der süße Brei«, der im Capitol gespielt wurde. Kinder und Erwachsene stöhnten vor Verlangen, als der Brei nicht aufhörte, anzuschwellen. Leider war es nur ein Film.

Ein großer Teil dessen, was in Gladbeck zu Bruch gegangen war, wurde nach Kriegsende in die Senke zwischen der Garten- und Horsterstraße und der Wiese am Kotten gefahren. Was es dort nicht alles zu finden gab! Gudrun brachte einen zerbeulten Durchschlag an, den Karl zurechtklopfte und Mariele für ihren Hausstand weitergab. »Viel von Wert«, meinte die vierjährige Gudrun deshalb zu ihrer Tante, ein Ausspruch, der mit Freude aufgenommen wurde. Jedes einigermaßen brauchbare Fundstück erhielt seitdem das Etikett »Viel von Wert«.

Diese Ansammlung von Schutt, Gerümpel und Trümmern brachte den Bewohnern des Kottens die erste große Rattenplage im Winter 45/46. Karl ging regelrecht auf Rattenjagd, begleitet von einem großen, schwarzen Kater mit weißen Flecken, der am liebsten auf Karls Schultern saß. Sobald sich im Heu oder Stroh etwas bewegte, befahl Karl nur: »Faß!«, und der Kater sprang zielsicher und packte die Ratte. Im Wohnbereich streuten Emma und Hedwig Gift aus und hielten ihn dadurch frei von Ratten. Nur Kalla ging noch nachts durch die Scheune zum Plumpsklosett, von roten, glühenden Rattenaugen verfolgt. Der Rest der Familie benutzte lieber einen Nachttopf. Im Frühjahr 1946 waren die Ratten verschwunden, kehrten aber mit Beginn des Winters 46/47 zurück. Leider konnte ihnen der große Kater nicht mehr nachstellen. Irgendjemand aus der Umgebung hatte wohl zu großen Hunger auf Fleisch entwickelt.

Karl fing nun alleine Wander-, Feld- und Wasserratten, die er an ihren unterschiedlichen Fellen erkannte. Die letzte Invasion überstand der Kotten 1951. Nun vergiftete Hedwig Blutwurst, die es wieder preiswert auf der Freibank zu kaufen gab. Karl stellte Rattenfallen auf, und Emma streute Weizengift in die Löcher, die verschlossen wurden. Endlich wurden sie der Rattenplage Herr. Seitdem gab es nur noch Mäuse in der Scheune, ein Zeichen, daß der Kotten rattenfrei war. Emma wußte: »Sonst würden die Ratten die Mäuse verdrängen.«

In diesen Tagen zählte der Besitz von Geld wenig; gefragt waren Eßwaren, Zigaretten und Schnaps zum Tauschen. Für das fast wertlose Geld gab es aber Karten fürs Kino, Theater und für Konzerte. Zuerst öffnete das Ruhrtheater in Rosenhügel, dann das Capitol und Anfang 1946 das Metropol-Theater, in dem auch Opern und Schauspiele aufgeführt wurden. Nun konnten die Menschen alle Vorstellungen ohne Fliegeralarm genießen. Es wurden viele englische Filme gezeigt mit James Mason, Stewart Granger, Margaret Lockword und Lawrence Oliver. Auch alte deutsche Filme wurden nach einer Überprüfung durch die Engländer ins Programm genommen, und Emma sah die Filme über Mozart, Schumann und Schiller.

Flucht von Königsberg nach Bochum

Karl hatte seit dem Tod seiner Mutter im Dezember 1944 nichts mehr von seiner Schwester Marie in Masuren gehört. Er fragte sich, was mit ihr und ihrer Familie nach der Einnahme Ostpreußens durch die Rote Armee wohl geschehen sein könnte. Im April 1946 erhielt er endlich Gewißheit – Marie kam mit ihren Enkelkindern, Magdalene und Elvira, elf und vier Jahre alt, zu Besuch. Bei ihrem traurigen Anblick schmolz sein geheimer Groll über ihr Verhalten in Masuren dahin. Und als sie ihre Geschichte erzählte, flossen nicht nur seine Tränen.

»Brüderchen, Gottes Wege sind unerforschlich. Wir müssen alles ohne Anklage aus seiner Hand annehmen. Ihm hat es gefallen, daß diese beiden Mädchen ihre Eltern verloren haben und ich meinen Mann Adolf. Mit Hilfe des Herrn werde ich es schaffen.« Dann berichtete sie der Reihe nach. »Unsere Mutter starb vor Weihnachten. Wie ihr wißt, hatte sie sich schon längst einen Sarg tischlern lassen. Bevor sie starb, holten wir den Sarg vom Boden und machten ihn soweit fertig. In der Nacht vor ihrem Tod blieb ich bei ihr und betete für sie. Da unsere Mutter nur das große Ehebett hatte, legte ich mich in ihren Sarg, um in ihrer Nähe zu sein. Am nächsten Morgen wachte ich in dem Sarg auf, und unsere Mutter war heimgegangen. Der Schnee lag sehr hoch, und die Totengräber hatten alle Mühe, die Grube auszuheben.

Der Russe stand bereits an der Grenze, da fuhr ich mit Adolf und den Vorräten zu unserer Tochter Friedchen nach Königsberg. Ihr Mann war von Lyck dorthin versetzt worden. Am 27. Januar 1945 standen die Russen vor Königsberg und beschossen die Stadt. Wir verließen die Stadt, blieben aber in der Nähe, um uns ab und zu Nachschub von unseren Vorräten zu holen.

Am 7. Februar wurde Friedchens Mann während des Dienstes an der Bahnstrecke erschossen. Nach seiner schnellen Beerdigung wollten wir endgültig weg. In Pillau gingen wir auf ein Evakuierungsschiff, das auch viele verwundete Soldaten an Bord hatte. Beim Verlassen des Hafens wurde es von russischen Tieffliegern angegriffen. Überall wälzten sich schreiende und wimmernde Soldaten, Frauen, Kinder und alte Männer. Auch mein Friedchen erhielt einen Steckschuß.

Unser Schiff wurde ein Stück aus dem Hafen geschleppt, und in Fischhausen wurden wir mit Kränen an Land gehievt. Die Verwundeten, auch Friedchen, wurden als erste mit Lastwagen Richtung Westen abtransportiert. Magdalena und Elvira durften bei ihrer verwundeten Mutter bleiben. Adolf und ich mußten auf einen späteren Lastwagentransport warten, ohne zu wissen, wohin die anderen gebracht wurden. Ende Februar kamen wir durch Hinterpommern, bevor die Russen es einnehmen konnten. Ich kam mit Adolf nach Mellensee. Unsere Ernährungslage war wirklich schlecht. Adolf erkrankte an der Ruhr und starb in der Nacht zum 1. Mai 1945 im dortigen Krankenhaus. In Mellensee ist auch sein Grab.

Ich lief von Stelle zu Stelle, um meine Tochter und ihre Kinder wiederzufinden. So kam ich auch ins Kreiskrankenhaus nach Teltow und mußte dort erfahren, daß mein Friedchen am 26. Mai an den Vereiterungen des Steckschusses und aus Mangel an Medikamenten verstorben und begraben war. Ihre beiden Mädchen hatten schon die ganze Zeit über in einem Kinderheim in Mellensee gelebt. Es war wohl Gottes Wille, daß ich sie erst nach dem Tod ihrer Mutter wiedergefunden habe.

Ich wollte mit ihnen nach Bochum zurück, wo ja noch mein Sohn Adolf lebt. Es war schwierig, die Genehmigung von der russischen in die englische Zone zu erhalten. Nun hat es endlich geklappt, und wir sind wieder in Bochum.«

Karl knurrte gerührt: »Dieses ganze Elend haben wir den Nazis zu verdanken.« Doch seine Schwester wies ihn zurecht: »Nein, mein Brüderchen, wir alle leben in Gottes Hand und müssen seinen Willen hinnehmen.«

Marie, die Wanderin zwischen Masuren und dem Ruhrgebiet, blieb endgültig in der Region Bochum wohnen, wo sie ihre Enkelkinder Magdalena und Elvira aufzog. Ihre andere Tochter Emmi, die in Masuren bleiben durfte, allerdings nicht auf ihrem eigenen Hof, kam erst Anfang der fünfziger Jahre ins Ruhrgebiet, da das Leben für Deutsche in Masuren immer schwieriger geworden war.

Hamstern und Care-Pakete

Bereits im Frühsommer 1946 war eine magere Ernte aus dem Garten abzusehen. Fett, Brot, Zucker und Mehl blieben rationiert. Nur Karl erhielt auf der Zeche Zusatzmahlzeiten, Fett und Schnaps, der sich gut zum Tauschen eignete. Die Züge waren voll mit Menschen, die auf Hamstertouren unterwegs waren. Hedwig mußte nicht betteln gehen, sie wußte, wohin mit dem »Bergmannsschnaps«. Heinz in Ahlen reichte ihn an Bauernsöhne weiter, die bei ihm im Revier arbeiteten. Er erhielt dafür Kartoffeln und Speck.

Hedwig freute sich auf diese Besuche, wurde sie doch von Friedel jedesmal großzügig bewirtet. Da Friedel 1946 eine ausgezeichnete Birnenernte hatte, reichte sie einen Teil an die Familie in Gladbeck weiter.

Bis in den Spätherbst hinein molk Emma die Milchschafe. Doch dann versiegte die Milch. Nur auf Gudruns Bezugsschein gab es einen halben Liter pro Tag. Jeden zweiten Tag lieferte der Milchbauer die Milch aus, von der Hedwig für die ganze Familie eine sämige Milchsuppe kochte. Es wurde ein harter, scheußlicher Winter. Gudrun begann, nachts zu schwitzen und hatte schwarze Ringe unter den Augen. Erst die frische Schafmilch im Frühjahr 1947 brachte eine Besserung.

Hin und wieder erhielt Karl auf der Zeche eine Besonderheit – ein Care-Paket. Es enthielt kleine Wunder wie Schokolade und Kaugummi und viele Konserven. Für diese Köstlichkeiten stand die ganze Familie frühmorgens auf und wartete auf Karl. Nicht immer enthielten die Dosen das, was auf ihren Etiketten stand. Bacon und Beans sollten es sein, leider fehlte der Schinken. Besonders viel Mais wurde zum Backen geschickt, wahrscheinlich ein Übersetzungsfehler, abgeleitet von dem deutschen Wort »Korn«. Doch Karl vermutete, daß es keine Notlage gäbe, an der nicht skrupellose Menschen kräftig verdienen wollten.

Dennoch waren die Care-Pakete beliebt und zeigten, wie die Quäker- und die Schwedenspeisung, eine nicht für möglich gehaltene Hilfsbereitschaft des Auslands, obwohl die Naziverbrechen an Polen, Russen, Juden, Zigeunern und vielen Deutschen der Welt bekannt waren. Karl, der den Nazis jedes Verbrechen gegen die Menschlichkeit zugetraut hatte, war erschüttert, als er über Vergasungen im unvorstellbaren Ausmaß hörte. Er trauerte.

Er setzte auf einen wahrhaft demokratischen Neubeginn und ließ nie eine Wahl aus. Jede geheime Wahl mit mehreren Parteien gab ihm die Genugtuung, nicht mehr in einer Diktatur zu leben. Gleichzeitig verband er mit jeder Wahl die Hoffnung, daß mit seiner Stimme auch einmal die Partei an die Regierung käme, die er für die bessere hielt. Darauf mußte er allerdings noch über zwanzig Jahre warten.

Eine Rote-Kreuz-Karte aus Sibiren.

Im Frühjahr 1947 begannen Arbeiter, den Schutt der Bombenangriffe, der gegenüber der Zeche Graf Moltke I/II abgeladen worden war, mit Hacken und Schüppen (Schippen) zu planieren. Darauf wurde Mutterboden verteilt, so daß bereits im nächsten Jahr geackert werden konnte. Die Zechenverwaltung verpachtete den Streifen entlang der Horster Straße an einen Bauern. Ein Stückchen Land, ein längerer Zipfel im Anschluß an die hintere Wiese, fiel auch für Karl ab. Da es in den Geschäften kein Hühnerfutter zu kaufen gab, säte er Mais, Hafer, Gerste und Weizen an, ein großer Aufwand, um die Familie mit Eiern und Suppenhühnern zu versorgen. Alles mußte von Hand gegraben, gesät und gemäht werden. Beim Garbenbinden half Emma, beim Korndreschen Kalla mit sowie ein Bekannter, der als Lohn Getreide und Beköstigung erhielt.

Beim Einholen der Garben allerdings halfen alle in der Familie mit, sogar die fünfjährige Gudrun. Nur oben auf den Garben- oder Heuwagen setzte sie sich ungern, da sie Angst hatte, herunterzurutschen. Das Getreide wurde auf der Tenne gedroschen. Die Tenne mußte vollständig ausgeräumt und ihr Kopfsteinpflaster von Staub und Schmutz gesäubert werden. Die Frauen trugen bei der Arbeit Kopftücher und Kittel.

Dann wurden die Garben auseinandergelegt und von Karl und seinen Helfern mit selbstgebastelten Dreschflegeln im Dreiertakt bearbeitet. Ihre Arbeit erfüllte die Scheune mit dem Klappern der Flegel, dem hellen Staub des Getreides und den schweren Atemzügen der Männer. Anschließend fegten Emma und Hedwig das Korn zusammen, das bei windigem

Die Scheune des Kottens, in der Karl mit Helfern bis 1955 Korn drosch.
(Kohlezeichnung von Peter Strücker, 1984)

Wetter von der Spreu getrennt wurde. Da es nur als Tierfutter verwendet wurde, war eine stärkere Reinigung nicht nötig. Den Mais befreiten Emma und Hedwig nach der Ernte von den anliegenden Blättern, banden mehrere der Kolben zusammen und hingen sie zum Trocknen in der Scheune auf.

Am 20. Juni 1947 wurde Ulrike, Marieles Tochter, in den Kruppschen Krankenanstalten geboren. Jettchen hatte ihrer Schwester einen Platz besorgt, da die Wöchnerinnen dort gut verpflegt wurden. Ulrike hatte die rotblonden Haare ihres Vaters geerbt und sah rund und wohlgenährt aus. Sie schlief in Gudruns altem Kinderwagen, in dem auch Gisela gelegen hatte. Jettchen schrieb an die Mutter des amerikanischen Soldaten Dan, und wenige Wochen später traf ein privates Care-Paket mit Babywäsche und Unterwäsche für Gudrun ein. Die Freude darüber war noch nicht verklungen, als der Briefträger eine Rote-Kreuz-Karte von Franz brachte – sein erstes Lebenszeichen seit Januar 1945.

Er schrieb verhalten, wollte wissen, wie es allen ginge, was sie machten, vor allen Dingen sorgte er sich um Hedwig und Gudrun. Hedwig lachte und weinte über diese Karte zugleich.

Heinz Modler schrieb für Hedwig die Antwortkarte, ein Meisterwerk einer kleinen, leserlichen Druckschrift. Franz erhielt die Gewißheit, daß Frau und Kind in sicherer Obhut von Emma und Karl lebten, daß alle zu essen hätten, wenn auch knapp, daß alle den Krieg überstanden hätten, Ernst allerdings schwer verwundet war, Mariele vor wenigen Wochen von einer Ulrike entbunden worden sei, und die ganze Familie auf seine Heimkehr wartete.

Schneller als erwartet kam die Antwort von Franz. Seine Worte klangen diesesmal wie ein einziger Jubelruf. »Jetzt, wo ich weiß, daß Ihr auf dem Kotten bei den Eltern seid, habe ich keine Sorge mehr, Euch eines Tages wiedersehen zu dürfen. Ich danke Euch allen für die Fürsorge um meine Frau und Tochter.«

Hedwig, die geglaubt hatte, von nun an regelmäßig Post zu erhalten, sah sich getäuscht. Neue Angst befiel sie, nachdem sie durch einen Heimkehrer 1948 erfuhr, daß Franz in ein anderes Lager verlegt worden wäre und eventuell noch verurteilt würde. Alle Männer, die in den Uniformen der Polizei, der Gendarmerie und der SS nachweislich sowjetischen Boden betreten hätten, würden in der Regel zu 25 Jahren Zwangsarbeit verurteilt, gleichgültig, ob und wessen sie sich schuldig gemacht hatten. Hedwigs Angst übertrug sich auf Gudrun, die wieder jede Nacht vom Krieg und von den Bomben träumte.

Schulspeisung und Kopfgeld

Auf dem Kotten war es leer geworden. Emmi arbeitete als DRK-Schwester in Bochum-Langendreer, Werner hatte eine Stelle als Hilfspfarrer in Recklinghausen. Jettchen arbeitete seit dem 1. Juli 1947 bei der Gelsenkirchener Bergwerks AG, um in den Genuß von Extrazuwendungen an Bohnenkaffee und Schmalz zu kommen.

Gudrun fühlte sich sehr allein. Doch eines Tages zogen Vertriebene aus Königsberg ins obere Stockwerk ein. Herr Kerber hatte der dreiköpfigen Familie ein Zimmer vermietet. Der fünfjährige Jürgen schloß sofort mit Gudrun Freundschaft. Die beiden interessierte auch nicht, daß es Spannungen zwischen den Hausbewohnern gab, die sich erst aneinander gewöhnen mußten.

Im Frühjahr 1948 war die Sorge um das tägliche Brot so drängend geblieben wie in den Hungerjahren seit Kriegsende. Jede Nahrungshilfe war willkommen. Gudrun, Ostern 1948 in die Uhlandschule, vormals Moltkeschule, eingeschult, fand die kostenlose Essenausgabe wichtiger als das Lernen der Buchstaben. Jeden Tag erhielt sie ein warmes Essen; freitags gab es wechselweise Kakao oder eine Fleischbrühe mit Brötchen. Es war für alle Kinder der Höhepunkt der Woche, auch wenn sie sich davon nicht satt essen konnten, wie sonst am Haferschleim oder an der dicken Graupensuppe. Von den Gerichten brachte Gudrun sogar Reste nach Hause mit, da sie nur mäßig schmeckten.

Einen Tag vor Pfingsten 1948 ging dem Fischstand Maxim auf dem Markt das Eis aus. Da es plötzlich heiß geworden war, verkaufte der Fischhändler seiner Stammkundschaft großzügig Kabeljau am Stück. Beglückt legte Hedwig ihr Geld hin und trug mit glänzenden Augen den Fisch nach Hause. Mit wenig Fett wurde der Fisch geschmort, ein köstliches Pfingstessen.

Völlig arglos gingen Emma und Karl mit der Ankündigung einer Währungsreform um. Sie glaubten nicht, daß das neue Geld wirklich wertvoll würde. Sie waren auch nicht gewohnt, Geld auf ein Sparkonto zu legen, zumal das Geld der Nachkriegszeit ohne Lebensmittelkarte fast wertlos war. Mit Erstaunen erfuhren sie einen Tag vor dem Stichtag, dem 21. Juni 1948, daß die Sparkonten im Verhältnis von 100 RM zu 6,50 DM bedacht werden sollten. Andere bezahlten mit dem alten Geld noch schnell ihre Schulden.

Mißtrauisch tauschten sie pro Person 40,– DM Kopfgeld ein, im August noch einmal 20,– DM. Inzwischen hatten sie gemerkt, daß man mit dem neuen Geld wirklich etwas kaufen konnte. Vor dem Stichtag waren die Geschäfte leerer als üblich gewesen, danach war wie von Zauberhand alles zu kaufen, was das Herz begehrte, wenn man das neue Geld besaß. Die Stadtverwaltung erhielt pro Einwohner 25 Pfennige und konnte zum ersten Mal einen soliden Finanzplan aufstellen.

Im Herbst 1948 zogen die Preise für Verbrauchsgüter kräftig an. Obwohl die Bergleute murrten, kam keiner auf die Idee zu streiken. Die Besitzverhältnisse waren unklar, die Besatzungsmacht England hatte das Sagen, außerdem waren die Bergmänner bevorzugte Arbeiter. Nein, ein Streik wäre nicht populär gewesen. Vielleicht hätte er sogar den beginnenden Demokratisierungsprozeß negativ beeinflußt.

Nach der Währungsreform meldete sich Emmas Bruder Franz aus Mecklenburg und klagte, wie schlecht die Versorgungslage in der SBZ sei. Doch Emma konnte noch nicht helfen. Jeden Pfennig mußte sie umdrehen.

Wenige Tage vor Weihnachten kam Gudrun entrüstet aus der Schule. Jedes Kind hatte aus einer Spende vom Klassenlehrer Döbler einen Riegel Schokolade erhalten. Die drei Nougatstücke wollte er zusätzlich den Kindern geben, deren Väter noch in Gefangenschaft waren. Gudrun warf ihm das Stück aufs Pult zurück und meinte: »Das will ich nicht. Ich will nur meinen Papi!«

Spätheimkehrer Franz

Kalla wollte eine Arbeit auf der Zeche Graf Moltke annehmen, da er schon mit zwanzig Jahren auf Freiersfüßen ging und die Zeche mit Wohnungen lockte. Sein Vater tobte. Doch Kalla setzte sich durch. Er arbeitete sofort vor Kohle, da in seinem Beruf als Maschinenschlosser keine Stelle frei war. Seine Freundin Inge Pawlicki sah aus wie Schneewittchen, fand Gudrun. Sie hatte langes, schwarzes Haar, eine weiße Haut, rote Lippen und grünliche Augen. Inges Eltern stammten aus dem Osten, ihr Vater aus Westpreußen, ihre Mutter aus Mähren, und waren katholisch.

Zeche Graf Moltke I/II

(Originalradierung von Jupp Steinhoff, 1947)

Während Kalla noch am Planen war, setzte Jette ihren Verlobungs- und Heiratstermin fest. Sie kannte Rudi Strücker seit gut einem Jahr (SS-Mann Toni schien verschollen) und war überzeugt, die richtige Wahl getroffen zu haben.

Karl opponierte heftig gegen die Verbindung und blieb den Feiern fern. Emma war zwar Karls Meinung, brachte es aber nicht übers Herz, ihrer Tochter weh zu tun oder ihr die Ausrichtung der Feste abzuschlagen.

Am 14. August 1949 fand die erste gemeinsame Wahl der drei Westzonen statt. Karl fand das Ergebnis enttäuschend. Die in der neuen Partei CDU gesammelten Kräfte, die 1933 für das Ermächtigungsgesetz gestimmt hatten, kamen jetzt wieder an die Macht. Der SPD half nicht, daß sie an ihre Spitze Kurt Schumacher gesetzt hatten, den Mann, der von den Nazis so gequält worden war und der auf die Notwendigkeit eines radikalen Neubeginns verwies. Immerhin hatte der zukünftige Staat Bundesrepublik eine freigewählte Regierung. Karl sah durchaus hoffnungsvoll in die politische Zukunft der drei Westzonen.

Anfang Dezember 1949 lud das DRK Kinder ein, deren Väter gefallen, vermißt oder noch in Kriegsgefangenschaft waren. Mutig sagte Gudrun dem Nikolaus ein Gedicht auf und sollte sich eine Belohnung aussuchen dürfen. Zwei Frauen führten sie durch mehrere Räume, vollgestellt mit Kaufmannsläden, Puppenstuben und Puppenwagen, Schaukelpferden, Brummkreiseln, Rollern und Bällen in vielen Farben. Davon durfte sie sich nichts aussuchen. Die Frauen forderten sie auf, eine Kleinigkeit von einem Wühltisch mit Modeschmuck zu nehmen, den sie nicht mochte.

Traurig erzählte sie ihrer Mutter ihr Erlebnis und fragte, warum nicht sie auch so schöne Sachen vom Nikolaus bekäme, obwohl sie brav und in der Schule fleißig sei. Darauf wußte Hedwig keine Antwort, nur die Zusage: »Wenn dein Papi wiederkommt, dann wird alles besser.« Das leuchtete ihrer Tochter ein.

Am 7. Januar 1950, gegen 6 Uhr morgens, schlug eine Faust gegen die Fensterläden des Kottens, und eine Männerstimme rief: »Aufmachen, Telegramm!« Zitternd vor Schreck und Kälte öffnete Hedwig die Läden. Ihr Zittern wollte nicht aufhören, als sie las:

TREFFE IN DEN NAECHSTEN TAGEN EIN: GRUSS FRANZ

Das Telegramm war in Frankfurt/O. aufgegeben worden. »Gudrun«, sagte Hedwig tonlos, »unser Papi kommt.« Trotz der Kälte hüpfte ihre Tochter aus dem Bett und sang mit heller Stimme: »Unser Papi kommt, unser Papi kommt.« In dem Augenblick hörte sie Karls Schritte in der Waschküche und das Öffnen der Tür zur Diele. Sie rannte in den noch kälteren Flur und schrie: »Opa, Opa, mein Papi kommt wieder!« »Gewiß doch«, meinte Karl, müde von der Nachtschicht, »er wird schon wiederkommen. Jetzt aber ab ins Bett, du erkältest dich sonst.« »Jetzt, Opa, jetzt kommt er, ganz bestimmt«, ereiferte sich Gudrun. Erst da erblickte Karl die aufgelöste Hedwig mit dem Telegramm in der Hand und wußte, es war wahr geworden, woran er nicht mehr geglaubt hatte.

Die ganze Familie wurde von Hektik und Unruhe erfaßt, sogar Ängstlichkeit und Sorgen waren zu spüren. Hedwig fragte sich, wie es wohl sein würde, nach fast sechs Jahren der Trennung mit Franz zusammen zu sein. Ob er sich sehr verändert hatte? Emma machte sich Sorgen, daß Franz vielleicht mit Hedwig und Gudrun fortziehen könnte. Den Gedanken fand sie unerträglich. Karl hoffte auf zusätzliche Hilfe beim Umgraben und Pflugziehen, da ihm diese Arbeiten immer schwerer fielen.

Gudrun lief siegesgewiß durchs Haus, rannte zu ihren Klassenkameraden, um die große Neuigkeit zu berichten, und zerbarst fast vor Vorfreude auf einen Vater zum Anfassen.

Am Sonntagmorgen, kurz nach zehn Uhr, ging eine dunkle Gestalt an den Küchenfenstern vorbei. In der Küche erstarb jedes Geräusch, alle lauschten angespannt nach draußen. Die Haustür zur Diele wurde geöffnet und geschlossen. Fast zögernd kamen Schritte näher, und jemand klopfte an die Wohnzimmertür. Hedwig war ganz blaß geworden. Vorsichtig öffnete sie die Küchentür und stand ihrem Mann gegenüber. »Franz?« erklang ihre Stimme fragend, vom verhaltenen Weinen gepreßt. Sie zog ihren Mann in die Küche.

Da stand er nun in einem Watteanzug, bleich, unrasiert. Seine Augen blickten versunken die Menschen in der Küche an. Dann lächelte er, und plötzlich redeten alle durcheinander, umarmten ihn, lachten ihn an und drückten ihn auf einen Stuhl. Nur Gudrun traute sich nicht an ihn heran. Unentwegt hingen ihre Augen an seinem Gesicht. Schließlich nahm Werner, Emmis Verlobter, sie am Arm und schob sie zu ihrem Vater. »Das ist deine Tochter«, sagte er zu Franz. Dieser nahm seine große Tochter auf den Schoß. Scheu und zaghaft streichelte Gudrun über seine Bartstoppeln. »Ich muß mich erst daran gewöhnen, daß ich nun eine große Tochter habe«, sprach Franz sie an. »Wenn ich an dich dachte, sah ich immer noch die kleine Gudrun mit dem blonden Lockenkopf vor mir.« Die Wehmut in seiner Stimme war nicht zu überhören. Jetzt streichelte er seiner Tochter übers glattgekämmte Haar mit den baumelnden Zöpfen.

In dem Wirbel um Franz war Hedwig unbemerkt hinausgegangen, setzte sich ins Schlafzimmer und heulte los. Ihr war Franz so fremd erschienen, so anders als sie ihn in Erinnerung hatte. Leise ging die Tür auf, Franz hatte sie gesucht. Er bat sie, Geduld mit ihm zu haben. Seine Stimme und seine Worte klangen liebevoll, und Hedwig überkam nach einer Weile das Gefühl, es doch nicht mit einem Fremden zu tun zu haben.

Am Nachmittag war fast die ganze Familie gekommen, um Franz zu sehen und zu hören, was er zu erzählen hatte. Seine Worte rissen alle mit, versetzten sie zurück in das Jahre 1945 und führten sie nach Sibirien. »Ihr wißt, daß ich immer einmal die Sowjetunion kennenlernen wollte. Nun habe ich einen Teil von ihr unter den denkbar ungünstigsten Bedingungen erlebt. Ich wurde bei Prag gefangengenommen. Kurz davor hatten mir tschechische Bauern geraten, meine Feldgendarmerieuniform wegzuwerfen, da die wie ein Symbol der Unterdrückung wirke und ihr weiteres Tragen meinen sicheren Tod bedeuten würde.«

Franz besorgte sich eine Zolluniform. Wenige Stunden bevor die Rote Armee eintraf, erhoben sich die Tschechen. Obwohl Franz mit vielen anderen Soldaten, auch deutschstämmigen Zivilisten, schnell von den Russen übernommen wurde, duldeten die sowjetischen Offiziere, daß die einheimische Bevölkerung ihre Wut an den Gefangenen austobte. Franz entging dabei nur knapp den Schlägen einer Nilpferdpeitsche. In Kolonnen marschierten die Gefangenen tagelang durch Böhmen und die Slowakei, immer wieder von den Wachmannschaften gefilzt. Franz durfte nur seine Familienfotos behalten.

Die den Marsch überstanden hatten, wurden an der Grenze in Waggons verladen. Franz hielt den Marsch nicht für eine geplante Schikane, sondern für einen Mangel an Waggonkapazität. Zu viele deutsche Gefangene wurden in kurzer Zeit gemacht und nach Rußland abtransportiert. Die deutsche Armee hatte bei ihrem Rückzug ein verwüstetes Land hinterlassen; die Spuren waren überall sichtbar. Dennoch erlebte Franz keine Gehässigkeit und echte Feindschaft, sondern anfänglich nur Vorsicht und Abscheu im Umgang mit den Gefangenen.

Franz leugnete bei Verhören nicht, zur Feldgendarmerie gehört zu haben, doch er verschwieg seinen kurzfristigen Partisaneneinsatz auf sowjetischem Boden. Seine Gruppe war in Litauen, das nach dem Hitler-Stalin-Pakt vom 23. 8. 1939 zur UdSSR gehörte, völlig aufgerieben worden. Zu der Zeit hatte er wegen einer leichten Verletzung Heimaturlaub. Franz blieb auch nach einem 48stündigen Stehkarzer schweigsam, wurde bei den Verhören beschimpft, mit Licht traktiert und durfte kaum schlafen, doch das nahm er hin. Er war froh, daß die zwangsweise Übernahme der Polizei und Gendarmerie im Jahr 1944 in die SS bei ihm noch nicht dazu geführt hatte, daß ihm sein Blutgruppenzeichen eingebrannt worden war.

Franz wurde auf unbestimmte Zeit verurteilt, was eine Gefangenschaft von mindestens drei Jahren bedeutete, aber keine Zwangsarbeit.

In den Lagern wurde am häufigsten übers Essen geredet. Franz merkte schnell, daß es besser war, sich keine schönen Gerichte vorzustellen, um den Ekel vor der Lagerkost nicht zu vergrößern. Manche verhungerten, weil sie das Essen aus Abscheu wieder erbrachen. Bei allen machte sich rasch der Mangel an Eiweiß bemerkbar. Es gab selten einen Gefangenen, der keine Hungerödeme vorweisen konnte.

Die erzwungene sexuelle Abstinenz führte bei vielen Männern zu heftigen Fantasien, die sie nicht für sich behielten. Nicht wenige hatten Sorge, daß ihre Frauen, Verlobten und Freundinnen fremd gehen könnten. Wenn sie tatsächlich durch Heimatpost davon erfuhren, brachen manche Männer völlig zusammen und verloren ihren Lebensmut.

1947 wurde Franz nach Magnitogorsk in den südlichen Ural auf sibirischer Seite verlegt. Von hier aus durfte er zum ersten Mal schreiben. Die Antwort aus Gladbeck wirkte wie ein Lebenselixier auf ihn. Von da an war er sicher, alles ertragen zu können, um nach Hause zu kommen. In seiner Zuversicht gab er hin und wieder Rote-Kreuz-Karten gegen Machorka, den russischen Tabak, ab, den er für Eßwaren eintauschte. Mit astrologischen Kenntnissen, Handlesen und dem Erstellen von Horoskopen, auch für sowjetische Offiziere, verdiente er sich zusätzliches Essen.

Ende 1948 sollte er eigentlich nach Hause fahren dürfen, bekam aber Typhus und wurde mit Hilfe einer russischen Ärztin, der er ein Horoskop erstellt hatte, gesund gepflegt. Nach seiner Gesundung wurde er Freigänger. Das bedeutete, daß er das Lager verlassen und sich ohne Bewachung im Dorf bewegen durfte. Dabei lernte er auch verbannte Russen kennen, die keine Hoffnung hatten, je ihre Familien wiederzusehen. Viele Verbannte gründeten neue Familien, obwohl sie verheiratet waren, hatten Kinder, die offiziell keine Behörde zur Kenntnis nahm. Niemand kümmerte sich tagsüber um die Kinder, wenn ihre Eltern in den Bergwerken und Wäldern arbeiten mußten wie die Gefangenen.

Franz lernte schnell russisch, spielte mit Verbannten und Wachmannschaften Schach. Zweimal im Jahr wurden die Gefangenen scharf kontrolliert, am Tag vor dem 1. Mai und vor der Feier zur Oktoberrevolution im November, da sich an den Tagen die Wachmannschaften betrinken durften. Zu Weihnachten kamen alle sowjetischen Offiziere mit ihren Frauen ins Lager, um eine »Deutsche Weihnacht« zu erleben. Da unter den Gefangenen alle Berufssparten vertreten waren, gelang es ihnen jedes Jahr, aus dem Lager ein Schmuckstück zu machen. An den Weihnachtstagen gab es auch besseres Essen, doch die Sehnsucht nach Hause quälte die Männer in den Feierstunden mehr als sonst.

Von den politischen Aktivitäten hielt Franz sich fern. Nach der Gründung der Bundesrepublik und der DDR galt die Sympathie der Antifaschisten nur der DDR. Manche verpflichteten sich, nach ihrer Entlassung dorthin zu gehen, auch wenn ihre Familien nicht dort lebten. Einige hofften, dadurch früher entlassen zu werden. Nach Weihnachten 1949 war es endlich auch für Franz soweit. Er hatte sich von seinen russischen Freunden verabschiedet, die sich mit ihm freuten. »Vielleicht läßt man uns nach Stalins Tod gehen«, hofften sie. In Frankfurt/O. wurden die Heimkehrer noch einmal aufgehalten, um sie »für den ersten Arbeiter- und Bauernstaat auf deutschen Boden« zu gewinnen.

Doch Franz mißtraute den neuen Machthabern von Stalins Gnade, er wollte diesem Machtbereich entrinnen. Nach seinen Erfahrungen in Sibirien konnte er sich nicht vorstellen, daß in der DDR ein Sozialismus ohne Zwang möglich sein würde. Er wollte heim zu Frau und Tochter und zu der ganzen Familie.

Erst Jahre später diskutierte er mit seiner Tochter über seinen Partisaneneinsatz. Einmal war er dabei, wie in einem Dorf jede zehnte männliche Person, als Racheakt für einen getöteten Feldgendarm, dem man in seinen Bauch ein Hakenkreuz geschlitzt hatte, erschossen wurde. Für die Durchführung der Erschießung hatten sich nur Freiwillige gemeldet, wie üblich. Er galt sogar als Feigling und hatte sich nie Extrarationen an Schnaps und Urlaub »verdient«. »Vielleicht habe ich Menschen getötet, wenn wir in die dichtbelaubten Bäume schossen, in denen wir Partisanen vermuteten, die sich dort festgebunden hatten, um auch im Schlaf nicht herunterzufallen. Glaube mir, ich habe mich nach dem Partisaneneinsatz nicht gedrängelt und war heilfroh, als es meine Einheit nicht mehr gab.«

Ostern 1950 schenkte Franz seiner Tochter das Schullesebuch für die dritte Klasse. Bis dahin hatte Gudrun nur zerfledderte Schulbücher besessen. Das neue Buch war für sie das Zeichen, daß der Krieg nun auch für sie vorüber war.

Teil V Im Gleichmaß des Lebens

Großfamilie Chomontowski

In den Jahren 1950 und 1951 wurden zwei weitere Hochzeiten auf dem Kotten gefeiert. Emmi und Werner Schneider heirateten am 15. April 1950 und Kalla und Inge Pawlicki am 10. Februar des nächsten Jahres. Trotz strahlender Gesichter auf den Hochzeitsbildern sind noch deutlich Spuren der entbehrungsreichen Hungerjahre zu erkennen. Emmas Gesicht war besonders stark eingefallen, weil sie wegen der Mangel-

Emma und Karl im Garten des Kottens *(Foto: Autorin, 1966)*

ernährung Zahn um Zahn verloren hatte. Angefangen hatte der Verlust der Zähne bereits mit den letzten vier Geburten, und nun, im Alter von 59 Jahren, lachte sie nur noch mit drei Vorderzähnen. Eine Zahnprothese lehnte Emma ab. Sie hatte sich an den zahnlosen Zustand gewöhnt, ebenso an die Altersweitsichtigkeit. Ihr reichte, daß sie das Unkraut im Garten erkannte; die Näh- und Stopfarbeiten überließ sie Hedwig. Karl las ihr aus der »Westfälischen Rundschau«, später aus der »WAZ« und viele Heimat-und Bauernromane aus der Stadtbücherei Gladbeck vor. Es fanden nicht nur Hochzeiten, sondern auch Taufen statt. Fünf Enkelkinder wurden in den beiden Jahren geboren: Jette brachte Peter und Rainer zur Welt, Hilde ihr drittes Kind, eine Hildegard, Emmi gebar in Recklinghausen Karla, und Inge und Kalla freuten sich über ihren Sohn Udo. Wenige Monate später erschien von ihm ein Bild in der Zechenzeitung. Inge hielt ihn gegen das Licht, im Hintergrund war Graf Moltke I/II abgebildet. Der zuversichtliche Kommentar lautete: Dieser Junge wird wohl die dritte Generation aus der Chomontowskifamilie sein, die Brot und Arbeit auf der Zeche findet. Wie sich der Kommentator irrte!

Im April 1951 war Emmas Halbbruder Gustav Seidenberg im Alter von 71 Jahren in Essen gestorben. Er war ihr zeitlebens ein treuer Bruder gewesen, den sie gern zu Besuch hatte, auch wenn er ihr etwas verkaufen wollte.

In den Jahren 1954 und 1955 gab es noch zweimal Nachwuchs bei Emmi und Werner, zuerst wurde Vera, dann Uta geboren. Emma und Karl hatten nun zwölf Enkelkinder. Für ihre Kinder und Enkelkinder war der Besuch bei ihnen auf dem Kotten immer mit Freude, Spiel und Singen verbunden. Emma spendierte großzügig den noch sehr teuren Kaffee, Karl kaufte klaren Schnaps, und an Feiertagen durfte jeder vom selbstaufgesetzten Schwarzen Johannisbeerlikör probieren.

Maikundgebung, Schulsportfest und Hagelprozession

In das Leben der Menschen auf dem Kotten war ein beruhigendes Gleichmaß der Jahresabläufe eingekehrt, mit sanften Höhepunkten von Saat und Ernte, bei der Geburt von Lämmern und dem Ausschlüpfen von Küken, den Geburtstagen und Besuchen von Kindern und Enkeln an Sonn- und Feiertagen.

Für Karl war nur ein Festtag im Jahr besonders wichtig – der 1. Mai. Er versäumte keine Kundgebung, die seine Gewerkschaft, die IG Bergbau, in

Gladbeck veranstaltete. Die Männer versammelten sich vor ihren Zechen; Karl ging auf den Vorplatz der Zeche Moltke I/II, und dann zog er mit den Kumpeln gemeinsam zum Marktplatz, wo die Kundgebung stattfand. Der Marktplatz und die Rednerbühne waren geschmückt, die Bergmannskapelle spielte. Bei schönem Wetter herrschte eine feierliche Stimmung. Dann ließen sich auch viele andere Gladbecker die Reden und die Musik nicht entgehen. Einmal sang ein farbiger Sänger »O, island in the sun« auf Englisch und auf Deutsch, den Traum der Menschen von der strahlenden Freiheit.

Doch die Bergleute waren keine Träumer, sie waren Realisten. Sie forderten keine andere Politik, sondern höheren Lebensstandard, mehr Freizeit, Sicherheit am Arbeitsplatz und Mitbestimmung. Andere Themen wie Atomwaffenstop und die Wiederbewaffnung wurden nur nebenbei angesprochen. Dennoch kehrte Karl nach jeder Feier zum 1. Mai zufrieden nach Hause zurück. Für ihn zählte, daß sich die Arbeiter wieder unter freiem Himmel versammeln konnten und daß er gezeigt hatte, zu welchen Menschen er gehörte.

Einmal im Jahr lockte Gudrun Eltern und Großeltern ins Stadion, wo alle Gladbecker Volksschulen ein großes Sportfest feierten. Jede Schule schickte ihre besten Dreikämpfer und Staffelläufer. Auf dem Rasen zeigten Hunderte von Schülern Freiübungen und Tänze. Den Reigen tanzten in der Regel die Schülerinnen der katholischen Schulen. Die Uhland- und die Lutherschule lieferten sich die heißesten Kämpfe in den Staffeln. Selten konnte eine andere Schule entscheidend eingreifen. Die Wettkämpfe und Darbietungen dauerten den ganzen Tag, beklatscht und angefeuert von Eltern aus ganz Gladbeck. Gemeinsam sangen sie das Lied: Turner auf zum Streite, tretet in die Bahn. Kraft und Mut geleite uns zum Sieg hinan. Ja, zum hehren Ziel führet unser Spiel, ja, zum hehren Ziel führet unser Spiel.

Volksfeststimmung herrschte auch bei der Hagelprozession in Gladbeck, auch wenn nur die katholische Bevölkerung aktiv beteiligt war. Die Hagelprozession fand am 2. Sonntag nach Fronleichnam statt und wurde von allen Kirchengemeinden gemeinsam durchgeführt. Es war ein riesiger Umzug mit singenden und betenden Menschen aller Altersstufen. Er führte durch das ländliche Gladbeck bis zum Marktplatz. Die Straßen wurden mit Birken und Kirchenfahnen geschmückt. An mehreren Stellen errichtete die Bevölkerung Altäre mit einem Blumenteppich davor. Viele Fenster waren mit Blumen und Heiligenfiguren dekoriert. Die Prozession wurde von Bergmannsknappen in Uniformen auf schwarzen Pferden angeführt. Mädchen, die in dem Jahr Kommunion gefeiert hatten, durften in ihren weißen Kleidern Blumen streuen. »Engelchen« nannte sie der Volksmund. Die Jungen hießen »Schellenmännchen«. Sie trugen über ihrem kurzen Kommunionsanzug eine Schärpe in Kirchenfarben und durften mit einem Glöckchen bimmeln. Wenn der Baldachin mit der Monstranz vorbeigetragen wurde, beugten sich viele Knie. Hinter ihnen standen die evangelischen Zaungäste, und manch evangelisches Mädchen wünschte sich, auch einmal ein Engelchen in einer Gladbecker Hagelprozession zu sein.

»Auf Rente«

Seit Februar 1956 war Karl »auf Rente«. Die gefragte Zeit nach Bergleuten neigte sich ihrem Ende zu. Dennoch blieb das Ansehen der Männer erhalten, die durch harte Arbeit und gute Förderleistungen nach dem Krieg die deutschen Haushalte wärmten und die deutsche Industrie ankurbelten. Das schlug sich auch in ihren Löhnen und Renten nieder, und eines Tages stellte Karl fest: »Ich habe jetzt mehr, als ich je unter schwierigsten Bedingungen verdient habe. Nur heute brauche ich keine Kinder mehr zu ernähren und zu bekleiden; alt bin ich auch und kann mit dem Geld nichts mehr anfangen.« Das stimmte nur zum Teil. Die allmählich ansteigende Rente gab ihm und Emma zum erstenmal in ihrem Leben ein Gefühl der Sicherheit und Unabhängigkeit. Sie waren nicht mehr auf Viehhaltung und harte Feldarbeit angewiesen. Die Schafe hatten sie schon 1954 abgeschafft; die Bearbeitung der Gartenflächen wurde nach und nach reduziert, zum Teil wurden sie von Mariele, Hilde und Hedwig übernommen. Doch sobald deren Kinder das Elternhaus verließen, und der Bedarf an Obst und Gemüse nachließ, gaben die drei Familien die Gartenarbeit dran. Da sorgte Karl dafür, daß ein türkischer Bergmann und Vater einer großen Familie ab 1970 seinen alten Garten bewirtschaften durfte.

Die Hühner behielt Emma bis Mitte der 60er Jahre, dann riß Karl den Hühnerstall ab. Karl, der in den letzten Jahren auf der Zeche fast nur nachts gearbeitet hatte, entdeckte als Rentner seine Freude an kulturellen Veranstaltungen wieder. Zusammen mit Emma besuchte er Opern- und Schauspielaufführungen in der Schauburg, die die Gelsenkirchener Bühnen und andere anboten.

Obwohl Emma und Karl jetzt Zeit zum Reisen hatten, hielten sie das für neumodischen Kram. Ihnen reichten Besuche bei Verwandten und Freunden. Sie fuhren dann mit dem Zug oder der Straßenbahn. Nur zögernd freundete sich Emma mit kleinen Autofahrten an, zu denen sie von Kindern und Enkeln eingeladen wurden. Ihre Kinder waren zwar nicht reich geworden, hatten aber den allgemeinen Aufschwung in der Bundesrepublik nicht verpaßt. Mit Genugtuung beobachteten Emma und Karl, daß endlich ihre Enkelkinder ihrer Begabung gemäß lernen durften; sechs machten das Abitur, vier schlossen mit der mittleren Reife ab. Karl, der seinen Kindern gepredigt hatte, daß sie lernen müßten und nochmals lernen müßten, »weil ich euch keine Fabrik zu vererben habe«, sah einen Teil seiner Hoffnungen in der Enkelgeneration erfüllt. Noch eine Hoffnung ging in Erfüllung. Nach den Wahlen zum 6. Bundestag 1969 stellte zum erstenmal seit Kriegsende die SPD den Kanzler mit Willy Brandt. Karl sah seine Meinung bestätigt, politische Änderungen mit Wahlen erreichen zu können.

Ev. Christuskirche in Gladbeck, links die alte kath. Aloysiusschule.
Aufnahme ca. 1925 (Stadtarchiv – Gladbeck)

In memoriam

Am 8. August 1970 feierten Emma und Karl bei guter Gesundheit ihre Goldene Hochzeit. Da die Schar der Nachkommenschaft die Räumlichkeiten des Kottens zu sprengen drohte, wurde nach dem Gottesdienst in der Christuskirche mit Pfarrer Becker in einer großen Wirtschaft in Feldhausen gefeiert.

War die Grüne Hochzeit 1920 eine ganz bescheidene Feier gewesen, die Silberhochzeit mit Hilfe eines englischen Soldaten fast komfortabel ausgefallen, wurde die Goldene Hochzeit in einem gewissen Überfluß begangen. Emma und Karl genossen den Tag. Sie waren würdevolle Gastgeber. Sie ließen sich feiern und nahmen huldvoll die offiziellen Gratulationen der Stadt Gladbeck und der Gewerkschaft entgegen. Das Fotografieren wollte kein Ende nehmen, doch Emma und Karl lächelten.

Im September des folgenden Jahres verließen sie schweren Herzens ihren Kotten an der Zeche Graf Moltke I/II, zogen in die neuerbaute Altensiedlung der Stadt an der Enfieldstraße ein und fühlten sich wider Erwarten von Anfang an wohl. Die gleichmäßige Wärme tat ihren alten Gliedern gut, der Toilettengang war keine Strapaze mehr, und das fließende Wasser in Küche und Bad nahm ihnen die Arbeit des Wasserholens ab. Ihre Katze Pitti konnten sie nicht mitnehmen, da sie zu alt für einen Umzug war und das Halten von Haustieren nicht geduldet wurde. Sie ließen Pitti einschläfern. Einen Teil der Möbel hatten sie mitnehmen können, für alle war kein Platz. Sie blieben auf dem Kotten zur Freude einer türkischen Bergmannsfamilie zurück, die nun einzog.

Emma kaufte sich den ersten richtigen Teppich ihres Lebens und vergoß ein paar Freudentränen darüber. Den ebenfalls neuen Fernseher schalteten Karl und Emma selten ein, da ihnen die Bilder zu hektisch waren. Emma hörte lieber Karl beim Vorlesen zu, auch wenn sie manchmal dabei einschlief. Karl hatte seit dem Umzug einen festen Platz in einem bequemen Ohrensessel, der neben einem kleinen Tisch vor dem Wohnzimmerfenster stand. Um seine Beine legte er eine braungemusterte Decke, da ihn oft fror.

Drei- bis viermal in der Woche kamen regelmäßig Hedwig, Mariele, Emmi, Franz, Jette und Ernst, um zu putzen, zu kochen, einzukaufen, Wäsche abzuholen oder zu bringen und zum Erzählen. An den Wochenenden kamen die Enkelkinder mit ihren Männern und Frauen und dem Nachwuchs, der sich immer zahlreicher einstellte. Jedes Urenkelkind nahmen Emma und Karl in die Arme und beschenkten es. An den

Adventswochenenden und zu Weihnachten war der Andrang beängstigend groß, doch Emma und Karl hätten auf keinen Besucher verzichten wollen.

Im September 1971 waren sie umgezogen; zwei Monate später, am 12. November, verließ der letzte Kohlewagen Graf Moltke. Auch diese Zeche war damit stillgelegt worden wie 1966 die Möllerschächte. Mittlerweile gibt es in der Stadt Gladbeck keinen Bergbau mehr. An ihn erinnern nur noch die Zechensiedlungen und eine der großen Seilscheiben eines Förderturms der Möllerschächte, die an einer Abfahrt der Europabrücke aufgestellt worden ist.

Im Sommer 1972 drohte der Kotten einzustürzen und mußte von den letzten Bewohnern verlassen werden. Die Zechenverwaltung Graf Moltke hatte ihn verfallen lassen. 1973 wurde das große, westfälische Bauernhaus, das seinen Bewohnern ein Gefühl des Schutzes und der Geborgenheit gegeben hatte, abgebrochen. Weder Emma und Karl noch ihre Kinder oder Enkelkinder wollten bei dem Abbruch dabei sein. Und Emmi dichtete zum Andenken: »Das Äußere, das hat man heute dir genommen,

Emma und Karl im Alter von 86 Jahren
(Kohlezeichnungen von Peter Strücker, 1984)

die Mauern, Türen, Fenster, sind nicht mehr ... Doch ich, erinnerungsschwer, kann zu dir kommen. Für mich bist du voll Leben, niemals leer.« Heute ist der Platz von Brennesseln und Gestrüpp überwuchert, und nur die einstige Hoflinde und ein Birnbaum sind die Reste des herrlichen Baumbestands. Doch Emmas Blumen, Flieder- und Rosenbüsche blühen in den Gärten von Kindern und Enkeln weiter.

Sechzig Jahre nach dem Kriegstod ihres ersten Mannes Fritz starb am 1. Dezember 1977 Karl Chomontowski, Emmas zweiter Mann, im Schlaf. Viele Jahre hatte der Tod die große Familie verschont. Krankheiten und Unfälle wurden heil überstanden. Nur einmal, im Jahr 1962, wurde die Familie zutiefst verstört, als Gisela, die Tochter von Friedel und Heinz, im Alter von neunzehn Jahren an einem Geschwulstleiden starb.

Nach Karls Beerdigung zog Emma zu Hedwig und Franz, dann zu Emmi und Werner nach Recklinghausen, als ihr Schwiegersohn Franz 1979 überraschend starb. Nun feierte man die Familienfeste in Recklinghausen und tauschte dort die Neuigkeiten aus. Nie ging der Gesprächsstoff aus, war es aus Freude über weitere Urenkel, aus Trauer über den Tod von Heinz Modler, Enkel Ingo, Friedel und Ernst oder aus Ärger über die »Wende« in Bonn.

Am 28. April 1984 wurde Emmas 93. Geburtstag groß gefeiert, da er günstig auf einen Samstag fiel. Auf ihren Wunsch begann das Fest mit dem Kirchenlied: Bis hierher hat mich Gott gebracht ... Es wurden alte und neue Gedichte vorgetragen, gegessen, gesungen und erzählt. Wie bei jedem Fest sangen alle das Abschlußlied: »Guten Abend, gut' Nacht« von Johannes Brahms. Emma genoß die Feier, meinte aber, daß diese Art des Gefeiertwerdens zu anstrengend für sie sei.

Nur drei Wochen später, am 22. Mai 1984, verstarb nach einem Herzversagen Emma Chomontowski, geb. Paraknings, und wurde in derselben Woche neben ihrem Mann in Gladbeck beigesetzt. Noch unter Tränen trösteten sich Kinder, Enkel und Urenkel gegenseitig mit den Worten: »Wie schön, daß wir sie solange unter uns haben durften.«

Bildnachweis

Archiv Stadt Gladbeck:	Titelseite Zeche Moltke I/II, S. 99 und 193
Gerhard Ulrich:	Titelseite Georgenburger Schloß, S. 14, 15, 23 und 33
Gräfe und Unzer Verlag:	S. 43 Foto: Archiv GRÄFE UND UNZER in: OSTPREUSSEN. Unvergessene Heimat in 116 Bildern. © 1958 by Gräfe und Unzer Verlag, München S. 31 Foto: © by Dr. Erich Krause-Skaisgirren in: DAS HEILIGTUM DER PFERDE, Gräfe und Unzer Verlag, München, 1960 (unveränderter Nachdruck der Ausgabe von 1935)
Peter Strücker, Gladbeck:	Kohlezeichnungen auf den Seiten 9, 33, 39, 180, 195
Jette Ludwig, geb. Chomontowski, Gladbeck:	Fotos S. 121, 134, 141 und 153
Witwe Jupp Steinhoff:	Originalradierung mit freundlicher Genehmigung

Alle anderen Fotos sind im Besitz der Autorin.

Trotz intensiver Recherchen konnten nicht alle Rechteinhaber ermittelt werden. Der Verlag ist selbstverständlich bereit, den üblichen Honorarsatz gegen Nachweis abzugelten.